文春文庫

政治と情念

権力・カネ・女

立花 隆

文春文庫

政治と情念

権力・カネ・女

立花隆

文藝春秋

政治と情念　権力・カネ・女／目　次

Ⅱ

III

Ⅳ

Ⅴ

Ⅶ

Ⅸ

Ⅹ

写真提供　共同通信社／文藝春秋写真資料室

政治と情念

権力・カネ・女

文庫版のためのまえがき

日本の戦後政治六十年間をふり返ってみて、自民党がわからないと、日本の政治はわからないとつくづく思う。保守合同で自民党が成立したのは一九五五年だから、自民党は五十年の歴史を持つことになるが、その間自民党が政権の座から外れていたのは、細川、羽田二内閣時代の約一年間しかない。

次の村山内閣は総理大臣こそ社会党出身だったが、自民党が政権中枢に入って、事実上政権を主体的に切りまわしていたのだから、半分自民党政権のようなものだった。自民党成立以前の前史時代の十年間をとってみても、そのほとんどの間、自民党の前身の保守党（自由党、民主党、改進党）が政権を握っていたのだから、この国の戦後政治は、ほぼ完全に自民党によって牛耳られてきたといってよい。

そして、自民党政治の五十年間を考えたとき、そのほとんどが、田中角栄とそのスクール（経世会、橋本派）のコントロール下にあった時代だったと概括することができる。

ではどこから田中角栄の時代がはじまったのかというと、池田内閣の後半、角栄が大蔵大臣になり（一九六二年）、次いで自民党幹事長になった（一九六五年）あたりからだろう。

角栄スクールの政治支配の時代がいつ終ったのかというと、小泉政権が成立して（二〇〇一年）、派閥に全くとらわれない（つまり角栄スクールのコントロールが及ばない）人事が行われるようになってからだろうから、実に四十年間にわたって、日本の政治は、広義の田中型政治のもとにあったということができる。

田中角栄になぜそれほどのパワーがあったのか。角栄の政治力の根源はどこにあったのか。ほとばしるエネルギー、猪突猛進力、金力、官僚支配力、政治的取引能力などなど、さまざまな分析が可能だが、なんといってもその根底にあったのは、角栄の不思議な人間的魅力だったといえるだろう。

誰がいった言葉だったか忘れたが、

「戦後日本を代表する原日本人的存在といえば、何といっても、美空ひばりと田中角栄がリストのトップにくる」

という言葉は実にいいえて妙で、その通りだと思う。あの二人が誇った絶大な人気の秘密は、まさに二人が持っていた「原日本人性」そのものにあったといってよいと思う。

角栄の政治行動、人間行動には、それが原日本人性の一つのあらわれだといってもよいが、いつも一種の浪花節性がともなっていた（そういえば、美空ひばりの歌唱の特徴である独特の小節のきかせ方にも浪花節性があった)。

角栄は、浪花節の対極にあるような、ドライで冷徹な計算ずくの行動は基本的にできない人だった。

政治生活においても私生活においてもそうだった。それが自分の社会的評価にマイナスになるとわかっていても、義理と人情を優先させる行動をいつも選択した。

それ故に、角栄の女性関係は、すぐ深間にはまって、ドロドロのものになりがちだった。そのドロドロに政治のドロドロがからむと、訳がわからないほどの情念のかたまりとなって、角栄はほとんど盲目的な行動に走ることがよくあった。

本書が単行本だったときの帯《おび》には、

「権力とカネ、
忠誠と裏切り
そして男と女、女と女の
愛と嫉妬と憎しみの物語」

とあったが、田中角栄の人生は、まさにこの帯通りの人生だった。

本書が描いたのももっぱら角栄のこのような情念の側面だから、タイトルも『政治と情念』なのである。

田中角栄は一言でいえば情念の人だった。だから彼の政治生活も、いつも情念に突き動かされていた。彼の政治パワーの根源には、情念パワーがあったのである。だから彼の人生はあれほどドラマチックだったのである。

本書は単行本のときは『「田中真紀子」研究』だったのに、今回、『政治と情念』と改題したのは、もともとそのほうがピッタリの内容だったからである。それなのに単行本のときに、『「田中真紀子」研究』としていたのは、そのころまだ多少は持続していた田中真紀子人気を借りようという、「売らんかな」のスケベ心が出版社にあったからである。

しかし真紀子は、本書に記したような忠言をなにひとつ受け入れず、いっそう泥沼の中に自分からはまりこんでいった。そのあたり、角栄とは別の形で、真紀子もまた情念の人たる遺伝子を受けついでしまっていたからなのかもしれない。

こうして、田中角栄の人生をふり返ってみると、この人の人生は、ほとんどギリシア悲劇のようだったなと思う。

ギリシア悲劇の主人公たちは、この先に自分を待っているものが自分の破滅的結末であることを知りながら、その運命から逃れようとしてジタバタ見苦しく騒ぎ立てたりはせず、粛々と運命の用意した道をたどっていく。

そこには、日本の武士道の世界の美学にも通じる行動原理がある。下田でペリー艦隊の船をつかまえて海外渡航を企て、失敗した吉田松陰は、護送される途中、赤穂浪士たちが葬られている高輪泉岳寺前を通った。

そのとき、無謀な討ち入りをした赤穂浪士たちの心情に自分の無謀な行動の心情を重

ねて詠んだ歌、
　かくすれば　かくなるものと知りながら
　已むに已まれぬ大和魂
があるが、これは、まさにそのようなパトスの表現である。
角栄の一連の烈しい行動の陰にあってそれをドライブしていたものは、赤穂浪士のような忠義の心でもなければ、吉田松陰のような憂国の至情でもなかった。それは、そういう後世の人にほめそやされるような高尚な情念にくらべたら、劣情というに近い個人的欲望（権力欲、物欲、金銭欲、情欲）が複合した情念でしかなかった。
しかしそれだけに、角栄の人生の軌跡は、人間の心の奥の奥をつかんで、その人を狂わせ、破滅の道に向かわせる、情念の持つ魔性の力の恐しさを、よりいっそう純粋に近い形で見せてくれるような気がする。

はじめに

かつて書店の店頭に「田中真紀子待望論」的な真紀子礼賛の本が何冊もならび、最近は逆に真紀子批判の本が何冊もならんでいる。しかし、この本は、真紀子礼賛の本でもなければ、ストレートな真紀子批判の書でもない――真紀子を批判している部分もあるが、評価すべきところは評価している。

そもそもこの本はもっぱら、田中真紀子という政治家について書いた本ではない。この本の主人公はむしろ、田中角栄といってもいいかもしれないし、日本の政治そのものといってもいいかもしれない。あるいは、我々が同時代に目撃した最も壮大な政治ドラマといってもいいかもしれないし、政治的人間ドラマといってもいいかもしれない。

この本の性格を一言で説明するのはむずかしいので、まずは、この本のなりたちについて簡単に述べておきたい。本書は「文藝春秋」二〇〇二年六月号にのった「田中真紀子と角栄の遺伝子」をベースにして大幅に加筆した上でできあがったものだが、加筆部分がオリジナルの十倍以上あるから、事実上書き下ろしといってよい。タイトルも変わった。こちらは、タイトル部分から、「角栄の遺伝子」を外し、田中真紀子にカッコをつけて『「田中真紀子」研究』としている。このカッコによって、本書は、田中真紀子という一人の政治家を研究した書ではなく、田中真紀子を通して見た現代日本政治における「角栄の遺伝子」問題研究の書でもあるということを示したつもりである。

本書を読めばわかるように、真紀子は、角栄の政治的遺伝子のほうは、あまり受け継いでいない。角栄の政治的遺伝子をもっぱら受け継いだのは、狭くは、旧田中派＝経世会という自民党主流派だが、より広くは自民党全体ととらえたほうがよい。小泉改革がはじまってから、それに抵抗する「抵抗勢力」なるものがクローズアップされてきたが、「抵抗勢力」とは、角栄の遺伝子に汚染された人々のことだといいかえると、いまの日本政治に起きていることがより鮮明にわかってくるはずである。

先の文春論文を書きながら、何より強く思ったことは、いまの日本の政治に起きていることを本当に理解しようと思ったら、さまざまな意味で、角栄政治、角栄の時代に立ち戻ってみる必要があるということである。そこまで立ち戻ってみないと、小泉改革がなぜ必要になったかもわからないし、小泉改革がなぜなかなかうまく進まないのかもわからない。そして、真紀子と自民党主流派の間になぜあれほど烈しい対立感情があるのかもわからない。

本書は、そのような意味で、田中真紀子と現代の自民党政治を通して見た、もう一つの「田中角栄研究」でもある。

田中角栄がわからないと、日本の政治の今はわからない。角栄の政治支配があまりに長きにわたったため、日本の政治はいまだに角栄の影から逃れようにも逃れきれないほど、その影響を強く受けている。

角栄のスポークスマンだった早坂茂三[*1]秘書の『鈍牛にも角がある』（光文社）という本を読んでいたら、こんなくだりがあった。

《角栄は戦後政治そのものである。（略）角抜きで戦後は語れない。とりわけ昭和四十七年七月の政権獲得から同六十年二月、脳梗塞で言葉を失うまでの間、田中は日本政治の〝主人公〟だった。田中内閣に続く三木武夫、福田赳夫、大平正芳、鈴木善幸、中曽根康弘の政権までを〝三角大福中〟と呼ぶ。ところが、その実質は、〝田中角栄の時代〟だったのである。（略）

[*2]悪党・田中の力の源泉は最盛期で百四十三人に達した数の威力である。いま一つ、角栄は役人操縦術の家元であった。官主国家、官主主義ニッポンは、霞が関のスーパーテクノクラート大集団の協力がなければ立法、行政ともに一センチも前に進まない。この役人たちを田中は自在に動かした。持ち駒の主力は大蔵、建設、郵政の三省である。私の親方は田中軍団を一糸乱れず動員して、自分が操縦できる表の政権を作った。国家予算はじめ政権党のあらゆる政策決定過程に介入し、衆参両院、大がかりな地方自治体の選挙戦は事実上、自分が取り仕切った。〝角影〟〝直角〟〝田中曽根〟など、

田中支配の時代にマスコミが使った形容詞は、歴代政権と田中の関係、距離を端的に表現している。》

ここにあるように、三角大福中の時代は、実質において「田中角栄の時代」だったのであり、二重権力の時代だった。「表の政権」の裏側には、いつも実質的な仕切り役として田中角栄が貼りついており、角栄はこの時代の超権力者だったといっていい。歴史はしばしば超権力者がいた時代にその名前をかぶせて、足利時代、豊臣時代、徳川時代などと呼ぶことがあるが、同じような意味で、そろそろあの時代を「田中角栄時代」と呼んでもいいだろう。といって、何でも角栄が好きなように表の政権を操縦できたかのように考える唯角論は誤りだが、いかなる表の政権も角栄がノーという方向に動けなかったという意味で、角栄の政治力は常に他を圧していた。

私は仕事上の偶然の出会いから、角栄ならびに角栄に支配された時代と、ほとんど二十年に及ぶ格闘をしてきた男だが、九三年に自民党政権が倒れ（細川護熙内閣発足）、四十年近くに及んだ五五年体制がついに崩壊したかと思われたとき、それまでの政治的言論活動をまとめて『巨悪vs言論』（文藝春秋）という一書を編んで上梓した。そのとき、もう角栄にはウンザリだと思い、これでようやく縁切りができたと思った。そしてこの本の序論に次のように書いた。——この本は過去十七年間にわたって書いてきた文章をまとめたものだが、集めてみると、内容がぜんぜん古くなっておらず、むしろアクチュアルなものに見えたので、その理由を次のように自己分析した。

≪それが何を意味するかといえば、結局、いまの政治が、田中時代から本質的に何も変っていないということである。現代日本の政治のプロトタイプが田中型政治であるということである。いまの政治改革の問題にしろ、田中時代にまでさかのぼって政治を見直してみなければ、本質的な解決はないということである。

考えてみれば、それは不思議でも何でもない。田中型政治は、すでに二〇余年にわたって、日本の政治の基本的なスタイルになってしまったのである。

七二年からはじまった田中政権はわずか二年しかつづかなかったが、政権を失っても、田中と田中派による政治支配は、それから一一年にわたって、田中が病いに倒れるまでつづいた。そしてその後も、田中派を受け継いだ竹下派によって、田中型政治がそのまま受け継がれて今日にいたったのである。

個人の人格が、それまでの人生経験の総体によって形成されるように、一国の政治の人格も、その国の政治的経験の総体によって形成される。二〇年という年月は、個人においても一国においても、人格形成に十分な時間である。

二〇年前、田中金脈問題が起きたころ、田中の金権政治は、田中角栄という特異な人物が作り出した特異な政治スタイルであって、日本の保守政治の伝統とは無縁な例外的事例であるという解説がさかんになされた。(略)

特異な例外事例であったはずの田中型政治が、いつの間にか、自民党の標準的な政治スタイルになり、ミニ角栄が、中央でも地方でも跋扈するようになったのである。

衆院でいえば、現在当選七回組までが（連続当選の場合）、田中角栄の時代にはじめて国会に登場し、ずっと田中型政治の下で育った政治家たちである。これは自民党衆院議員二七四名のうち、実に二〇二名で、約七四パーセントを占める。同じく参院議員でいくと、当選四回組の後半までが田中型政治育ちで、これは自民党参院議員一〇七名のうち、一〇〇名、約九三パーセントを占める。（いずれも平成五年六月、衆院解散前）

この数字を見るだけで、二〇年というのが、一国の政治風土を変えるのに十分な年月であるということがわかるだろう。》

この文章は、すでに終わりを告げた角栄の時代をふり返りつつ書いたつもりだったが、現実政治のその後は、なかなかスンナリとは、ポスト田中角栄の時代に向かわなかった。政治家の大半がここに書いたように、田中型政治の時代に政治家としての精神形成をしてしまった人々であり、田中派のあとを継いだ政治勢力が政界を牛耳る時代がつづいたからである。

それから、十年近くを経て、またこのような本を上梓することになってしまった。この本は、半分は、日本の政治がまだまだ角栄の影から逃れきっていないという思いから書いたものだが、同時に、書きながら思ったことは、日本の政治も、すでに明らかにベクトルは脱角栄の方向に向かっているし、金権政治の実態も昔とくらべると、驚くほど改善されたということだった。角栄が死んではや九年。ポスト田中角栄時代の若い世代が選挙のたびに登場しつつある。いまだにミニ角栄があちこちに残っていることはいるが（そのシンボリックな存在が、鈴木宗男議員といってよい）、もうその政治スタイルが世の人を魅する時代は終わった、と希望的にだが、思っている。

むしろいま最大の問題として残っているのは、角栄型政治（野放図なバラまき財政とそれに寄生して甘い汁を吸いつづける集団が牛耳る政治）が深刻な遺産として残した財政破綻の問題である。これが、私が角栄の遺伝子問題と名づける問題だが、この問題を片づけないことには、日本の政治は角栄の時代を本当に脱却したことにはならない。

書いていてつくづく思ったことは、田中角栄という人の、無茶苦茶なスケールの大きさである。破天荒ぶりである。

最近、野田峯雄・小山唯史『「疑惑」の相続人　田中真紀子』（第三書館）という本を読んでいたら、こんなくだりに出会った。

《「先日、本間幸一さんに会いました。本間さんとはいろんなことを話している、『（田中角栄は）ワルだったよなァ、でもああいう人はもう出ない。みんな小粒になってしまった』とかね……」》

話しているのは、木村博保氏。地元で、角栄に最も近い立場にいた県議の一人で、柏崎原発用地事件で、角栄にかけられた疑惑を自分でかぶって角栄を救った男であり（彼が目白の私邸に四億円の現金を運んだ話については後述）、話相手の本間幸一氏は、角栄の「国家老」といわれた地元秘書の筆頭で、角栄の第一回選挙から最後の選挙まで地元で采配を振った男である。本間秘書は同時に角栄の政治資金の現金運搬係をやった男でもあるし、また同時に真紀子に小さいときから「おじいちゃん」と慕われ、真紀子が議員になるとその公設秘書をつとめた人物でもある。

「ワルだったが、あれほどスケールの大きな男はいなかった」

というのが、角栄を身近で知っていた人たちの共通認識である。

しかし、同時に木村博保氏はこういったあとに、言葉をついでこういっている。

《「先生は長靴を履いて山のなかの一軒家へも行ったけど、あの人（真紀子）はどこへ行きましたか？　先生の後光を背負って入口のところでパフォーマンスをしているだけだ」》

角栄はワルではあっても、周囲の人になんともいえず愛され尊敬されてきた人だった。

実は私自身も、この本を書いていて、角栄に対し、なんともいえない懐かしさというか、人間的な親しみをおぼえてしまっていたということを、ここに正直に書いておこう。

担当デスクが最初の原稿を読んで、

「角栄に対する見方が昔とくらべるとだいぶ変わったんじゃないですか。やさしくなった」

といった。

「それはそうかもしれない」

と私は答えた。

「昔は休むことなく、ずっとあの一派と戦争をつづけていたんだからね、やさしくなんかなれないよ。だけど、これだけ時間がたつと、時間の癒し効果のせいか、やさしくなれる。角栄は基本的にワルだったと思うけど、ちがう側面を見る余裕もでてきた。彼の側から見ると、ことの流れはこう見えたのかもしれないと彼の心の中を思いやることもできるようになった。それにいろいろ資料を読み合わせてみるとやっぱりあの男はなんともいえずすごい男だったと思わせるものを持っている。いい意味でも悪い意味でも、とにかくスケールが大きい男だった」

角栄には、私のような立場の男でも、そのスケールの大きさについ感嘆させられてしまうところがあるのである。

角栄はあれほど周囲の人に愛され尊敬されてきたのに、その娘である真紀子は、なぜかその逆という不思議な側面を持つ。

なぜそうなのかを知ろうと思ったら、角栄の人間的な側面に踏み込む必要があり、真紀子がなぜそうなのかを知ろうと思ったら、角栄の「人に愛される側面」が実の娘には逆の反作用を及ぼしてしまったのだという事実を知る必要がある。

ということで「田中真紀子」研究のためには、どうしても、角栄という政治的にも人間的にもきわめてスケールが大きかった人物が描いた大河人生ドラマ的軌跡を追う必要も出てくる。

以上のようなさまざまな側面を入れこんでいくと、時間の流れの面でも、主題の面でも、記述は入り組んだものにならざるをえない。話は、真紀子と現代政治の現象面での分析からはじまるが、次第にいまの政治がどれほど角栄型政治の延長上にあるかという政治の構造的分析に入っていく。そして、田中角栄とその周辺の人物たちの軌跡を追う大河ドラマが、次第に日本政治そのものを主人公とする大河ドラマに変わっていく。話の流れは、あえて時間軸に沿った流れとせず、インタビューアーの質問に応じて、興のおもむくまま、あっちに飛び、こっちに飛びしつつ、縦横無尽に語りつくすというスタイルをとった。できるだけわかりやすいように心がけたつもりだが、内容的には、時間的に、あるいはテーマ的に行きつ戻りつになった部分もある。しかし、こうしたほうがわかりやすくなったはずだと思っている。

あえて、書かれた時点の問題にふれておくと、冒頭部分は、雑誌原稿そのままだから、二〇〇二年四月、真紀子が外務省問題で外務大臣をクビになり、やがて秘書問題が噴き出して、彼女が弁明に追われはじめる頃である。書き終わったのは、二〇〇二年七月はじめ、真紀子が秘書問題で、自民党から党員資格停止の処分を受けた頃である。その途中の部分は、雑誌原稿と加筆部分が複雑に入り組んでいるので、いつがその文章記述の「いま」であるかは正確にいいがたい。

ただ、この本を書いていくうちに、現実政治の展開を受けてというより、真紀子と角栄に関するさまざまな資料を読みこんでいく過程で、角栄に対する見方が大きく変わっただけでなく、真紀子に対する見方も大きく変わっていった。だから、冒頭部分における真紀子のとらえ方と、終りの部分における真紀子のとらえ方は大きく変わっているということを、あらかじめ申し添えておく。

書いていく過程で、ちょっと年をとった人と若い人の間（角栄の同時代人と角栄を歴史上の人物としてしか知らない人の間といってもよい）で、相当の事実認識の差があるということがわかったので、雑誌掲載段階でも、単行本をまとめる段階でも、聞き手にわざと若い人をある程度入れて、質問に答えていくインタビュー形式をとった。最初から質問者は何人もいたので、雑誌掲載時にあった「聞き手　小林峻一」という表示は、聞き手は編集部全体（雑誌編集部プラス出版編集部）という事実を明らかにするために削除した（小林氏が単行本をまとめる段階では参加できなかったということもある）。

＊1［早坂秘書］　田中角栄のスポークスマンの役目を果たし、当時最も世に知られた政治家秘書。角栄引退後は、政治評論家として、TV、活字の世界で活躍。主な著作に『オヤジの知恵』『政治家は「悪党」に限る』『宰相の器』『鈍牛にも角がある』『駕籠に乗る人・担ぐ人』などがある。後期のものになるほど、前は書かなかった秘密の話がふえ、田中角栄とその時代を知るための一級資料となっている。

＊2［悪党］　ここで、早坂が用いている「悪党」の意味は、同書によれば、次の通りである。

《歴史書をひもとけば、日本の転換期には必ず〝悪党〟が現われて、機能しなくなった現実を大胆に変革した。いずれも時代の申し子である。（略）私の言う悪党とは智力、胆力、腕力ともに優れ、世評に腰を引かず、激流で馬首を変えた指導者をイメージしている。悪

人と言うよりは、強い人、頼もしい人、後に従っていきたい人に近い。凡百の小悪党とは範疇を異にする傑物だ。》

具体例をあげると、歴史上の人物としては、平清盛、織田信長、足利尊氏などがあげられ、戦後政治家の中では、吉田茂、岸信介、田中角栄などが悪党の範疇に入るという。

I

田中真紀子問題に発言しなかった理由

――外務省問題から、秘書疑惑と、田中真紀子問題で政界は揺れつづけですが、この問題、どういうふうにご覧になっていましたか？　この問題で発言するということがほとんどありませんでしたよね。なぜです？

立花　実はほとんど関心がなかったんです。だって、真紀子問題って、次元が低すぎるじゃありませんか。本質的な政治の問題にほとんどかかわるところがないイッシューばかりでしょう。いってみれば、TVのワイドショーのネタ程度の話ですよね。また、彼女自身が、ワイドショーのオバサン・タレント程度の人間じゃないですか。

真紀子は本質的にポリティシャンといえるレベルの人間ではない。TVの本格的政治討論番組に出てきて、時の政治課題について与野党の論客相手に丁々発止の議論ができるタイプかといったら、そうじゃないでしょう。ちょっと気のきいたセリフとか、感情的なコメントとかはポンポン出せる人ですが、彼女が本格的な政策論争に加わっているところは見たことがない。要するにワイドショーに出てきて威勢よくしゃべりまくる元気がいいオバサン・タレントの部類ですよ。いってみれば、かつての野村沙知代程度の人間じゃないですか。

そういえば、違法脱法行為がバレてたちまち人気凋落というところも似ている。先だってテレビが、秘書疑惑問題で、田中真紀子の説明に納得できるかという世論調査をやったところ、八割近い人が納得できないと答え、納得できると答えた人は一割余りしかいなかった。まだ人気凋落《ちょうらく》というところまではいっていないかもしれないけれど、彼女のいうことなら、なんでも無批判にうなずいてしまうレベルの真紀子ファンは確実に減っている。

——ほとんど説明にならない説明しかできませんでした。

立花　小泉純一郎首相が、「具体的な証拠をあげて万人に納得いく説明を」といったけど、その通りです。それに対して、彼女が何をいったかというと、週刊誌の取り上げたスキャンダルをいうなら、山崎拓幹事長の女性問題もあるじゃないか、そっちはどうした、なんて、まるで次元のちがう問題を持ち出して、小泉首相から、「人のことをあげつらう前に、まず自分の説明責任をちゃんと果たすべきではないか」とあっさり斬り捨てられた。

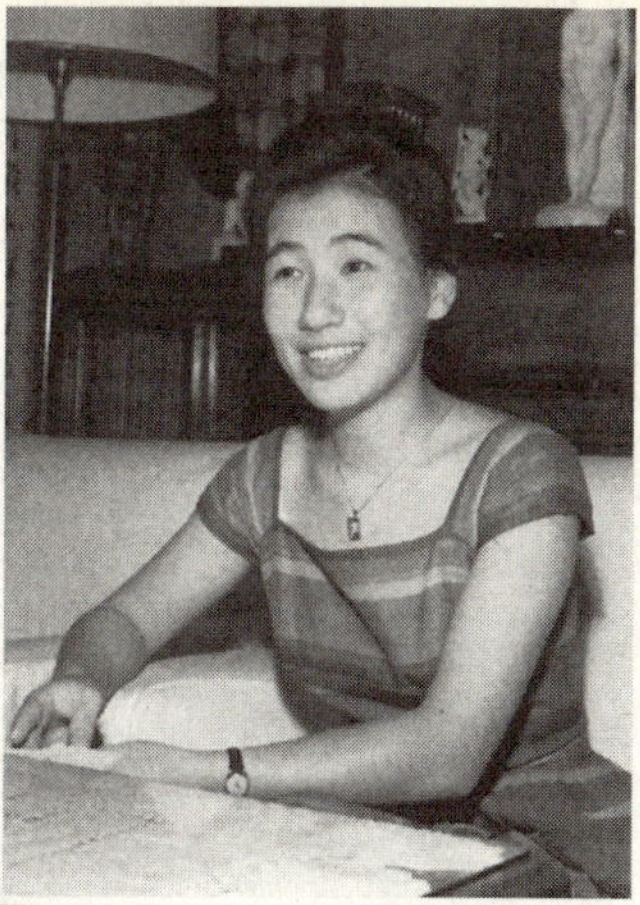

まだ若かりしころの田中真紀子の穏和な表情

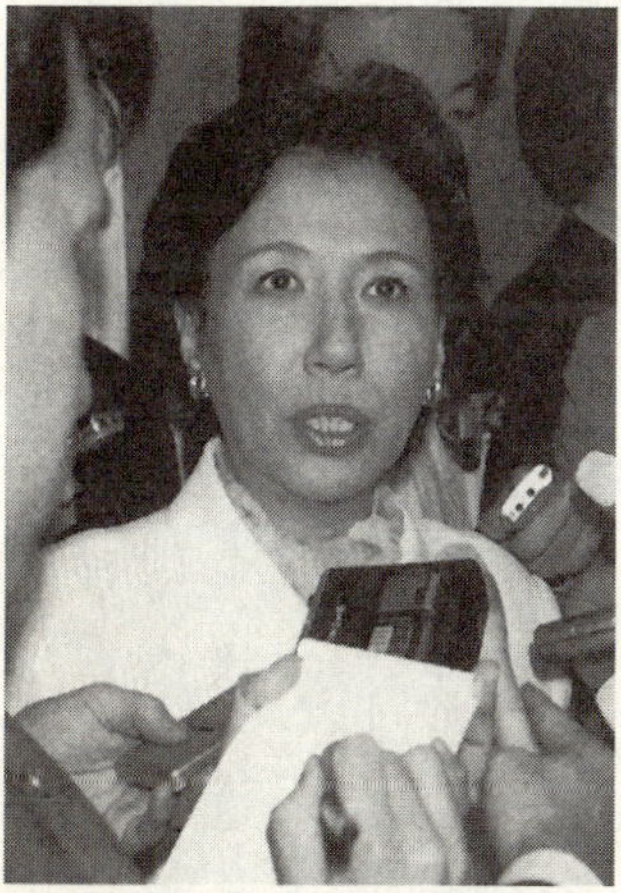

平成14年6月14日。秘書疑惑について答える様子

それにしても、その前の外務省問題といい、鈴木宗男問題といい、国会で真紀子がらみで問題になるのはいつも次元の低いやりとりばかり。あれで思い出したのは、かつての野村沙知代vs浅香光代の悪口雑言、罵詈《ばり》讒謗《ざんぼう》大合戦。今となっては、内容も思い出せないほど下らないことでののしり合いがつづき、それをワイドショーが連日報道しては、悪口合戦を拡大再生産していった。あれと同じですよ。

日本の政治は、田中真紀子の登場以来、救い難く低劣化し、ワイドショー化してしまった。外交問題、景気問題、財政金融問題、有事法制問題などなど、日本の政治はあらゆる側面で問題山積だというのに、マスコミの政治報道は外務省問題以来、ワイドショー化する一方。ぼくは真紀子が日本の政治に与えた最大の害毒はそこにあると思う。どうでもいい問題が大問題として重大視され、大問題がどうでもいいような扱いを受けるという、政治的価値の倒錯現象を起こしてしまった。

ワイドショー化する政治の問題

——政治がワイドショー化するということはどういうことなんでしょう。

立花　要するに、ワイドショーというのは、世のおばちゃんたちが昔からその辺で繰り広げてきた井戸端会議のTV版ですよ。そこでは、あらゆる問題が、オバチャンたちの頭に入りやすいレベルに落として徹底的に図式化されなければならない。しかも大衆を感情的にまきこむために、喜怒哀楽、憤怒、嫉妬羨望など感情のスパイスをたっぷりふりかけた短いフレーズで誇張した表現が多用される。要するに、ワイドショー化されると、政治がしっかりした議論と議論をぶつけ合う論戦の場から、感情的で印象に残る一言をぶつけ合う一言合戦の場に落ちてしまうわけです。真紀子はそういう印象的一言を繰り出す能力において、たぐいまれなタレント性を持っていたので、ワイドショー化した政治のスターになったということでしょう。

――たしかに一言はうまいですよね。大衆のうっぷんを晴らすような、胸のすく一言をうまく出す。

立花　彼女の場合、必ずしもそれが用意した一言ではない。真紀子は反射神経的な言語能力においてなんともいえない天性のものを持っている。それがうまくはまると見事な一言になるけど、今回の秘書疑惑では、その反射神経がうまく働かず、バカげた一言しか出てこない。

最近のＴＶの報道では、まっとうなニュース番組においてすら、そういう印象的一言が出る場面をフラッシュバックで何度も何度もＣＭのように繰り返す編集が主流になっていますよね。その結果、報道の現場では、取材記者の質の低下がどんどん進行している。「一言お願いします」といってマイクを突き出すくらいしかできない記者が、ジャーナリストでございと大手をふって歩いている。一言さえキャッチできたらテレビ界では立派なジャーナリストになれる。

——新聞でも若い記者の取材能力の低下をなげく声が各社でだいぶ前から出ているようですね。

立花　昔とは全然ちがうらしいね。しかしそれ以上の質の低下問題が実は読者のレベルで起きている。たとえば、最近の大学生はほとんど半分近く（大学によってはそれ以上）が新聞を毎日読んでいません。大学生にかぎらず、政治の動きを知るのはTVのニュースを通してだけという人がいまや日本のマジョリティになっています。

国内政治問題でも、国際政治問題でも、一般の人はTVニュースでしか問題を知ろうとしなくなっている。その結果、ニュースメディアの質がどんどん低下している。つまり、記者の質の低下がまず起きたのではなく、受け手の質の低下がまずあって、そのレベルに合わせて報道側もニュース報道の質を落としていったということだと思うんです。受け手の質の低下、記者の質の低下、報道の質の低下が順次起きて、いまは一種の低レベルでの安定状態に入ってしまったのかもしれない。報道の質の低下に対する不満の声なんてあまり聞こえてこない。みんなTVレベルで満足している。いまのTV報道でニュースは十分伝えられていると思っている。

TVはどこまで真実を伝えているのか

——TVで真実を伝えることは無理ですか。

立花　十分に伝えることは無理です。ＴＶ報道は出し手も受け手もスペースにかぎりがあります。局の側がニュースに使える時間枠と、視聴者がニュースを見ることに費やせる時間枠の問題です。そもそも、ＴＶニュースの一つのアイテムは平均一、二分です。アナウンサーのしゃべりの標準スピードは一分間三百字ですから、原稿の量にすると、三百字から六百字ということです。新聞の記事でいえば（一行十二字の場合）、二十五行から五十行ということです。「天声人語」あるいはその半分程度の小さなスペースにしかなりません。それでは、問題が何であれ、その概略しか伝えることはできません。ことがそこにいたるまでの経緯はどうであったのかとか、背景事情、主要な問題点、これからのありうる展開等々、ちょっとでも踏みこんだ内容を伝えることはとても無理です。ごくごく表面的な「誰が、いつ、どこで、何をした、何をいった」という外形的な事実を伝えるのが、せいいっぱいです。

そもそも映像メディアたるＴＶには、カメラで撮影可能なものは伝えられるが、そうでないものは伝えられない（あるいは伝えるのが苦手）という宿命的な欠陥があります。その面からも、ＴＶはいま目の前で起きている表面的な事実をリアルタイムで伝えるのは得意ですが、「表面からは見えないウラの事情」、「表面的な事実関係を分析したときにはじめて見えてくるもの」、「目の前の特定の事実関係でなく視野を広げて全体を見渡したときにはじめて見えてくるもの」、「目の前でいま起きている現象でなく一定（短期、中期、長期）の時間をかけて起こること」、「未来に起きると予想（予測）されること」などを伝えるのは不得手です。

ＴＶというメディアのこのような特質から何が起きるかといえば、ＴＶが主要なメディアになってしまった社会においては、政治が（あらゆる社会現象が）どんどん劇場化していくということです。ＴＶは舞台の上を映すだけだから、そこで進行しつつあるお芝居に、みんな気をとられてしまって、その背景の見えないところで何があったのかとか、この場合本質的に問題になっているのは何なのかといったことを考えようともしなくなるし、考える能力もなくなるということです。舞台の上の主演俳優、主演女優の華麗な演技や見事なセリフまわしに酔わされてしまって、それを批判精神をともなって見ることができなくなるわけです。

――ウラ読みとか、背景分析、未来予測、批判などを得意とするのはむしろ活字なんでしょうが、ＴＶと反対に活字メディアは衰退しつつある。

立花　そのことを痛感させたのが、真紀子の外務大臣罷免問題です。

あれに先立つ一連の週刊誌報道を読んでいた人には、真紀子に外務大臣としての基本的資質が根本的に欠けているということが明らかすぎるほど明らかだったでしょう。

――アーミテージ米国務副長官との会談を勝手にキャンセルしたり、米同時多発テロ後の国務省の避難先など「重要機密情報」をペラペラしゃべりまくったり、シンガポールではワーキングディナーを「歯痛」で欠席したり、指輪がなくなったと秘書官を泥棒呼ばわりした上にイラン外相との会談に遅刻したりとか……どれ一つとったって落第ですよね。

立花　こういうことはほとんどが、あるべきことがなかったり、なされるべきことがなされなかったりという、現実の欠落情報です。現実にあったことならＴＶは伝えられるが、あるべきことがなかったり、欠落しているという情報は、ＴＶカメラは映せない。いちばんすごい話は、自分が気にくわない斎木昭隆人事課長を追い払おうとして、外務省人事課の女子職員に、同課長を免職にするという辞令を作成させようとした事件です。いうことを聞かない女子職員を事務室に閉じこめ、自分もその事務室にいっしょに入って内カギをかけて閉じこもり、さらに強要をつづけたという監禁強要事件です。あの事件を、週刊誌は、真紀子の異常さをよく示す事件として、詳しく報道したけれど、新聞、ＴＶはほとんど報道しなかった。

もし、あそこでＴＶカメラがあの監禁現場に入り、真紀子が、恐るべき形相でわめきちらし、「そんなことはできません」と涙を流して抵抗する女子職員を長時間にわたって痛めつける現場が逐一リアルタイムでＴＶ中継されていたとしたら、ＴＶは空前の視聴率をあげるとともに、真紀子ファンの真紀子幻想も一瞬にして吹き飛んだでしょうね。そしたら、みんな疑問の余地なく、こんな人を外務大臣にしておくのはとんでもないことで、即刻クビにすべきだと思ったでしょうが、このエピソードをリアルに伝えたのは、週刊誌だけで、週刊誌がマイナー・メディアであったために、そうはならなかったわけです。

——週刊誌というのは、やはりマイナー・メディアですか?

立花　週刊誌というのは、多くて一誌数十万部、少ないところで一誌数万部の世界です。全誌(男性ニュース週刊誌)合わせても二百万〜三百万部の世界です。TVの視聴率一パーセントがだいたい百万ですから、全誌合わせてもTV視聴率にしたら二、三パーセントという世界なんです。そして、週刊誌の場合は、みんな同じニュースを伝えるわけじゃないから、特定の週刊誌の特定の記事ということになると、視聴率コンマ以下の世界になってしまう。

真紀子に外務大臣の資質がないという問題は、週刊誌が問題を最初に提起し、新聞もある程度は書いていましたが、TVはほとんどやっていません。TVの特にワイドショーの視聴者層が圧倒的に真紀子ファンの層だったので、TVは真紀子を正面切って批判できなかった。

ぼくなんか、週刊誌報道を熱心に読むほうなので、すぐに真紀子の異常な言動に唖然として、真紀子罷免は当然すぎるほど当然の話で、むしろ遅すぎたくらいに思っていました(多分小泉首相もそう思っていたんでしょう)。しかし、TVを主たる情報源としている社会のマジョリティはそう思わなかったわけです。その人たちにとっては、小泉の真紀子罷免は突然起きた、わけがわからないとんでもないことで、その反動から小泉の支持率は一挙に半減してしまったわけです。

いいかい、乱暴な議論をすると、ぼくは、あそこで、真紀子罷免当然という側に立った人たちが、いま日本の社会において基本的に活字情報をきちんと受けとめている層で、真紀子の側に立ちつづけて小泉支持をやめた人たちは、活字情報とは無縁の生活を送っているワイドショー・レベルの人たちといっていいんじゃないかと思っています。そういうレベルの人たちは、TV画面上での真紀子の一見かっこいい言動（国会答弁やらTVのぶら下がり取材やら）にコロリとだまされて、拍手喝采を送ってしまう人たちです。真紀子に不利な事実の報道（秘書疑惑など）があっても、真紀子の断固たる否定の一言があるとたちまちそれをうのみにして、真紀子は悪くないと思ってしまう人たちです。そして、国会で真紀子を追及する野党議員がいると「真紀子さんをいじめるな」みたいな非難ゴウゴウの声を電話やFAXで浴びせかける人たちです。

ワンバイト化する日本の政治

――でも、活字情報派の中にも、真紀子支持者はいたし、小泉支持者の相当部分が実はTV情報派という事実もあるんじゃないですか。

立花　その通りです。これは、はじめに断ったように、精密な議論ではなくて、相当乱暴な議論をあえてするならばという前提つきの分析です。しかし、このような乱暴な議論をあえてすることで、現代社会で現に進行しつつある大きな変化が見えてくるのではないかと思っています。

一つは、政治のＴＶ化、あるいは大衆社会化という現象が近頃あまりにも顕著になり、その弊害がはっきり現れてきているということです。あまりにも低レベルの大衆のナイーブな情動反応によって政治が安易に動かされてしまう時代になってしまったということです。いま述べた「真紀子さん可哀想」「真紀子さんをいじめるな」の声が真紀子を追及する側に集中砲火的に浴びせかけられ、真紀子批判の声をあげる人たちが国会でも、マスコミ報道でも及び腰になってしまった、などという事態（その後秘書問題で真紀子に逆風が吹きはじめてからはそうでもなくなったが）はその例証になるでしょう。

しかしこれは、あまりにも情けないことだと思いませんか。その程度のオバサン大合唱に負けてしまう人なら国会でもマスコミでも言論活動などやるなといいたいですね。日本社会の知的劣化状況はついにここまで来たかと思いました。

――政治のＴＶ化はいまにはじまった話ではなく、ある程度は二十年前あるいはもっと前から進行しつつあった現象ではないですか。

立花　しかし、事態が一挙に進んだのは、やはり、小泉内閣の成立によってだと思います。二〇〇一年の自民党総裁選挙で、真紀子と小泉という二人の傑出したＴＶ政治タレントが組むことによって小泉政権が生まれた。あれは、いわば、全国民が見守る中で、巨大な政治ドラマが、詳細な解説付きで、ＴＶナマ中継されていたようなものです。あれで、それまでは政治にほとんど関心を持たなかった階層まで（たとえば女子高生まで）興奮させられ、政治のＴＶ化が一挙に進んだ。

さらに、首相になった小泉が、毎日TVカメラの前に出てきて、「一言タレント」を演じ、TVメディアがその一言を何度も何度もCM的に流しまくるということが常態化するようになって、日本の政治のTV化はすでに不可逆過程に入ったというべきだと思います。これから、政治の世界で頭角を現そうとする人間は、基本的に小泉スタイル（一言タレント）を踏襲せざるをえないと思います。

TV政治の時代が早く訪れたアメリカでは、かなり前から、政治家の成功する最大のコツは一言タレントとしていかにたくみにTVを利用できるかだということが認識されていました。

アメリカ政治の最大のイベントである大統領選挙戦において、各陣営は選りすぐりの人材をPR業界から引きぬいてTV利用戦術を練りに練ります。CM媒体としての利用戦術もありますが、もっと大事にするのが報道メディアとしての利用戦術です。そのとき何より重要視するのが、毎日のニュース報道バイト（食物の一口、一噛み。転じて、TVのワンカット）をいかに作るかなんです。選挙キャンペーン中、有力候補には、各TV局がクルーを貼りつけにして、毎日の行動を追いつづけます。そして、各局とも、有力候補者の動静を毎日ワンカットは報道してくれます。そのワンカットをどれだけその候補に有利な内容にできるかが、長い選挙戦で決定的なカギになります。魅力的な一場面、一言を作りだすために、PRマンたちは知力をふりしぼって考え抜き、そういう場面を毎日のスケジュールのどこかで意識的に作りこみます。TVの側も一日ワンカットは絵になる場面が欲しいというのがホンネですから、ＰＲマンたちが毎日考えてくれる絵になりそうな一場面に、これは演出場面だなと思いつつもついのせられてしまうということになります。ベテランのＰＲマンの中には、ここだと思って準備した場面に、ＴＶはほぼ百パーセントのってくると豪語する人もいます。しかし、どんなにいい場面を演出しても、ＴＶが使ってくれるのはワンカットです。有力候補になると、そのワンカットの中で候補に魅力的な一言をいわせるためにスピーチライターならぬ一言（ワンバイト）ライターをちゃんと雇っていて、これはという場面で、候補が演出通りの一言をさりげなくＴＶカメラに向かっていうようにしむけるわけです。

政治のＴＶ化の究極は、結局、政治のワンバイト化に進むんです。日本のＴＶ政治は、小泉首相というタレントの出現によって、一挙にそのレベル（ワンバイトの日常化）まで進んでしまったといえるんじゃないでしょうか。小泉首相の背後に毎日適切なワンバイトを考えてくれる専門家がいるのか、あるいは自分で考えるのか（あるいは反射神経だけでやっているのか）知りませんが、どんな質問がきても、逃げずにそれに対応する一言を繰り出すところは、立派なものです。ＴＶから逃げまくっていた森喜朗前首相とは対照的で、小泉首相は、ＴＶ政治時代の申し子といってもいいと思います。小泉政権の驚くほどの高支持率の相当部分は、このようなＴＶ政治のもたらしたものといえると思います。

――田中真紀子のほうはどうですか？

立花　前半は遊説段階から小泉とならんでＴＶ政治の先頭に立ち、外務大臣になってからは外務省征伐の場面を自作自演して喝采を博したけど、やがて芝居の裏側がボロボロに透けて見えはじめると、かっこいい発言の裏はウソばかりという実体が見えてきて、ついに小泉に首を切られたということでしょう。そして、稀代の悪役型政治タレント、鈴木宗男とのからみの一幕などがあって、それはそれなりに観客を沸かせたのですが、秘書疑惑問題が突如として出現すると、それに対応することが全くできなくなって、ＴＶ政治の時代に逆に復讐されつつあるというところじゃないですか。

――対応できていないですねえ。

立花　可哀想なほどできていない。ＴＶ政治時代の政治家は、どんな場合でもＴＶから逃げてはいけない。常にＴＶカメラを向けられることを喜びとして、徹底的にＴＶを利用しなければならない。彼女はついこの間まで、ＴＶを見事なまでに利用してきたのに、秘書の問題が起きてからは、逃げに逃げている。ＴＶインタビューを受けても、疑惑なんてありませんというだけで、その具体的な根拠を示すことができない。そしてついには、衆院議長に対して、院内におけるＴＶ取材の制限を願い出るというＴＶ時代の政治家としてあるまじきことをいい出すまでになってしまった。ＴＶ政治家として完全に落第です。自分の説明責任を果たすことが全くできずに、見当ちがいのことを説明してみたり、八つ当たり気味にいろんな人物やメディアを攻撃しまくってみたりしたけど、説得力は全くなかった。あれを見てて、真紀子はやっぱり角栄の娘なんだなと思いました。

角栄と真紀子の共通点「批判を否定するだけで証拠は出さない」

――どういうことですか。

立花　金脈問題が火を噴いたあと、角栄は一時内閣改造で強行突破をはかろうとした。そして、内閣改造を機にセットされた内閣記者会との会見の場を借りて、金脈問題の釈明を試みたわけです。それまで、この問題を正面きって取り上げたことがなかった内閣記者会が、はじめて、正面から質問したのに対して答えるという形をとったわけです。

首相と内閣記者会との会見は、昔から記者クラブの幹事と内閣官房長官、それにプレス担当の首相秘書官の間で、綿密な打ち合わせがなされ、主な質問項目を提出し、質疑の手順まで決めるのが慣例になっていますから、これはもちろん、爆弾質問ではなくて、すべて打ち合わせの上でなされたものです。

――いわゆる金脈記者会見ですね。

立花　TV中継され、空前の視聴率（その少し前にあった巨人軍の長嶋選手の引退記者会見をしのいだ）をあげた。しかし、六十分間にわたる長時間の会見だったというのに、具体的な内容は何もなかった。「不正な所得を得たことは何もない」、「指弾を受ける事実は全くない」と、強い語調で否定を繰り返すだけだった。記者が具体的な事実関係を問うと、調査中というだけで何一つ明らかにできなかった。いずれ資料を付してすべて明らかにしますと何度もいったが、結局死ぬまで、何も明らかにしなかった。そのうちロッキード事件で逮捕されると、調査結果はすでにまとまっていて、発表寸前までいっていたのに、検察にその調査資料を押収されてしまったため、発表できなくなったみたいなことをいいだした。そこでぼくは、秘《ひそ》かに、ロッキード事件の担当検事に、押収資料にそんな資料があったのか聞いてみたんです。そしたら、

「それらしいものが、あることはありました。しかし、具体的な中身はほとんど何もなくて、あれじゃ発表しても、誰もこれで金脈問題の釈明がすんだとは思ってくれなかったでしょう」

といって笑っていました。

今回の真紀子の秘書疑惑に対する対応の仕方は、この金脈問題に対する角栄の対応の仕方とそっくりですよ。要するに、声高に、疑惑になるようなことは何もないと強く主張するだけで、その根拠になるような具体的事実関係を何一つ示さないわけです。

それともう一つ、やっぱり角栄の娘だなと思ったのは、五月十七日、真紀子が記者団にとりかこまれるようにして若干の形式的な説明をしたあと、小泉首相や山崎幹事長の態度がおかしいと逆攻撃をしかけたときのことです。彼女の顔の左半分を見たら、妙にゆがんでいるじゃありませんか。お化粧でごまかそうとしていたけど、あれは多分、顔面神経痛の発作が起きて顔がゆがんだんですよ。角栄政権の末期、インフレや、金脈問

題で集中砲火を浴びたとき、角栄がやっぱり顔面神経痛に襲われて、顔がゆがんでしまうという事態が何度も起きている。真紀子はきっと角栄から、攻撃的な性格とともに、打たれ弱いという遺伝子も受け継いでいるんでしょう。逃げ場がない状況に追いつめられて、強いストレスを受けると、顔面神経痛の発作を起こしてしまうんじゃないですか。

そういえば最近、気にくわない質問を受けたときに記者をにらむ、おっかない顔が角栄そっくりになってきましたね。

II

角栄の二つの遺伝子問題

――遺伝子ですか。

立花　うん。ぼくは結局、いまの日本の政治がかかえている最大の問題は、要約すると角栄の二つの遺伝子問題であるということができると思っているんです。一つは、生物学的な遺伝子問題で、すなわち真紀子問題。もう一つは日本の政治システム、あるいは政治マインドの上に残された角栄の遺伝子の問題です。

――角栄の遺伝子？

立花　ぼくはいまの自民党政治は角栄の遺伝子の上に築かれたと思っています。この問題を考えれば考えるほど、日本の政治に、角栄がどれほど深刻な影響を及ぼし、その後遺症がいまなおどれほど我々を苦しませているかがわかってきます。

たとえば、いま小泉改革が取り上げているさまざまな構造問題にしても、その起源をたどっていくと、結局、角栄までいきつくものが多いんです。いま次々に起きている政界の不祥事の起源も、もとをたどっていくと、たいてい角栄にいきつくんです。いまの政治がかかえている最大の問題はバブル破綻の後始末ですが、あのバブル時代も、考えてみると、角栄的ないけいけドンドンの経済政策がもたらしたものといえるわけです。

——ということは、小泉改革は、角栄の遺伝子との対決。

立花　そうです、角栄の遺伝子を受け継いでいるのは、いわゆる小泉改革への抵抗勢力の側です。小泉改革というのは、角栄の遺伝子に汚染された政治をいかに浄化するかの問題といってもいい。

——最近一部に角栄の時代はよかったなどと角栄政治を再評価したり懐かしんだりする声が出ていますが。

立花　出てますね。だけど、ぼくはあれはとんでもないことだと思っています。角栄政治がもたらしたものを冷静客観的に評価するなら、基本的に害毒以外の何ものでもありません。角栄の時代はよかったなどというのは、競馬で身上をつぶした男が、三十年前に大当たりを二、三度取ったことを思い出して、「いやあ、あのころはよかった。天才的な予想屋がいて、その通りに買ったら当たりつづけだったよ」などと懐かしがるのと同じです。実際にはその予想屋も外れが多くて、その通りに買ってトータルするとマイナスになっている（だから身上をつぶした）のに、外れはみんな忘れてしまうみたいなものです。

――角栄政治というとき、どこまでをいうんですか。角栄が総理大臣だった時代と、闇将軍として君臨していた時代？

立花　いや、その後もずっと。つい最近までの自民党政治は本質的に角栄型政治だったといえると思います。そこまで含めて、角栄政治を批判することが、いま、必要なんだと思います。

そもそも角栄が総理大臣をやめて（一九七四年）もう三十年近くたつというのに、この間日本の政治の中心をになってきたのは、ほとんどが角栄の衣鉢をつぐ人々（田中派―竹下派―橋本派の流れ）だったわけですから、いやでも日本の政治は角栄的な政治カルチャーに染めぬかれてしまったわけです。

考えてみると、生身の角栄が日本の政治を支配していた時代はそんなに長くない。総理になった年から脳梗塞で倒れるまで十三年です。むしろその後、角栄の衣鉢をつぐ人々が日本の政治を支配した時代のほうがずっと長い。その間、政治改革のかけ声が何度かかけられ、その度に角栄政治を脱却しようと、さまざまな試みがなされた。多少の改善はあったけれども、時の政治を支配する人々が角栄の末裔であったために、政治の基本的骨格を変えることはできなかった。そして、その後もさらに二十年近くにわたって角栄型政治の時代がつづいたから、角栄の遺伝子はとうとう政治システムのすみずみまで行きわたってしまったわけです。角栄型政治システムを根本的に変革しなければ、日本はもうニッチもサッチもいかないところまできているという現実が認識され、その方向での改革が目的意識的に追求されるようになったのは、やっとこの小泉政権になってからといえるんじゃないですか。そして、その小泉改革の前には、抵抗勢力として、角栄の末裔たちがしぶとく生き残って立ちふさがっている。現在の日本政治の基本的構図はそんなところだと思いますよ。

自民党がいまだひきずる角栄型政治

——そういわれてみると、日本の政治の大きな流れが見えてきます。たしかに、角栄の遺伝子は自民党のあちこちに残ってますね。

立花　自民党の実力者といわれる人々は、どこかで角栄型政治をひきずっている。そのすべてとはいわないまでも、角栄のどこかを引き継いでいる。

——いまだにミニ角栄といわれる人たちがいろいろいますよね。

立花　鈴木宗男なんかその典型ですよね。若い人はもう田中角栄なんていわれても、歴史上の人物という意識しかなくて、具体的なイメージがつかめないかもしれないけれど、鈴木宗男を百倍くらいにスケールアップした感じというと近いかもしれない。あくどさ、泥くささなどタイプとしては似たところがあるけれど、そのスケールは全くちがう。噴出するエネルギーの量がちがう。俗っぽいところは似ているが、揉み手をするような卑しさはない。政治を利用した金儲けでもあんなケチな話ではなく、ケタがちがう文字通りごついことをやっていた。

鈴木宗男だけでなくて、あの時代から、自民党政治家のプロトタイプが角栄型になってしまったんですよ。いってみれば、八〇年代、九〇年代の日本の政治は角栄スクール（角栄学校）が日本の政治を牽引した時代といういいかもしれない。ちょうど、六〇年代から七〇年代はじめにかけての池田内閣時代、佐藤内閣時代を吉田スクール（吉田学校）が日本の政治を牽引した時代と総括できるようにね。当時、吉田学校生たちが保守本流と呼ばれていたわけですが、最近は保守本流というと、むしろ、角栄の衣鉢をつぐ人々をさしていることが多い。考えてみると、生身の吉田茂が政治権力を握っていた時代は約八年で、それより角栄が実質的政治権力をにぎっていた時代のほうがはるかに長い。この長さを考えると、角栄スクールが日本政治のメインストリームになってしまったことは別に不思議でも何でもない。政治家の世界は新陳代謝が早いですからね。俗に角栄スクールの一期生といわれているのは、角栄が幹事長として選挙の采配を振った最初の選挙、昭和四十四年当選組です。総理大臣になった羽田孜や、自由党党首の小沢一郎をはじめとして、衆院議長になった綿貫民輔、衆院副議長になった渡部恒三、それに梶山静六、石井一、奥田敬和、林義郎などの有力政治家たちが入ります。四十四年に三回目の当選を果たした橋本龍太郎も、橋本と同期の小渕恵三もずっと田中派におり、先輩格の角栄スクール出身者といえます。竹下は角栄スクールの番頭格だったわけだし、細川も田中派時代が長く角栄にかわいがられていたから角栄スクールの外戚《がいせき》格といってもいいので、その二人を勘定に入れると、角栄スクールは合計五人の総理大臣を出したことになります。

そしていま日本の政治に何が起きているのかといったら、角栄の時代に清算すべきだったのに清算できなかったことのつけがたまりにたまって、それが日本の政治システムのいたるところからウミとなって噴き出しているような状況といえると思います。

そういう意味で、角栄の遺伝子問題というのは、いまの日本の政治を考える上で、最も重要なポイントだと思うんです。

真紀子が引き継いだ角栄の〝生物学的遺伝子〟

――真紀子はどうなんですか。真紀子はある意味では角栄そっくりの部分があるけど、角栄型政治家というと、ちょっとちがうでしょう。

立花　ちがいますね。そこが面白いといえば面白いところです。生物学的な角栄の遺伝子を受け継いだ真紀子は、日本の政治システムに植えつけられた遺伝子問題では、角栄の衣鉢を受け継ぐ人々と対極の地点にいる。いま自民党内部の最も大きな対立軸は、真紀子対旧経世会（橋本派）といってもいい側面すらある。真紀子vs宗男の戦いにはそういう一面があった。宗男は、旧経世会の政治家そのものですからね。彼女は日頃から宗男にかぎらず、角栄タイプの政治家をあからさまに批判し、ののしってきました。そういうところがまた大衆の喝采を受けたりしたわけです。

――では真紀子は、政治システムとしての角栄の遺伝子は何も受け継がなかったんでしょうか？

立花　そうもいえないところがあって、秘書疑惑の問題をたどっていくと、角栄から受け継いだ政治的経済的遺産の問題と深く結びついていることがわかります。真紀子は角栄的な金権政治のマインドも金権政治システムも受け継がなかったけど、角栄の金脈システムが作った金脈資産はちゃっかり受け継いだ。そして、それにかかる税金も複雑怪奇な会計技術と法律技術を使って税金逃れをはかるなど、角栄のやってきたこととそっくりという一面があります。

そのあたりは、ゆっくり読み解いていかないとわからないと思うんですが、まず、そもそも真紀子問題とは何かというところからいきますか。ぼくはこれから日本の政治の大きな問題として、角栄の政治的遺伝子問題とは別に真紀子問題というのがあると思っているんです。

――真紀子問題？

立花　真紀子問題とは何かというと、田中角栄の遺伝子を個人的に受け継いだ田中真紀子という女性が、その遺伝子のせいか（もちろんそれだけじゃないんでしょうが）、あまりにもパワフルかつあまりにも特異なパーソナリティを持つにいたり、その驚くほどの影響力（過剰な大衆的人気）によって、日本の政界を思いがけない形でゆさぶりつづけてきたし、おそらく今後もゆさぶりつづけ、それによって、日本の政治はさまざまな局面において予測しがたい展開をたどるにちがいないという問題です。

——それは、政治システムにおける角栄の遺伝子問題と比較できるような大問題ですか。

立花　展開いかんですが、大問題たりうると思います。彼女が凡々たる政治家として終わるならいいんですよ。どんな素っ頓狂なことをいったり、したりしても、面白い人だねと笑っていればそれですむ。しかし彼女の場合、それではすまない可能性がある。あのパワーです。あの人気です。このままではとてもムリだけど、この先もっと大化けしたら、本当に日本国初の女性総理大臣にならないともかぎらない。政治のこわいところは、冷静に考えたら起こってはならないことが起こってしまうことがよくあるということです。さめたらウソと思うような一時的な熱狂が、絶好のタイミングで波をつかむと、制度として定着してしまう可能性があるということです。制度化しなければいずれ消えるはずのありうべからざる政治システムが現実の国家そのものになってしまうことがあるということです。ナチスドイツなんてまさにそうですよね。

真紀子の何が問題なのか？

——真紀子にもいいところがあるじゃないですか。真紀子のどこがいちばん問題です

田中首相の外交には夫人ではなく真紀子が同行

鄧小平と田中角栄。昭和53年10月24日撮影

マニラのマラカニアン宮殿でマルコス大統領から勲章を受ける田中角栄。左端は、あのイメルダ夫人である。右端のドレス姿が当時の真紀子

か。

立花　真紀子がなぜ問題かというと、彼女の特異なパーソナリティの最大の特徴が、その行動の予測しがたさ、不安定さにあり、日本の政治がそれにゆさぶられすぎると、日本の政治の動きそのものが、わけのわからぬ不安定さにつきまとわれることになるということです。彼女の行動はときに常人の予測を全く越えた飛躍をしがちです（角栄もそうでした）。わかりやすくいえば、ときどきとんでもなくブチ切れた行動をする人だということです。しかもそのブチ切れ方の度合いが普通じゃないでしょう。彼女のそういう性格を評してよく異常人格という人がいますが、一国の政治が異常人格者によって導かれてしまうと、だいたいその国は不幸な運命をたどりがちです。

現代史でいうなら、ヒトラー政権下のドイツ、スターリン政権下のソ連（ロシア）、ニクソン政権下のアメリカなどがそれにあたります。そして歴史的に、政治の天才といわれる人には、その手の異常人格者が多いんです。ぼくにいわせれば田中角栄もその手の異常人格者の一人だったと思います。あの列島改造ブーム、狂乱物価の時代も異常なら、自民党員でもない人が自民党の最大派閥をひきいて国政を壟断《ろうだん》しつづけた闇将軍の時代というのも異常です。あのような時代があれだけつづいたというのは、田中角栄という人の異常な個性（政治的かつ個人的な）抜きには考えられないことです。真紀子の異常性は、かなりの部分、その遺伝子からきているから、この政治家をよほど注意して扱わないと、日本の政治がまた独特の狂乱の時代を迎えることになるかもしれないということです。かつての日本が角栄とつきあわざるをえなかったように、これからしばらくの間、日本は真紀子とつきあわざるをえない時代を迎えているということです。そして、万一、真紀子が総理大臣になるような時代を迎えてしまったら、真紀子問題はとんでもない大問題になるぞということです。これは杞憂かもしれないけれど、そういうことにならないように、いまから心配しておくべき問題だと思います。

——真紀子は警戒すべき、危険な政治家であるということですか。

立花　そういうとまたちがうんです。ぼくは真紀子を全否定すべき政治家だとは思っていません。彼女には、それなりに評価すべきところがあるし、いいところもある。なにより人間として存在が面白い。だから、バイプレーヤーとしては、これからもまちがいなく日本の政治を面白くしてくれる人だろうし、見物人として、政治を舞台の上のドラマのように見ているかぎりは面白い役者だと思うんです。しかし、この人がバイプレーヤーで終わらず、座長になったりしたら困ると思うんです。この人が舞台の上で使用人（外務官僚）を痛めつけているところなら、コメディーとして笑って見ていられる。しかし、政治の世界では、この人が座長（総理大臣）になったとたん、我々全員が芝居の観客ではなくなって、舞台の上の「その他大勢」の一員にならなければならないんだということを忘れてはいけないと思うんです。使用人いじめが舞台の上の出来事ではなくて、我々自身にふりかかってくる。

この政治家を注意して扱えというのは、そこのところです。

角栄・真紀子親子の異常な人気ぶり

――異常性格もあるかもしれないけれど、角栄・真紀子親子はまた異常な人気者でもありました。

立花　総理大臣になったころの角栄の人気も異常だったけど、ひところの真紀子人気も異常でしたよね。この親子にこれだけ人気が集まるというのは、この親子のどこかに日本人の一般大衆の心をひきつけてやまない原日本人的特性があるということなんでしょう。それがタイミングよく効くと、将来真紀子が総理大臣になってしまうことだってほんとにありえないことではないと思っています。角栄だって、総理になるつい一年前くらいまでは、政界実力者としては相当力を持つようになるだろうが、総理大臣になるのだけは無理といわれていたんです。総理大臣になったら、とたんに〝黒い霧〟事件の再来で失脚するだろうからそれだけは無理といわれていたんです。一年前まではそれが政治のプロ筋の常識でした。

――そうでしたねえ。自民党幹事長だった頃（佐藤内閣時代）は、名幹事長といわれたけど、その上までいくとは、必ずしも思われていなかった。

立花　真紀子もいまは人気が下降気味だから総理大臣になる可能性なんていうと、笑う人が多いかもしれないけれど、角栄も総理大臣になる数年前まではそうだったんです。

ぼくが大学を卒業してはじめて社会に出て、「週刊文春」の記者という立場からリアルな政治世界をのぞき見るようになったときがちょうどそういう時代だったんです。角栄というと、自民党幹事長というイメージでしかなかった。

実は、個人的な思い出話をすると、ぼくは、角栄が総理大臣になったときに海外にいたんです。日本を離れたのはその一年近く前で、まだ「角栄は総理大臣にだけはなれっこない」のが常識の時代でした。だから、中近東を放浪してたまたま立ち寄った大使館で、角栄が総理大臣になったことを伝える大見出しの新聞を見て、エーッ、ホントかよと異様な気持ちがしたことをおぼえています。〝黒い霧〟事件の頃、ぼくは「週刊文春」の記者として、〝黒い霧〟事件も部分的に取材したことがありました。だから、いっそうそれを異様なものに感じたんだと思います。

日本に帰ってから、その間の新聞を読み直してみて、「疑惑の人」が、いかにして「今太閤」ともてはやされるにいたったかを追体験してみて、世の中の評価って、こんなに簡単に変わってしまうものなのかと思い、暗然としました。

後に「田中角栄研究」をやることになったいちばんの背景には、この暗然たる思いがあったのだろうと思います。彼が幹事長にとどまっていたら、あそこまでやらなかったんじゃないかな。

――そういえば、昔、そういうことを書いていましたね。

立花　「角栄研究」発表直後のイーデス・ハンソンさんとの対談（「週刊文春」一九七

四年十一月二十五日号）でこんなことをいっています。

《**ハンソン**　わたし、田中さんを弁護するわけじゃないけど、スケールややり方こそちがえ、ヤリ玉にあげられる人は、ほかにもいるわけでしょう？

立花　そういう意見があるけど、やはり田中さんが総理にいるからやったんで、幹事長で同じことをやっていたら、こういう企画はなかったと思うんです。

ハンソン　総理だからいけない、もっと低い地位にいれば許せる、そんなものですか。

立花　ぼくは、ワリと許しちゃう。

ハンソン　ハハハ、きりがないから？

立花　というより、ぼくの一番嫌いなのは黄金バットなんです。ハンソンさん、ご存じですか。要するに正義の味方ってやつですよね。

ハンソン　アメリカでいえばバットマンとロビンだね。

立花　ぼくはたまたまこういうことで話題にされちゃったけれど、いままでに一冊出してるエコロジー（生態学）に関する本の中で書いてることですが、百パーセント善もないし、百パーセント悪もない。多少の悪がないと、この世の中はうまくやってけない構造になってるんですね。

ハンソン　しかし限度があるでしょ。

立花　もちろんあります。たとえば害虫を百パーセント根絶しようとすると、そうでないものの存立基盤さえ殺しちゃうという、そこのところがエコロジーの一番の教えですね。

ハンソン　その害虫と決める基準にも問題はあるでしょうけど、それでは田中さんの場合は？

立花　まあ、日本の政治システムをエコロジー的に考えると、彼のような人間もいて結構だけど、いる場所がちがうんじゃないかということですね。》

最近、角栄の秘書だった佐藤昭さんの『私の田中角栄日記』（新潮社）という本を読んでいたら、彼女がこれと似たようなことをいっているくだりがあって、面白く読みました。

《私は当初正直にいって、佐藤政権下で、森恪《かく》*[3]以来の名幹事長といわれた田中で充分ではないかと思っていた。佐藤さんも明らかに福田さんを後継者にしたがっておられた。門閥、学閥、すべてを満足させている福田さんに比べ、田中にはそのすべてがなかった。

「幹事長まででいいでしょう。やはり野におけレンゲ草ですよ」と面と向かって言ったこともある。》

「やはり野におけレンゲ草」というのは、佐藤内閣時代、噴出する不祥事の一つとして、荒船清十郎運輸大臣の「急行停車事件」というのがあった。この人はもともと大臣になれるレベルの政治家ではなかったのですが、派閥の親分の川島正次郎が強引に押し込んで第一次佐藤内閣（改造後）の運輸大臣にしてしまった。ところがなったとたんに「一つぐらいいいじゃないか」といって、国鉄の急行列車を自分の選挙区の町に強引に停めさせるという問題を起こした。新聞に「公私混同」「我田引水」とさんざんに叩かれて、ついに辞任のやむなきにいたったとき、派閥ボスの川島が荒船に引導を渡すためにいったセリフが、この「やはり野におけレンゲ草」だったんです。佐藤昭さんが角栄にこういったというのは、お前はせいぜい幹事長レベルの人間なのだから、その上（総理大臣）はめざすなといっているに等しいわけで、秘書としては相当のことをいったものだと感心しました。やはり、普通の秘書じゃないから、ここまでいえたんでしょう。

＊3〔森恪〕　大正・昭和期の政治家。一九二九年に政友会の幹事長となり、名幹事長といわれた。清濁あわせ呑む太っ腹の政治家で、犬養内閣の書記官長などを歴任した。

「越山会の女王」佐藤昭秘書

――佐藤昭さんといえば、「越山会の女王」といわれた金脈秘書で、角栄の愛人でもあった。

立花　そうそう。そういう特殊な関係の人だったからここまでいえたんですよ。この人の『私の田中角栄日記』（著者は佐藤昭子＝本人改名。本書では、前後の整合性の問題があるので、佐藤昭の記述のままでいく。後に増補されて、『決定版　私の田中角栄日記』と改題され新潮文庫に入る）は一九九四年になって出た本なんですが、実に面白い。田中角栄という人物と角栄の時代を知るための一級資料です。それとともに、この本は真紀子を知るための一級資料でもあります。この本に真紀子のことがところどころ書かれているからではなく、真紀子の精神形成に最も大きな影響を与えたものが、父親の存在であると同時に、父親と佐藤昭（以下、しばしば敬称略）の関係であったということがあるからです。真紀子と佐藤昭は、角栄をはさんで独特の三角関係にあったわけです。二人の女性の戦いは角栄が病いに倒れ、目白の田中邸で角栄が真紀子の完全庇護下におかれ、佐藤昭との接触がいっさい断ち切られてからもつづくんです。実はこの『私の田中角栄日記』の出版にしても、その戦いの一部といえないこともない。真紀子と旧田中派の人々との戦いにも、この関係が強い影を落としています。そのあたりは、後でゆっくり語っていきますが、田中角栄、田中真紀子、佐藤昭の三人は、なんともすさまじいとしかいいようがない人生ドラマを歩んできたんです。角栄と真紀子という独特のパーソナリティを持つ二人の政治家を理解しようと思ったら、それを政治的なコンテクストで見ていただけでは何もわかりません。情念の部分を見ないとわからない側面があるということです。

最近、政治記者を長くやって、日本の政治権力抗争の現場をつぶさに見てきた渡邉恒雄（読売新聞社長）の『渡邉恒雄回顧録』（中央公論新社）を読んでいたら、こんなくだりにぶつかって、全くそうだと思いました。

《**渡邉**　僕は日本の戦後史の流れを見たとき、イデオロギーや外交戦略といった政策は、必ずしも絶対的なものではなく、人間の権力闘争のなかでの、憎悪、嫉妬、そしてコンプレックスといったもののほうが、大きく作用してきたと思うんだ。》

このくだりは、河野一郎と大野伴睦の関係とか、池田勇人と大平正芳の関係を念頭において、特に男の嫉妬について述べているくだりなんですが、政治のすべてにおいてこれがいえるんです。政治を支配しているのは情念なんですよ。表面的には、政策論争とか、イデオロギー論争で政治が動いているように見えるかもしれないけれども、もっと下のほうで政治をつき動かしているのは、人間の情念の世界のドロドロですよ。だからこそ、政治には、小説よりも面白いという側面があるわけですが、田中のように、人なみはずれて情念の動きがはげしかった人物の場合は、それが特に顕著に見られるわけです。しかもそこに女がからんでくるということになると、いっそうすごいことになるわけですが、そのあたりはまた先にいって述べることにします。

――真紀子も情念の面では角栄に負けない激しさを持っているみたいですね。

立花　その激しさは生まれつきの面もあるんでしょうが、多分にオヤジの許しがたい女性関係に触発されたという側面があるんじゃないかな。それはおいて、角栄は幹事長としては一流だったという話に戻ると、佐藤昭は『私の田中角栄日記』で、そのころのことをこう書いています。

昭和37年。よりそっているのは娘の敦子さん。市ヶ谷の自宅マンション屋上で

大蔵大臣秘書室での佐藤昭。「越山会の女王」と呼ばれた。のちに〝昭子〟に改名

《幹事長となった田中は、まさに水を得た魚のようだった。おそらく彼の生涯の中でいちばん生き生きとしていた時代といっていい。年齢的にも男として脂が乗り切り、行動のひとつひとつが自信に満ち溢れていた。日一日と党内の人気と信頼が高まっていくのが、側にいて手にとるようにわかる。名実ともに実力者となったのだ。（略）
政策という政策はすべてその下を通る。党の方針を出す。大小選挙の指揮をし、資金面の手当てもある。ありとあらゆる陳情が朝から晩までひっきりなし。
四十六都道府県の知事から県会議員まで、すべて幹事長のもとへやってくる。あっという間に全国中にものすごい人脈が出来上がった。（略）
もちろん、そういった地方の問題や、選挙のことのみならず、中央の人事、外交、内政にかかわる国の重要課題も時を移さずに処理していく。霞が関の官僚たちが、ふろしきに包んだ書類を提げて事務所にやってくる。田中に説明しに来るのではなく、指示を仰ぎに日参するのだ。
「政治の醍醐味は総理になることではない。政権政党の幹事長になることだ」
田中のオヤジにそう言われたと、後年小沢イッちゃん（注・小沢一郎のこと）が言っていたけれど、私もそう思う。
だから、無理して総理にならなくても、名幹事長として後世に名が残ればいいじゃないのと言ったのだ。》

〝汚れ役〟に徹し実力者に

——自民党の幹事長というのは、ものすごい権力の集約点なんですね。

立花　それは人によりますね。権力意識の強い凄腕タイプの実力者幹事長だとそうなります。角栄の他には小沢一郎（海部内閣）、金丸信（中曽根内閣）なんかがその典型でしょうが、今となっては、エッ、そんな人もいたのといいたくなるほど影の薄かった幹事長もたくさんいる。

——いまの山崎幹事長なんていうのも、そのうち忘れられてしまうにちがいない存在感の薄い幹事長ですね。

立花　それにくらべると、角栄はものすごく存在感のある幹事長だった。先の佐藤昭の日記の記述に出ているのは、幹事長時代のオモテのいい部分だけで、実はその裏側には、政治のもっと汚い部分があるわけです。角栄はその汚れた部分でも、すぐれた能力を発揮して、実力者にのしあがっていくんです。

最近、『天地有情』（文藝春秋）という中曽根康弘の回顧録を読んでいたら、政治家田中角栄の評価があって、これに近いことをいっているところがありました。

≪かれが表に出てきたのは池田内閣で政調会長になってからですよ。（略）そうして、佐藤内閣を通じて大蔵大臣、幹事長、通産大臣と歴任するわけですが、結局は背後で、佐藤、池田さんの汚れ役を演じていた。党内工作や野党との国会対策で活躍していたわけです。池田さんのときは池田さんに重用され、佐藤さんになるとそれに通じるという状態でした。要するに、池田と佐藤の二つの梯子をうまく並べながら両方に脚をかけて登り、のし上がっていったんですね。（略）池田、佐藤の双方と関係をよくしたのは田中君しかいなかった。（略）佐藤内閣で幹事長になりますが、佐藤さんにしてみれば、汚れ役に一番便利だし資金集めもうまかったから重宝したと思います。かれは急に頭角を表わしてナンバー・ワンになりました。》

要するに、角栄は「汚れ役」だったんです。汚れ役というのは、表に出たら、「汚い」と思われて世の指弾を浴びるにちがいないすべてを、それは自分の責任でございますとドロをかぶり、親分はまっ白のままにしておく役です。それに、自分の手を汚して政治資金を作ってきて、親分に献上するカネ集め役です。次いで、ヤバいところから調達したカネでも、親分に渡すときにはクリーンなカネにして渡す、カネのクリーニング役でもあります。吉田茂内閣の末期の造船疑獄で、池田勇人政調会長と佐藤栄作幹事長の二人が逮捕スレスレのところまで追いこまれたことがあります（指揮権発動で逮捕をまぬがれた）。吉田は、自由党総裁を引き受けるときに、「カネ集めはしない」と、政治資金に全くタッチしないことを宣言して、その通りにしました。そこで吉田のためのカネのクリーニング役として働いたのが池田であり、佐藤だったわけです。そして、その一端がバレたのが造船疑獄だったわけです。それ以来、池田も佐藤もカネに直接手を出すのがこわくなり、今度は別の汚れ役を作って、自分たちもクリーニングされたカネしか使わなくなる。角栄はそのクリーニング役をやっていたんです。しかもここにあるように、池田にも佐藤にもカネを作ってやっていた（池田も佐藤も、複数のクリーニング装置を持っており、角栄が一人でクリーニングをやっていたわけではない）。だから池田内閣時代に角栄は大蔵大臣になったんです。カネの力だけで大臣になったわけではないが、カネの力も使ったから大臣になれたわけです。角栄はその前の、岸内閣時代に最初の郵政大臣になったときから、しかるべき献金をして大臣になっています。新潟の田舎から出てきた無学な代議士が史上最年少の大臣になったわけですから、みんな不思議がったんですが、角栄は近しい人には、指でカネのサインを作って、「ちゃんと使うものを使ってなったんだ」とあけっぴろげに説明していました。その頃の政界では、ワイロを使って大臣になることは、そう珍しい話ではなかったから、角栄は身近な人には平気でそういう話をしていたんです。

角栄の汚れ役は、カネ作りだけでなく、カネを使っての政治工作（党内工作、対野党工作）とか、スキャンダルの封じこめとか、多面的にやっていました。角栄は自分がそういう役まわりを引き受けることによって、自分の政治力を高めつつあるのだという自覚がありました。『私の田中角栄日記』には、第一次佐藤内閣末期の黒い霧事件について、こんなくだりがあります。

《だが、この田中彰治代議士の逮捕を皮きりに、荒船清十郎運輸相の「急行停車問題」、共和製糖事件など閣僚クラスの一連の不祥事が相次いだ。世にいう「黒い霧解散」。マスコミから自民党は叩きに叩かれた。確かにこの時に、金権腐敗政治という言葉が新聞紙上に飛びかったように思う。岸、石橋、石井の総裁選のすさまじい戦いが改めて紹介されもした。いまや、まるで金権の元祖は田中のようにいわれるが、そんなことはない。

それはともかく、佐藤首相はこの危機を田中幹事長の更迭で乗り切ろうとした。

「何で、何の関係もないあんたが辞めなきゃいけないの」

「佐藤政権の泥は俺が全部かぶるんだよ」

十二月一日、田中は自ら辞任した。》

ここでは、「黒い霧」は角栄に無関係だったのに、角栄が責任をとらされたように書かれていますが、そうではありません。信濃川河川敷買い占め事件や鳥屋野潟事件、光明ヶ池団地事件、辻和子邸事件など、後に有名になる金脈事件の数々が最初に暴かれたのはこのときのことだし、室町産業、新星企業、東京ニューハウスといった田中のユーレイ会社が最初に明るみに出るのもこのときのことなんです。これらの事件のかなりの部分が、国会でも取り上げられたりしていました。それが司直の手でどんどん追及されていったら、田中幹事長逮捕という事態にたちいたったとしても不思議ではなかったと思います。

ぼくはちょうど週刊誌記者として、この一連の事件の進行をリアルタイムで取材記者としてウォッチしていたんです。現場のジャーナリストはその当時みな感じたことですが、田中幹事長辞任はそれとひきかえに一連の黒い霧事件にフタをしてもらうための検察との取引と映りました。

「田中角栄研究」で、このあたりの事件をまとめて取り上げたのは、こういう経緯があったからです。ぼくの目には、あの田中幹事長辞任は、造船疑獄で「佐藤幹事長逮捕→吉田内閣壊滅」という事態を防ぐためになされた「指揮権発動」の別の形（辞任という形で田中幹事長のクビを差し出すから、「田中逮捕→佐藤内閣破滅」という事態は避けさせてくれ）と映ったわけです。

金権腐敗は角栄以前にも存在した

ついでにいっておくと、先の佐藤昭さんの日記にある、「金権腐敗の元祖が田中というのは誤り」で、それはもっと古くからあるというのは、ある程度正しいんです。ここでも言及されている、岸信介、石橋湛山、石井光次郎の三人が争った総裁選（一九五六年）がすさまじい買収合戦になり、その後の総裁選でも、金がバラまかれるもとになったというのはその通りなんです。先の『渡邉恒雄回顧録』には次のようにあります。

《あのときは、金が乱舞するのを間近で見ましたよ。この総裁選で、岸は三億、石橋が一億五〇〇〇万、石井が八〇〇〇万という金をバラまいたという話を僕は聞いたね。

いざ選挙となると、それは、ひどかった。この総裁選は産経ホールで行われたんだけど、産経ホールの外側に廊下があるでしょう、あの廊下で現金の授受をやっているんだ。すごい量の札束を見ましたよ。それも新聞記者の目をはばからずに、やっているんだ。

当時、政治資金規正法はないし、金の移動についての所得課税もない。税務署はそこまで調べないんだ。政治資金に対してはノータッチだったんだ。だから犯罪にならない。目撃者がいても関係ない。だれはばかることなく、金を配っていましたよ。当時に比べると、いまは相当きれいになった。》

ここで、渡辺が「いまは相当きれいになった」といっているのは、一九九八年のことで、田中時代のことではありません。角栄が自民党総裁になった一九七二年の総裁選のときは、金額からいったら、五六年総裁選とは比較にならないほど巨額のお金がバラまかれているんです。その話はまた先にいってしまいますが、いまは、そういう無茶苦茶な話はなくなっています。特に、小泉と真紀子が組んで勝ち抜いた先の総裁選予備選では、そういう買収話は全くなかったといっていいと思います。

真紀子は父親の金権政治について問われると、「反面教師にしている」という答え方をしますが、その点はその通りだと思います。

——汚れ役のドロかぶりだの、汚れたカネのクリーニングだのといった世界とは、真紀子は無縁でしょう。

立花　オヤジと真紀子のいちばんのちがいはそれですね。オヤジは尊敬されたのに、真紀子が党内でまるで尊敬を集められないというのもそれです。自民党の伝統では、必要なときに手を汚すやつが尊敬され、手を汚さないやつは、あいつはダメなやつだといわれる。角栄があれだけ金を配って派閥を大きくしていったということは、いってみれば、角栄がみんなのクリーニング役を引き受けていたということなんです。派閥の親分が配る金はクリーンなんだから（法律的にも）、派閥というのは、巨大なクリーナーであるといってもいいんです。角栄の場合は、派閥という組織（派閥の政治資金団体）をクリーナーにしていただけでなく、自分自身もクリーナーにしていた。つまり自分の手を汚して集めた金を配ってもいたわけです。それを相当程度やって、配るお金もハンパじゃなかったから、角栄は尊敬を集めたわけです。

自分の手を汚したカネ集めは、自民党の政治家なら、程度のちがいこそあれ、みんな多少なりともやっていた。しかし、手を汚しすぎて、お縄ちょうだいになると、あいつはやりすぎだの、バカだのという評価になる。お縄ちょうだいになっても、尊敬を集めつづけた（少なくも田中派の中では）のは角栄くらいなものでしょう。もっとも田中派の外では、お縄ちょうだいの前から、角栄はやりすぎだといわれていましたがね。

真紀子は、自分の手を汚さないどころか、通常は一、二年生議員が誰でもやらされる党内の雑務的な仕事すら何もやらずに、いきなり村山内閣の科学技術庁長官にとりたてられ、以来、日の当たるところばかり歩いてきた。これじゃ尊敬を集めるどころか、嫉妬羨望を一身に集めることになって当然ですよ。みんないつか折あらばぶっ叩いてやろうと手ぐすね引いていたんじゃないですか。だから、秘書疑惑問題が起きたとたんに四面楚歌になってしまった。

そして、秘書疑惑問題が明らかにしたことは、真紀子がオヤジの作った会社、越後交通をクリーナーにしていたということです。真紀子が自分の手を汚さないですんでいるのは、オヤジの遺産のおかげです。遺産には、目白の私邸まわりの資産（巨大なマンションもまるまる持っている）もあれば、地元の角栄系企業群（越後交通、長鉄工業など）とその資産（信濃川河川敷など）、それに多数の株式もある。

その他、真紀子の政治資金源には、国の政党助成金の自民党からの配分（年間一〇〇〇万円）と、地元新潟の自民党支部（真紀子が支部長）が集める政治資金があるわけですが、秘書疑惑で、党員資格停止処分を受けると、そのどちらも止まってしまいます。あの処分をやった側には、真紀子にも少しはカネの苦労をさせてやろうという気持ちがあったんだと思いますよ。

真紀子は典型的なファザコン

——真紀子の今後はどうなるんでしょう。

立花　真紀子もいまは評価が下がっていますが、いつまた人気が盛り上がってくるかわかりません。いま秘書疑惑で、窮地に追い込まれていますが、この程度のことでつぶれるとは思いません。近い将来、いずれ政界の表舞台に復帰して、再び台風なみのパワーをもって、政界をゆさぶることになるのは必至だと思います。そして真紀子のパワーが現在の政界においてなみ外れて大きいだけに、その方向によっては、政権交代とか、政界再編といったことにまでいたる可能性もあります。

何らかの政治的事件で、小泉政権が大きくゆらいだ場合、あるいはその帰結として解散総選挙という事態にまでいたった場合、既成の政治勢力の枠組の組み直し、すなわち政界再編問題が持ちあがってくることは必至と思われます。そのとき最も注目される要素の一つが真紀子の動向です。政治の世界では、大衆の人気獲得能力が最も強力なパワーの源泉であり、その点において「総理にしたい人」ナンバー・ワンあるいはそれに次ぐ座をずっと保ちつづけてきた真紀子のパワーの大きさは比類ないものがあります。真紀子の動向ひとつで政界再編の方向が大きく変わる可能性があるわけです。すでにこれまでにも、将来構想の一つとして、民主党若手の間で真紀子をかついでしまってはどうかという案が真剣に検討されたことがあるといわれています。真紀子と自由党の小沢一郎が組む可能性がささやかれたこともあります。ぼくはそのどちらもありえない、と思っていますが（理由は後述）、可能性としては、真紀子がイデオロギー的バイアスをほとんど持っていないだけに、いろんなことが考えられます。将来あるいは、真紀子自身が自分の政治グループを作ってしまう可能性（いい参謀役がつけばありえない話ではありません）もあり、それを含めて、日本の政治の近未来、中期未来は、真紀子抜きに考えることはできないと思います。そして、真紀子のこれからの政治行動の行方を考えてみるとき、最も大きな要因として考えなければならないのは、父親角栄の影響です。

真紀子の政治行動の原点には、よくも悪くも（教師としてあるいは反面教師として）常に父親の存在があります。そういう意味で、真紀子における角栄の遺伝子の問題は、これからの日本の政治の行方を占うためにも、欠かせない分析の対象だということです。

――真紀子は、生物学的な遺伝子を受け継いだだけでなく、あるべき政治家のイメージとして、あるいはあってはならない政治家のイメージとして、角栄の遺伝子を受け継いでいるというわけですね。

立花　真紀子が角栄から何を受け継ぎ、何を受け継がなかったか、父親から何を学び、何を学ばなかったかを考えることが、真紀子分析の最重要ポイントだということです。その分析なしには、真紀子のこれからの政治行動の予測は全くできません。

詳しい各論はまたあとでやることにして、とりあえず最初にいっておきたいことは、真紀子が典型的なファザコンだということです。

角栄が死んでおよそ四ヶ月後の九四年四月から、地元「新潟日報」は「証言でつづる『発掘　田中角栄』」という長期連載記事をはじめました。これは、角栄をよく知る周辺の関係者に次々に長時間のインタビューをしてそれをまとめた連載なんですが、その第一回から五回までが真紀子へのインタビューでした。この連載は後に『宰相田中角栄の真実』というタイトルで本にまとめられ、講談社から出版されますが、この真紀子のインタビュー部分だけは、彼女にときどき起こるブチ切れ激怒反応によって本におさめることが拒否されました。真紀子が何に激怒したかよくわからないのですが（この問題については後述）、その第一回目の冒頭のところで、真紀子はこんなことをいっています。

《政治家、田中角栄は一人の人間としてもすごい人。あの人を超えるような人物に今後出会うことはないのではないか、と思うことさえあります》

すごいでしょ。ほとんど父角栄は人間をこえた存在なんです。ファザコンの娘って別に珍しくないけど、ここまで父親をあがめられる人って、そうはいないでしょう。この敬慕の念の強さが、反対側に振れると、父親を殺した連中への強い憎しみに転化するわけです。

――殺した連中というのは？

立花　まず第一に、竹下派（はじめ創政会。のちに経世会）を作った連中ですよ。角栄は、竹下グループができて脳梗塞に倒れる一九八五年まで、日本の政界を文字通り牛耳っており、闇将軍、キングメーカーと呼ばれていました。角栄は当時、議員ではありましたが、ロッキード事件の被告人として自民党を離れ、前党員という立場にしかありませんでした。そういう人がなぜそれほどの力を政界に及ぼすことができたのかといえば、なんといっても自民党の最大派閥田中派をひきいていたからです。

竹下派ができる直前の八六年ダブル選挙後の時点において、自民党の国会議員四百四十七名のうち百四十一名までが田中派に属していました。二番手の宮沢派が八十九名、三番手の安倍派が八十五名、四番手の中曽根派が八十一名でしたから、群をぬいて大きかったわけです。田中派の協力なしにはどの派閥も自民党内で多数派を形成（あるいは維持）できなかったので、角栄はキングメーカーでありつづけられたわけです。「政治は数だ」が角栄の口ぐせで、政権を失ってからも、政治的影響力を確保するために、派閥を拡大しつづけました。田中派は、田中内閣の終わる時点（一九七四年）で、八十四名だったのに、積極拡大策をつづけたため、メンバーは毎年増えつづけ、ピークの時点ではついに百四十三名（早坂秘書による）にもなったわけです。

その数の力のおかげで、ロッキード事件有罪判決（一九八三年）のときも、政治力を失うことなくしのぎきりました。しかし、それから一年余を経て、竹下グループが旗揚げすると（一九八五年）、田中派の実体は一挙に崩壊していくわけです。竹下派は最初、正式派閥ではなく、田中派内の政策勉強会ということで、創政会を名乗っていました。その参加者は四十名（当初の参加予定者は八十四名いたのに、角栄の猛烈な切りくずし工作によって半分以下になった）だったのに、二年後名称を経世会に変え、正式派閥になったときには、百十四名にふくれあがり、田中派は事実上、雲散霧消してしまいます（八七年竹下内閣発足時には、竹下派百二十一名に対し、旧田中派二階堂グループとして残ったのが十五名。他に旧田中派中立系が十三名）。

田中派崩壊の最大の原因は、竹下グループ結成です。それによって田中派の相当部分

創政会の発会式終了後に、記者の質問に答える竹下蔵相(当時)。橋本龍太郎が隣にいる

がそちらに移ったこともありますが、それよりそれに怒り狂った角栄が、大荒れに荒れ、アルコールに溺れ、それが原因で脳梗塞を起こしてひっくり返ってしまったことが決定的でした。ボスを失った派閥は解体せざるをえません。

破滅的なアルコールへの傾斜

――創政会の設立が八五年二月七日で、脳梗塞を起こしたのは二十日後の二月二十七日でしたよね。

立花　その二十日間、角栄は毎日浴びるように酒を飲みつづけたといいます。角栄はもともと、かなりの酒飲みで、血圧が高く、糖尿の気もありました。ロッキード裁判のストレスは角栄に重くのしかかり、有罪判決（八三年十月）が迫るにつれて、酒量はどんどんあがっていきました。ひどいときには車の中で小便をたれ流してしまったこともあるといわれます。

最近、そのころ角栄邸で書生をしていてウィスキーの水割り作りの手伝いをしたこともある片岡憲男氏（後に『日経ビジネス』副編集長・故人）が書いた『田中角栄邸書生日記』（日経ＢＰ企画）というちょっと面白い本が出ました。それによると、竹下派の結成以前は、酒量がふえたといっても、オールドパーのボトルを一本空けるのに、三日ないし四日かかっていたのに、竹下派が結成されてから脳梗塞が起きるまでの間は、濃い水割りを浴びるように飲んで、ボトル一日一本のペースになったといいます。

《田中先生の酒好きも有名である。暇な時などは昼間から、結構濃いウィスキーの水割りを飲んでいたものだ。さすがに総理大臣在任中は、平日の昼間に酒を飲む姿は見なかったが、総理を辞めてからは、暇な時に「刎頸の友」といわれた入内島氏や、気心の知れた田中派の議員が訪ねてくると、昼間から事務員や書生がウィスキーの水割りを作らされたものだ。

若いころは日本酒やビール、ワイン、ブランデーなども好んで飲んだと聞くが、私が事務所にいたころは、もっぱらウィスキーだった。それもスコッチのオールドパーだけ。糖尿病の心配があるとかで、「ウィスキーは糖分が低いからいいんだ」と言いわけしながら飲んでいた。

水割りとはいえ、グラスにたっぷり氷を入れて、半分くらいウィスキーを注ぎ、それから水を足す。ダブルのダブルくらいの濃さで、グィっと飲んでしまう。当時は三、四日くらいでボトルを一本空けるようなペースで飲んでいたような気がする。》

角栄の酒はもともと基本的に楽しい酒だったのですが、

《そんな楽しい酒が愚痴になり、酒量がピークに達したのは、昭和六十年、竹下登氏が経世会（正しくは創政会）を旗揚げしたころと聞く。ほぼ一、二日に一本のペースでウィスキーを空けていたらしい。》（『田中角栄邸書生日記』）

判決が近いころから、すでに救急車を呼ぶこともあったほど体調をくずしていたのですから、そんなに飲みつづけたら、脳梗塞でひっくり返っても不思議ではありません。そのころ角栄の血圧は二〇〇、血糖値は四〇〇（正常値一〇〇以下）だったといいます。

佐藤昭秘書は、こんな思い出を述べています。

《このごろ田中の言動がおかしい。朝からウィスキーを飲み、事務所に来た時にはもう千鳥足で、目も真っ赤に血走っている。いくら私が止めても、ウィスキーのがぶ飲みをやめようとはしない。口論の末、最後は自分でボトルから注ぎ、濃い水割りを作る始末。それが毎日のようにではなく、文字通り毎日続いている。》（『私の田中角栄日記』）

これは倒れる一週間前の記述です。相当ひどい状態になっているのがわかるでしょう。先の片岡氏は私邸での酒の飲み方を、佐藤昭は事務所での酒の飲み方をそれぞれ書いているわけで、本当の酒量はその両方を合わせたものになるわけですから、それはすさまじいとしかいえない量になっていたはずです。角栄の脳梗塞が、このやぶれかぶれのウィスキーがぶ飲みの結果であるのは、まちがいないところです。

そのころ田中の酒に付きあった財界人が、後に、思い出を語っているのですが、特にかわいがっていた田中派の若いメンバーの名前を一人一人あげては、「あいつも行っちまいやがった」「あいつも行っちまいやがった」の繰り返しだったといいます。具体的に誰と誰の名前をあげたかは明らかではありませんが、後に「竹下派七奉行」といわれるようになる、梶山静六、小渕恵三、橋本龍太郎、渡部恒三、奥田敬和、羽田孜、小沢一郎ら、竹下派旗揚げの中心人物たちの名があったことはまちがいありません。

『私の田中角栄日記』にこうあります。

《田中を一番憤慨させたのは、梶山静六、小沢一郎、羽田孜の三氏が「創政会」の発起人に名を連ねていたことだ。三人が目白に釈明に行った時、田中は「同心円でいこうや」と親分らしく構えていたが、内心は煮えくり返っていたはずだ。

彼ら四十四年当選組は「田中の初年兵」を自任してきた人たちで、イッちゃんなどは、「育ての親のオヤジさん」とまで言っていた。田中も自分の子供のようにかわいがり、面倒を見ている。その〝息子たち〟が田中に一言の相談もなく、極秘で旗揚げの準備をしていたのだから、田中の受けたショックは計り知れない。》

この連中全員が、真紀子にとっては、許せない政治家になるわけです。真紀子が小沢と組むのは考えられないといったのはこういう意味です。

人によっては、過去に起きたことは過去のこととして、怨念をさらりと水に流して新しい関係を築くことができる（あるいはそういうふりができる）人もいますが、真紀子はその正反対の性格です。人を恨むとなったら、とことん恨み、そこまでやるかと思うほど、しつこくあらゆる手段をつくして恨みを晴らす人なんです。竹下なんて、死ぬまで口もきいてもらえませんでした。

竹下、門前払い事件

――そういえば竹下の田中邸訪問、門前払い事件なんてのもありましたね。

立花　二回ありました。一回目は八七年の一月一日、角栄が脳梗塞で倒れたあとはじめて年始客を受けつけた正月です。前年八六年は、公式には誰にも会わず、この年の年始客から会うようになったわけです。竹下グループと対立していた旧田中派の二階堂グループの政治家達がまず会い、そのニュースを聞いた竹下がかけつけると、表門と内門の間の小さな空間で車が止められ、秘書が出てきて、角栄は会いたくないといっているといわれて、そこで追い返されてしまうわけです。何十人もの報道陣がとりかこんだ状態での門前払い事件でした。

竹下は、実はこの門前払いになったとき、自分が門前払いになるとは夢にも思っていなかったといいます。後に、「木戸銭はちゃんと払ってあったから、中に入れてくれるとばかり思っていたよ」と周囲の人にもらしているのです。どういうことかというと、前年八六年の暮に、田中派では派閥からの餅代二百万円とは別に、田中角栄個人からの餅代として百万円が中堅、若手議員九十八人に配られましたが、それが実はどちらも竹下が用意した金だったということです。竹下は前から秘《ひそ》かに敵に塩を送ることをよくする政治家として知られていますが、このときもそういう心境だったのでしょう。

この時点では、竹下はまだ独立派閥としての経世会を旗揚げしておらず、田中派内の同心円的組織としての創政会グループ（角栄が倒れて二ヶ月後に形式的には解散した）の指導者という立場でしかありませんでした。田中派内では、創政会は最大のグループでしたが、派内にはまだ二階堂グループも、中間派も多数おり、ヘゲモニー争いがつづいていました。田中派の派閥事務所（七日会）は砂防会館にありましたが、それとは別に佐藤昭がオヤジの留守をあずかる個人事務所（政経調査会）をもうけており、田中個人の餅代は、ここで配られたわけです。政経調査会は、田中派に属する者であれば、創政会グループも非創政会グループもわけへだてなく扱うというふれこみになっていましたが、実際には、創政会グループに近いという実態にいや気して、中間派はともかく、二階堂グループはあまり近づかなかったといわれます。

真紀子は誰よりも強烈な反竹下感情と反佐藤昭感情を持っていましたから、佐藤昭の事務所が角栄の名前で勝手に配る餅代原資を竹下が手当てしてやったということを知ったとしても（知らなかった可能性が大）、それは真紀子の竹下憎し、佐藤昭憎しの気持ちを強めこそすれ、目白の田中邸への木戸銭代りにはならなかったはずです。

二回目はこの年の十月六日、二日後の自民党総裁選の告示をひかえて、竹下が出馬の挨拶をしようと田中邸を訪れたのに、このときも会ってもらえず、門前で引き返した事件です。もっともこのときは、田中家側（真紀子）に拒否されたというより、事前に受け入れてもらえそうかどうか、竹下が人を介して当たりをとったところ、とても会えそうにないとわかったので、せっかく来たのに会えなかったというパフォーマンスをTVカメラの前で演じてみせただけというのが真相だったようです。なんでそんなパフォーマンスを人前で演じてみせなければならなかったのかというと、これは後になってわかることですが、このときの訪問は、皇民党の「ほめ殺し」に手をやいて、どうすればそれをやめてもらえるのか人（暴力団稲川会会長石井進）を介して皇民党におうかがいを立てたところ、角栄に詫び（竹下派を作って田中を裏切ったことに対して）を入れれば許してやるといわれたので、そういう格好付けをしたのだと伝えられています。

——佐川急便事件で明るみに出た話ですね。

立花　そうです。そのあたりは国会の証人喚問でも明らかにされています。しかし、あれは奇怪な話で、ぼくにはこれがあの事件の真相と伝えられていることが本当の真相とは思えません。もうひとつウラがあるような気がしてなりません。竹下が総理大臣をやめた本当の理由、秘書の青木伊平が自殺した本当の理由、竹下が皇民党のほめ殺しにあれほどおののいた本当の理由、どれも表向き伝えられている理由の裏側にもう一つ別の本当の理由があるんじゃないかという気がするんです。かねてから、これら一連のできごとのウラには平和相互銀行事件と四十億円の金屛風事件が横たわっているのだといわれていましたが、最近になって、さらにそれに朝日新聞阪神支局の赤報隊の事件もからんでいるという説まで出てきました（一橋文哉『「赤報隊」の正体』新潮社）。*[4] ますます謎は深まるばかりですが、これだけ時間が経過すると、関係者はどんどん亡くなっていくばかりですから、結局は永遠の謎のままに終わってしまうのだろうと思います。

このあたりの謎は消えないでしょうが、真紀子の竹下拒否の理由ははっきりしています。父に対する裏切りです。竹下による田中派の乗っとりです。

＊4 〔金屛風事件〕 一九八五年、平和相互銀行の経営をめぐる内紛で、五億円の価値しかない金屛風を平和相銀系の会社が四十億円で買いとるという奇怪な事件が発生した。この事件は平和相銀をつぶすために仕組まれ、四十億円の一部は竹下に流れたともいわれた。

脳梗塞で倒れた角栄を完全管理下に

立花　角栄が脳梗塞に倒れたあと、田中派の内部は、次の総裁選に向けて竹下をかつごうとする竹下擁立グループ（創政会）と、田中を総帥とあおぎ、あくまで田中の健康回復を待とうとする二階堂グループ、両者の間の中間派の三グループにわかれます。八六年から八七年にかけて、竹下、二階堂両グループの間で激しい中間派の争奪戦が繰り広げられます。時間がたつにつれて、角栄の健康回復がほぼ絶望（生命はとりとめたものの活動的な政治家としては再起不能）ということがはっきりしてきます。それにつれ大勢は竹下擁立に傾き、八七年の竹下派結成にいたるのですが、その間、激しい多数派工作が展開されます。真紀子は、角栄が元気だった時代は、自民党内の政争に首を突っこむようなことは全くしなかったのですが、この間にいやおうなしに、政争にまきこまれていきます。

というのも、田中派のメンバーにとって、決定的に重要なのは、角栄の意向ですが、角栄の意向を外部に伝えることができるのが、もっぱら真紀子のみになってしまったからです。必然的に彼女の言動が強い政治的意味を持ってきたからです。

入院した当初は、早坂秘書が角栄の意向を代弁する役割を果たしていました。しかし、ほどなく早坂秘書と真紀子は正面衝突します。二人とも鼻っ柱が強く、アクが強い人間で、かつ自分こそ角栄をいちばん大切にしていると思っていましたから、衝突はほとんど必然のコースでした。そして衝突するとすぐに修復不可能なレベルまでエスカレートしてしまって、「お前はクビだ」ということになってしまったわけです。真紀子は早坂秘書と絶縁し、角栄を病院から自宅に連れて帰り、以後、死ぬまで（一九九三年）、角栄を自分の完全管理下に置いてしまいます。誰も真紀子の許可なしに角栄に会えなくなります。角栄の意向は、すべて真紀子の（あるいは真紀子の亭主の田中直紀の）口を通じてしか外部に発表されなくなります。

しかし、真紀子が伝える角栄の意向が、どの程度角栄本人の意向なのか、「角栄の意向」という体裁をとった「真紀子の意向」なのかわからなくなります。

そもそも角栄の病状（回復状況）も、正確なところはわからなくなります。

——そうでした。病状は重くない。すぐに回復するという情報がさかんに流されました。

立花　逆に想像以上に重いという説もアングラではさかんに流れたし、死亡説も何度か流れました。一般論として有力政治家が重い病気になった場合、医者も、秘書も、家族も、友人知人も、見舞いにいけるような親しい政治家も、全員がグルになって、本当の病状をひた隠しに隠すので、外部からはまるでわからなくなります。近くは亡くなる前の小渕首相の例、竹下首相の例、古くは「前ガン症状」で入院した池田首相の例など枚挙にいとまがありません。

角栄の場合、倒れてからはじめの二ヶ月間は、東京逓信病院に入院していて、医師団と早坂秘書が何度も記者会見をしては、軽い脳卒中（可逆性虚血性神経障害）だといい、三、四週間（後に二、三ヶ月）すれば政治活動に復帰可能だといいつづけていました。

真紀子が自宅に引きとってからも、「リハビリにつとめており、順調に回復にむかいつつある」ということが何度も発表されました。たとえば、後援会機関紙「越山」（八五年五月六日）に真紀子が書いた挨拶文には、次のようにあります。

《本年二月二十七日の発病以来、医師団による献身的かつ適切な処置のおかげで、父の病状は極めて快方へと向かっております。入院後二か月が経過いたしましたが、父は持前の強固な意志力とやる気とを発揮し、運動、言語、作業などリハビリテーションに励む毎日でございます。》

そして、これ以後、角栄は言葉は不自由だが、理解力、判断力、意思表示能力等はあるとされ、「父の意向」なるものが、真紀子からあるいは直紀の口を通して、折にふれて発表されるようになります。

しかし、その「父の意向」が、角栄の本当の意向であれば持ったであろうような強いインパクトを政界において持つことはありませんでした。それが角栄の本当の意向とは考えられなかったからです。

角栄が私邸に戻ってから、ごく少数ながら角栄に直接会うことができた人は何人かいますが、角栄と十分なコミュニケーションを持てたという人は一人もいません。握手をした。顔をクシャクシャにして喜びを表現した。涙を流した。アー、ウーなどのうなり声をあげた。無言でうなずいた。などといったことは伝えられましたが、中身がある会話を交わした、中身がある指示を受けたという話はまるでありませんでした。だから、真紀子、直紀が、これが「父の意向」などと発表したものも、本当に角栄がそういったかどうか怪しいと思われたわけです。

角栄の名をかたった真紀子

先に述べたように、この時期、田中派では竹下グループと二階堂グループが激しい主導権争いをしていました。田中家側は当然のことながら反竹下グループの立場に立ち、「父の意向」は、竹下擁立に反対で、二階堂支持であるということが、直紀の口を通して、派閥の会合などで何度か語られましたが、ほとんど無視されました。竹下グループからは、直紀のそのような発言に対して、もし本当に角栄がそういっているのなら、我々の代表を角栄に直接会わせてこの耳でその意向を聞かせてくれとか、口もきけない病人をそのような形で利用するのはけしからんといった声まで出ていました。

——本当の病状がわからないから、みんな疑心暗鬼だったんですね。

立花　一九八七年になると、十月の中曽根首相退陣をひかえ、ポスト中曽根の総裁選で、田中派は誰を総裁候補としてかつぐのかという話でもちきりになります。竹下グループはもちろん田中派が一丸となって竹下をかつぐべきだと主張したのに対して、反竹下の二階堂グループは、はじめ山下元利を立てようとします。四月十七日、山下元利をかつぐグループは、田中邸のすぐ近くの椿山荘で、「山下元利をはげます会」という大パーティーを催し、総裁選に向けて気勢を上げようとします。パーティーのはじまる二時間ほど前、田中邸に山下グループの主だった議員十二名が招かれ、角栄と面会します。角栄がそれだけの人数の議員と面会するのは、病気で倒れて以来はじめてのことでした。角栄は一人一人の議員と握手し、皆といっしょにビールで乾杯（左手で）しましたが、このときもほとんど声らしい声を出していません。しかし、この席で、ワープロで打った角栄のメッセージなるものが、はな夫人から山下グループの木村前参院議長に渡されました。パーティー会場で代読されたそのメッセージは、次のような内容のものでした。

《「わが派は、吉田、池田、佐藤、田中とつづく保守本流。国民の負託に応えていく名誉あるグループである。山下君は、人情厚く、筋を通す。日本の政界を牽引する一人として、さらに大成するためにも、困難のなかにあってこそ、姑息な手段や詭弁を弄することを排し、堂々と王道を歩むことを望んでやまない」

文書は最後に、田中がもっとも好んだ歌で締めくくられていた。

「末ついに　海となりぬる　山水も　しばし木の葉の　下くぐるなり」》（大下英治『闘争！　角栄学校・下』講談社）

角栄の精神と身体の状況からして、これだけの内容のメッセージを自分でワープロにできるわけがないことは、ついさっき角栄に面会した議員たちに明らかでした。

——言葉が出ないいんだから、口述筆記もできないわけでしょう。

立花　これは、どう考えても、角栄の名をかたって、田中家側（真紀子ということ）が勝手に作ったものと考えられてしまったわけです。

実は、ちょっと前まで、山下元利パーティーに角栄が姿を現して、「竹下を排し、山下擁立を支持する」という内容のスピーチをするというウワサが流れていました。竹下側では、本当にそんなことになったら、一挙に流れが逆転してしまうかもしれないと警戒していたのですが、実際に起きたことは逆でした。早坂茂三秘書は、『権力の司祭たち』（飛鳥新社）で、次のように書いています。

《竹下や金丸にも一抹の不安は残っている。

「あり得ないことだが、もし、田中のオヤジが表に出てくれれば、中間系は雪崩のように目白へ向かうかもしれない」

田中の病状が不明のままだったからである。

ところが、四月十七日、田中ファミリーの失態で竹下に発進を決断させる機会が与えられた。目白の椿山荘で山下元利を励ます大集会があり、角栄先生も出席する。これが田中直紀の口から喧伝された。しかし、ドンは結局、姿を現さなかった。（欠席が伝えられると）三千人を超える参加者の間に、落胆とも悲鳴ともつかないどよめきが走った。事態を見守っていた竹下、金丸は、この結果を確認して、「田中復活なし」の判断をくだすことになる。》

そういうわけで山下元利パーティーは、政治家のパーティーとしては、それなりの成功をおさめましたが、派閥が竹下に向かう流れをとどめることはできませんでした。そこで最後に二階堂グループが打った手が、二階堂自身が、角栄に直接会い、その了承を得た上で、総裁選に立候補するというものでした。田中派の会長である二階堂が、角栄の支持を得て出馬するのだから、田中派の全議員が、打って一丸となって二階堂を擁立すべきだという方向にもっていこうとしたのです。そこで、二階堂が田中家におもむき、角栄に実際に会っているところを写真に撮って（撮影者は真紀子）マスコミに発表しました。その写真には、二階堂が角栄に自分の政策を説明し、角栄の了承を得ているところだというような説明がつけられていました。しかし、この写真のききめはほとんどなく、新しく二階堂支援にまわろうとする議員はほとんど出ませんでした。というのは、その写真に写された角栄の姿と表情それ自体があまりにもはっきりと、角栄の精気の衰えを語っていたからだろうと思われます。しかも、二階堂に対する出馬の了承といっても、角栄からの具体的な発言はほとんどなく、「いい」の一語くらいだったといわれます。

権力闘争で竹下に完敗

結局、角栄を少しでも表に出して、角栄健在をアピールしようとする真紀子の努力はすべて空しいものに終わり、このあたりから派内の空気は竹下に向かって一斉に流れはじめます。五月二十一日に東京プリンスホテルで開かれた竹下パーティー(「竹下登自民党幹事長激励の夕べ」)には、史上空前の一万三千名が参集し、田中派からの参加者は実に百二十八名と九割以上に達しました。欠席した二階堂系列の議員はわずか十三名で、圧倒的な力の差を見せつけられて終わり、これがそのまま竹下派結成へと流れていったのです。田中家側は、写真証明書付きの「角栄の意向」という形で、持てるカードをすべて切ったのに、もはやかつての田中派議員たちの心を引きつけることができないで終わったわけです。創政会ができてから竹下派結成までの二年余にわたる、竹下グループと田中家・二階堂グループの間で繰り広げられた激しい多数派工作の日々をふり返って、真紀子は、自著『時の過ぎゆくままに』(主婦と生活社)で、次のように語っています。

《彼らは、（略）大多数の議員を吸引するために、水面下であらゆる手段を弄していた。（略）今度は何とか、オヤジさんの承認をとりつけたが如き形をとろうと、当方に対してあらゆる手段を使い、すさまじい圧力をかけてきた。それは〝隠微にして執拗な攻勢〟としか形容のしようのないやり方であり、陰湿でドロドロしてわかりにくいアプローチが繰り返された。（略）

当時右往左往していた議員さんたちの口から発せられた言葉の数々は苦渋に満ちており、聞いていた私たちや父の秘書たちは、各々の立場が手にとるようによくわかるだけに、身を切られるほどつらい思いをした。目白に駆け込んでみえた直後に転身する人、毛筆で父宛に丁重な詫状を認めて持参する人、何とかしてこの騒動をやめさせてほしいという代議士夫人からの直訴状、複数の議員の後援会や地元支持者からの悲鳴にも似た動揺の手紙、自分が支えている代議士の言動を電話や書面で、目白の秘書宛に知らせてくる秘書たち。権力闘争のドタン場は、この世の地獄である。》

具体的にはもうひとつよくわかりませんが、相当陰湿なドロドロがこの時期田中派内部で展開していたようです。真紀子が竹下に対して、激しい憎しみと恨みを持ちつづけた背景には、もちろん、竹下が創政会を作ったことそれ自体があるのでしょうが、ぼくはそれ以上に、この多数派工作において「この世の地獄」のごとき激しい権力闘争を体験し、しかもその闘争で竹下に完敗したことが大きいんじゃないかと思います。真紀子としては、「父の意向」という錦の御旗をかかげれば、もっともっと田中派の代議士たちをコントロールできると思っていたのでしょう。彼女は子供のときからずっと、「角栄の意向」一つで、代議士の意志なんてコロコロ変わるところを見てきたので、「角栄の意向」にあまりに大きな幻想を持ってしまったのだと思います。だけど、パワーを持つのはあくまで「生ける角栄」の意向であって、「生きているのか死んでるのかわからない角栄」の意向ではなかったわけです。そこで彼女は、「生きているのか死んでるのかわからない角栄」を「生ける角栄」に見せかけるために、まず、角栄がこういっていた、ああいっていたという「言葉」を作りだしてみせた。それでも十分でないということになると、ワープロで文章を発表してみせたり、証拠写真を出してみせたり、少数の代表者に直接会わせてみたりといろんなことをしてみせたけど、そのすべてが、リアルな角栄は「生ける角栄」ではないことを証明してしまい、機を見るに敏な政治家たちの角栄離れをさそってしまったということだろうと思います。

ちょっと姑息な手段を弄しすぎたような気がします。脳梗塞の患者がどういう病態にあるのかということは、写真一枚で相当わかるものです。まして、リアルな患者を目の前に置いたら、それが政治家として再起可能な状態かどうかすぐわかるはずです。

角栄の病状が相当重かった証拠

――でも脳梗塞の場合、リハビリでかなり回復するということがありますよね。

立花　角栄の場合、そこがまた問題だったんですよね。なんせ真紀子がなんでも自分の主張を押し通したい人だから、角栄が入院している間から病院と衝突ばかり起こしていました。真紀子が角栄を無理やり退院させてしまうと、医師団も、早坂秘書も、側近の政治家たちも、いまキチンとリハビリするかどうかが患者の予後にいちばん大切なのだから、一刻も早く病院に戻すべきだと主張したのに、真紀子はガンとして聞きいれなかったといいます。リハビリも自宅でやるといって、人を雇ったり、道具を買いこんだりはしたようですが、あまりちゃんとはやらなかったようです。目白に戻ってしばらくの間は、新潟から実妹の風祭幸子（故人）が上京してきて、角栄の面倒を見ていたのですが、彼女は後に真紀子と大ゲンカをして新潟に帰ってしまいます。そして、「真紀子が兄の病状を固定させてしまった」としきりに嘆いていたそうです。

――本当のところ、角栄の病状はどの程度重かったんでしょうか。

立花　相当重かったんだと思いますよ。風祭幸子についていえば、上杉隆「角栄の妹風祭幸子が語っていた田中真紀子『仮面』の裏側」（「週刊文春」二〇〇一年五月三・十日号）で、幸子の知人が語るエピソードとしてこんな話を紹介しています。

《「風祭さんは、介護で目白にいたのですが、ある時、地元の後援会の人たちが何人か訪ねてきたんですよ。風祭さんは、遠いところからせっかく来てくれたんだから、と母屋の方から角栄さんの車椅子を押して、ご対面させたんです。先生は懐かしくて、それはもう泣いて喜んだそうです。

でも、真紀子さんがすぐに飛んできて、『えらい恥をかかせてくれた』と言って、その場で風祭さんの靴やらカバンやらを、全部外に投げたというんです。廊下から庭にある池の向こうまで投げたっていうんですから、相当遠くまで投げたんでしょうね(笑)。

風祭さんは、『もう二度と目白には行かない』って啖呵を切って、すぐに新潟に帰ってきてしまいました」

「だから、『父の介護を通じて福祉に目ざめた』なんて、真紀子さんは言っていますけど、ウソだと思いますよ。『あのバカ、何にもしないくせに』って、風祭さんはいつも言ってましたから」》

角栄をちょっと人目にさらしただけで、真紀子がこれだけすさまじい反応を示したということは、角栄の病状が相当重かったことの証拠と考えていいだろうと思います。

真紀子に欠けている「人間の情」

一九九四年十月号の「文藝春秋」に載った髙山文彦「田中真紀子『仮面』の裏側」には、こんなエピソードもあります。

角栄は八九年に、越後交通本社で、片岡甚松社長同席の上、田中直紀が記者会見して発表するという形で、突然引退を発表するのですが、片岡はその前日に、真紀子からの

昭和63年５月30日、新潟県西山町の生家の二階からふるさとを眺める田中角栄と真紀子

田中角栄の合同葬で参列者に挨拶する姿

電話で目白に呼びつけられ、明日引退の記者会見をするようにと命令されます。事前の根まわしも通告も何もなくて、すべて突然の話なんです。

《真紀子はそこで唐突に、こう切りだした。

「お父さんは引退しますから、あした記者会見してください」

片岡の驚きは、容易に想像できる。彼はそれからさらに、驚愕することになる。真紀子は、脳梗塞が固定化してしゃべれなくなっている父親の角栄に向かって、

「お父さん、もうあんたは出ないいんだから」

と叩きつけるように言い放った。

「田中が哀れでならなかった」

と片岡はそのときのことを、知人に話している。》

なんだかすごい話ですが、これは、角栄の病状が相当重くて、周囲で現に起きていることに対する理解力をすっかり失ってしまっていることを真紀子が知っていたからだと解釈するか、真紀子には人間の情において根本的に欠けているところがあると解釈するかのどちらかでしょう。

似たような話では、一九九三年の、真紀子が選挙で初当選したときの話があります。真紀子は公示ギリギリのところで突然立候補し、はじめは、準備もなく苦戦かと思われていたのに、知名度の高さで一挙に情勢を盛りあげていきます。そして、中盤戦から、近いうちに目白から父を連れてまいりますと、選挙区内でふれまわるわけです。はじめ

は本当に連れてくるつもりだったのかもしれませんが、終盤戦まで当選絶対確実の勢いを維持できたせいか、投票日まで角栄を選挙区に連れていくことはありませんでした。しかし、選挙が終わってから、角栄を連れてくるという約束はどうした、とあちこちでいわれたので、とうとう当選翌日の七月十九日に、本当に角栄を選挙区に連れていきます。そのときの彼女の第一声はこうです。

「皆さーん。目白の骨董品がきましたよ――。これが私の公約第一号でーす」

この場面、ぼくはテレビで見てるんですが、見ていて、いやーな気持ちがしました。本人を前にして「骨董品」はないじゃないですか。本人は、地元の人を見て、顔をクシャクシャにして喜んでいたから、多分、真紀子が何といったのかぜんぜん理解していなかったのでしょう。真紀子もそれを知っていたから、「目白の骨董品」なんて言葉を使ったのでしょうが、それにしても、この人のデリカシーのなさには恐れいります。亡くなった小渕前首相を「小渕さんはお陀仏さん」と言ったりするのも、相当ひどいと思いますが、あれほどのオヤジを「骨董品」呼ばわりしたのはそれに輪をかけてひどい話だと思います。角栄は、「骨董品」呼ばわりされたこの年の末、十二月十六日に亡くなります。

佐藤昭の『私の田中角栄日記』の最終章にはこう書かれています。

《田中が倒れてからの来し方九年間を考えると、ああ、悲劇の政治家だったな、と思わざるを得なかったのだ。私と二人三脚で走った三十三年間に比べ、その晩年はあまりに哀れだった。いかに口惜しい思いをしていただろうか。あれだけ誇り高い男が、愛娘に連れられて故郷に帰り、「目白の骨董品が来ましたよ」といわれたのだから……。》

角栄は悲劇の政治家なのか

——この文章には、佐藤昭のすさまじい怨念がこめられているような気がしますね。佐藤昭が角栄をつかんでいた三十三年間は、角栄は人間として政治家として光り輝いていたのに、真紀子の手に渡った九年間はほとんど人間以下の存在になってしまったではないかといわんばかりですね。

立花　こうしてみると、角栄の人生は、本当に悲劇の政治家だったなと思わせるところがあります。悲劇を生きたのは本人だけでなく、本人の周囲の人物たちもいやおうなしにそれにまきこまれ、それぞれの悲劇を体験しなければならなかったという側面があります。その一つは、なんといっても佐藤昭のそれだったといえるでしょう。角栄が権力の頂点をめざして走っているときは常にその右にいて二人三脚で走っていました。七四年に角栄が権力の座を失うときには、ともにサンドバッグのように叩きに叩かれ、その後はまた再起をめざして手をとりあって歩いていたのに、八五年、角栄が突然病いに倒れると、それきり、会って話すことも、顔を見ることもできなくなってしまう。そのまま九年間もの日を別々に送り、死ぬ時は、ついにその訃報を人づてに聞くだけで、死に目に会えなかったのはもちろん、通夜にも葬式にも行くことができなかったのですから。

――毎日会っていた相手と突然会えなくなり、それきり死ぬまで会えないというのは、つらかったでしょうね。

立花　そのあたりのことを、佐藤昭にも長時間インタビューして書かれた、大下英治『闘争！　角栄学校・下』は、こう書いています。

《なによりつらいのは、倒れた田中に、会うことができないことである。しかし、プライドがある。自分のほうから、田中に会わせてください、と田中家に申し出ることはけっしてしなかった。

田中のまわりには、いつも田中家の者がついて田中を監視しているという。が、どうしても田中に手紙を出し、励ましたかった。

田中が眼鏡をかけて読まなくてもすむように、わざわざ大きな字で、こう書いた。

「日頃から、あなたは、死ぬ思いをすればなんだってできるとおっしゃっていましたね。ですから、いまは、痛くても、つらくても、リハビリに専念なさってください。あとのことは、いっさいご心配なく」

その手紙を、これから田中家を訪ねて田中に会うという人に、ひそかに持たせた。

田中は、その人から渡された手紙を、別室に入って読んだ。しばらくして出てきた

田中の眼は、涙に濡れていたという。》

このくだりが証明していることは、口がきけなくなったからといって、角栄の脳の知的能力部分（読解能力）と情動の部分が全て失われてしまっていたわけではないということです。しかし、その発語能力は完全に失われていたようです。このくだりはさらにこうつづいています。

《田中も、佐藤昭子の声が聞きたかったにちがいない。佐藤の自宅に、田中からとしか思えない電話が入った。よほど親しい人にしか教えていない電話番号である。彼女が受話器をとると、「ウッ！」という声が飛びこんできた。あまりのなつかしさに、何か訴えかけようとしているらしいのだが、声にならない。うめき声にすら聞こえる。そのまま、すぐに切れるといった、不可解な電話であった。

〈オヤジからだ！〉

佐藤は、そう直感した。

田中が、現役時代、毎朝六時にかけていた電話番号である。脳梗塞を患っても、体が覚えていたにちがいない。

おなじような電話が、さらにもう一度あった。やはり、おなじように切れた。》

——いやー、これはすごい話ですね。これは本当に角栄だったんでしょうね。

立花　そうだと思いますね。そうとしか考えられない。

——だけど、どうして二回きりだったんだろう。

立花　真紀子にバレて、こっぴどく叱られたのかもしれない、あるいは電話を取り上げられたのかもしれない。真紀子はオヤジのふるまいが気にくわないとき、相当手きびしく怒ったらしいからね。頭を叩くこともあったといいます。そうだとしたら、ちょっと可哀想ですよね。

真紀子と佐藤昭の間の葛藤の話はまた少し先にいってから述べることにして、真紀子の竹下に対する恨みに話を戻すと、こんなエピソードがあります。

九三年、真紀子が初当選して初登院したときに、顔見知りの議員たちが次々にやってきて、「当選おめでとう」の祝福をいうので、彼女も嬉しそうにそれに応じる場面が一日中見られました。竹下も、本会議場で、衆人が環視する中（議員も報道陣も傍聴人もみんな見ていた）、一年生議員としていちばん前の議席に座っていた真紀子の前にわざわざやってきて、「真紀ちゃんおめでとう」といって手を差し出したのですが、真紀子は、その竹下を完全無視しました。竹下は辺りがさわがしくて真紀子が聞こえなかったのかと思って、その場にとどまりさらに祝福のことばを重ねたのですが、真紀子は目の前の竹下を一顧だにせず、あたかもそこに全く人がいないかのような態度を取りつづけたので、竹下もついに、真紀子が竹下とは絶対に口をききたくない、顔も見たくないという気持ちをあらわにしているのだと悟り、真っ青な顔をして引き下がったという有名な話があります。

真紀子は、この人が許せないとなったら、とことん許さない人なんです。人前でも平気で侮辱罵倒するし、気にくわなくて人の首を切ったりしたときなど、その再就職を徹底して妨害するなんてことまでします。

外務省問題で、真紀子のいやがらせを徹底的に受けた上月豊久秘書官が「生涯にこれほどひどい侮辱を受けたことはない」といって職を辞し、上司がことばをつくして慰留につとめても、断固として戻らなかったという話もあります。私邸のお手伝いさんや秘書になると、もっともっとひどい扱いを受けることが多いので（フライパンで頭を叩かれたり、雨の中砂利の上で土下座させられたり）、数ヶ月しかつとまらない人が大部分で、のべ数十人の人が交代しているといいます。

真紀子の十メートル以内に近づくと火傷する

——使用人の扱いは本当にひどいらしいですね。

立花　エピソードを集めると、唖然とするような話がいくらでも出てくる。あまりにも下世話な話が多いので、これ以上具体的な話はしませんが、ぼくはこれで何より感じるのは、角栄とのあまりの違いです。*[4]

角栄は秘書官にも使用人にもみんなに慕われていました。角栄に身近で使えた人で角栄を悪くいう人はいません。角栄のたぐいまれな政治力の源泉がどこにあったかというと、いろんな分析がありますが、多くの人が異口同音にあげるのは、彼のなんともいえない人心収攬術です。角栄に直接接したことがある人は、みんなあっという間に心をつかまれてしまうんです。選挙民でも、使用人でも、政治家でも、官僚でもみんなそうです。

ところが、真紀子の場合は、近くで仕えたことがある人ほどいやになって離れていく。人心収攬術ではなくて、そんなものがあるかどうか知らないけど、人心反発術の天才的大家みたいなところがあります。

『田中角栄邸書生日記』の片岡氏は、こんな面白いことをいってます。真紀子は「火の玉のような女性」だというんです。五十メートルくらい離れていれば、気持ちよい温かさを感じることができる。しかし、十メートル以内に近づくと、味方でもその猛烈な熱で火傷させてしまう。彼も火傷をした一人なんでしょう。周囲の書生やお手伝いさんがどんどんやめていったことを書いたあと、自分も耐えられなくなって、四年でやめたと書いている。

どういうことでいやになるか。たとえば庭の草取り。塀から十メートルのところまで草を取れといわれて、気をきかせて十メートルよりちょっと先まで取ると、「誰がそこまでしろといったの。あなたたちは頼まれたことだけしていればいいのよ」と怒られる。何時に約束があるということで、これまでにも何度も来訪したことがある著名人がやってきたので、門番役の警察官が気をきかして中に通してしまう。すると、「誰が通しなさいといったの。会うなんて言ってないわよ。すぐ帰ってもらいなさい」と激怒して本当に追い返してしまう。

外務省で起きたことにも、これとすごく似たことがあったでしょう。小寺次郎前ロシア課長がイギリス公使に配転になったことを後から知るとたちまち激怒して「そんなこと聞いてないわよ。すぐ呼び戻しなさい」と、本当にロンドンの空港に着いたとたんに、その場で帰りの飛行機に乗せてしまう。

これとそっくりのことが、村山内閣の科学技術庁長官時代（平成六年）にも起きています。アメリカとの間で、宇宙開発のための協力協定案作りがすすんでいたとき、そのために宇宙企画課長がワシントンに出張したと聞くと、「そんなこと聞いていない。すぐ呼び戻しなさい」といって、ワシントンのダレス空港から一歩も出さずにそのまま帰りの飛行機に乗せてしまったということがあります。

これと似た話では、クリスマス・カード事件もあります。科学技術庁では、クリスマスシーズンに、関係各国の高官あてに長官名でクリスマス・カードを送る習慣になっていたので、その送付リストを真紀子に見せたところ、リストにクリントン米大統領の名前があるのを発見して、「こんな人に送らないでよ」と怒ってすぐに回収するように命じたので、国際郵便局に頼んで本当にアメリカ向け郵便物の山をひっくり返して回収したという事件です。

驚くべきわがままぶりです。要するに真紀子は、一切を全知全能者として支配したい人なんです。自分が知らないことが少しでも存在することが許せない人なんです。でも、私邸のように使用人のみからなる小組織なら、そういう絶対的支配が可能かもしれませんが、官庁でも企業でも、組織が巨大になれば、そんなことは不可能です。事務は分掌されざるをえません。外務官僚があの大臣の下ではとてもやっていられないと猛反発したのも当たり前という気がします。

しかし、「主婦感覚」を標榜する真紀子の前では、外務官僚といえども、書生、お手伝いさんと同じ使用人感覚で扱われてしまいます。おそらく、彼女の記憶の中にあるオヤジの権力絶頂期の官僚が、何かというとオヤジの前でペコペコ頭をさげ、電話一本で何でもいうことを聞くような連中だったからなんでしょう。そういう官僚ばかりを見ていたら使用人感覚になってしまうのも無理ないと思いますが、官僚は本来、立法府とならんで三権分立の最重要の一角をになう行政府のプロフェッショナル集団であって、政治家の使用人的存在ではないし、またそうであってはならないんです。官僚が政治セクターに対して拮抗力をきちんと持っていないと、三権分立がうまく働きません。そのために、官僚は国家公務員法によって身分が守られており、政治家が恣意的に官僚の身分を動かすことはできないことになっています。そういう基本的なことが真紀子はわかっていないんじゃないかな。だから、大臣は官僚を使用人と同じ感覚で使っていいと考えてしまい、おかしな命令に抵抗しようとする官僚と正面衝突したということなんでしょう。

＊4 〔具体的な話〕 外務大臣時代のエピソードについては、上杉隆『田中真紀子の正体』（草思社）、松田史朗『田中真紀子研究』（幻冬舎）などにくわしい。

「人間には、敵か、家族か、使用人の三種類しかいない」

——使用人と同じように、官僚も十メートル以内で仕事をしなければならなかったから、多数の人が火傷をさせられたわけですね。

立花　同じことが選挙区でも起きていて、角栄時代は喜んで手弁当で働いてくれた地元後援者が真紀子の代になってどんどんいなくなったといいます。やはり近くでつかえるといやになることが多いからだといいます。

真紀子が地元角栄企業トップの越後交通との間に大トラブルをひき起こして、越後交通の経営陣（角栄にはみんな忠実だった人々）をみんなクビにしてしまったのも、使用人が反逆したとみなしたからでしょう。結局、こういうトラブルはみんな真紀子が使用人感覚で人を使うところからきているんです。

——真紀子の有名な語録の一つに、「人間には三種類しかいない。敵か、家族か、使用人だ」というセリフがありましたよね。

立花　あれくらい、真紀子の人間性をよく示すことばはありません。「使用人」という一般にはあまり使われないことばが、彼女の口からは本当によく飛び出すそうです。

「あんたは使用人なのよ！」「使用人が何をいうの！」という具合に。異論をさしはさもうとする、あるいは反抗的態度に出る人間に対して、使用主・使用人という身分関係を想起させることで、一方的におさえこもうとするわけです。真紀子には、近代合理主義者的な部分もあるのですが、身分ですべてをおさえこめると考えるあたりは、マインドにおいて封建主義そのものといっていいでしょう。

先に述べたように、角栄が倒れてから、真紀子と田中派は深刻な対立をして、やがてケンカわかれになります。旧田中派の中で創政会を作り、後の竹下派の中核となるグループ（四十人）と真紀子が対立したのはわかるんですが、田中が倒れたころは、そのグループはまだ少数派で、大多数（七十人以上）はまだ中間派的立場にとどまっていました。田中の復帰を夢見ながら、創政会の動きを横目でにらみつつ、態度を決めかねていたわけです。態度を決めかねていたのは、角栄を真紀子がかかえこんで、誰にも会わせず、角栄の予後がどうなるのか、ぜんぜん見当がつかなかったからです。

最終的には、この中間派の議員たちもみんな竹下系に流れていき、昭和六十二年の竹下派正式旗揚げ（経世会百十三人）に加わってしまうのですが、その途中の過程で中間派議員の代表格であった奥田敬和が、こんなことをマスコミを通じて述べています。

「私たちは今でも田中先生を慕い、回復の一日も早いことを念じている。しかし田中派は田中家の私有財産ではなく、使用人でもない」

——そういう発言があったということは、真紀子が旧田中派の政治家たちを使用人扱いし、田中家の私有財産扱いしていたということなんでしょうね。そのことが中間派議員たちの反発をまねき、竹下派に走らせた。

立花　そうだと思いますね。真紀子がすぐに他人を使用人扱いしてしまう性癖は、いつもこのようなトラブルを引き起こしてしまうわけです。

それでも真紀子人気が衰えないのはなぜかというと、今日ではほとんどの人が真紀子に十メートル以内で接したことがなく、ＴＶを通して接するだけだからです。ＴＶ政治時代のおかげで真紀子は助かっているんです。ＴＶの映像は、真実をいやおうなく映し出してしまうという性格を持つと同時に、真実のきわめて一部しか映せない（それゆえ真実は隠されてしまう）という一面を持っています。真紀子人気は後者に守られているわけです。

日本は歴史的に官僚の力が強すぎたので、大衆の間に反官僚主義の空気が強く、国会の場などで、官僚がやりこめられるとそれだけで拍手喝采する人が多い。真紀子人気もかなりの部分、そういう空気によって醸成されたみたいなところがあります。ぼくもどちらかというとさまざまな問題で反官僚主義的主張をしてきた人間で、気分はいつも反官僚主義なんですが、真紀子的な官僚征伐主義にはキケンなものを感じます。田中邸の書生やお手伝いさんがやる気を失って次々にやめていっても、天下国家には何の影響もありませんが、官僚組織全体がやる気を失ったら、国家というシステムがうまく働かなくなります。

III

巧みに官僚を支配するメリット

——その点角栄は、真紀子と全く逆に、官僚の力を非常にうまく引き出して、それを自分の政治力を高めるために利用していましたよね。

立花　角栄がどうやって官僚の力を引き出したかというと、真紀子の命令と恫喝による官僚支配の試みとは全く逆で、官僚に思う存分仕事をさせることによってでした。

角栄は、一九五七年に岸内閣で戦後の史上最年少（三十九歳）の郵政大臣になり、一九六二年に池田内閣で史上最年少（四十四歳）の大蔵大臣になります。どちらの場合も周囲の目はとても田中にはつとまるまいというものでした。なにしろ田中は高等小学校卒が最終学歴という無学な男だから、大臣職はとても無理だと思われたわけです。ところが田中はどちらも見事につとめあげ、多くの業績を残しました。官僚の評判も上々で、退任後もその省と良好な関係を保ち、郵政族、大蔵族の有力議員となりました。真紀子の外務大臣時代はといえば、官僚とドタンバタンの派手な大立ち回りを演じたという以外、肝腎の外交においては業績ゼロ。在任中も退任後も官僚との関係は史上最悪で、角栄とは大違いです。

角栄がどうやって官僚の力をつかんだかというと、郵政省でも大蔵省でも基本は同じことだったんですが、最初の就任の挨拶でした。まず自分は無学な素人であると率直にいい、諸君はそれぞれの分野の専門家なのだから、こちらから、ああしろこうしろということは特にない。自分が望むのは、諸君が思う存分仕事をすることだけだ。何かこうしたいと思うことがあったら、何でもいってきてくれ。自分の力の範囲で、その仕事ができる環境（予算獲得、ならびに政治サイドや他省庁との調整など）をできるだけととのえてやろう。失敗をおそれないで何でもやれ。失敗の責任は全部自分が取るから心配するな、といったのです。

このショートスピーチで、高級官僚のハートをパッとつかんでしまったんです。官僚というのは、下級官僚はいわゆる官僚仕事を官僚的にやるだけですが、高級官僚はたいてい何かユニークで斬新な仕事をして業績を残したいと思っている人たちなんです。そういう連中のやりたい仕事の環境をととのえてやり、しかも失敗したら責任（これが官僚の最もおそれることです）を取ってくれるというのですから、官僚にとってこんなありがたいことはないわけです。そして事実、具体的な案件を持っていくと、その実現のために、本当に奮闘して汗をかいてくれるので、官僚の評判もどんどん上がっていったわけです。はじめからケンカ腰で官僚を上からおさえつけようとした真紀子とは大違いです。

角栄は日本の役人の能力を非常に高く買っていました。そして、日本という国が基本的に役人によって動かされており、役人を味方につけないことには、国政は一歩も動かないということをよく理解していました。田中角栄というと、一般的なイメージとしてあるのは、「庶民的」というイメージで、官僚政治とは対極にいた政治家というイメージでしょう。日本の政治家をわけるとき、よく使われるカテゴリーが、官僚派、党人派というカテゴリーで、角栄は党人派の代表格と考えられていました。彼の人気もかなりの部分そこからきていました。岸、池田、佐藤と、官僚政治家の時代が十五年もつづき、いいかげん官僚政治に倦《う》んでいた国民が、「庶民的な角さん」に、これまでとは違う政治を期待したわけです。

角栄こそが官僚に近い政治家だった

しかし、現実の角栄は、官僚と対決するタイプの党人政治家ではなく、むしろ、ナミの官僚政治家よりも官僚に近い政治家で、またそうであればこそ、あれだけの実績があげられたわけです。そこのところをいちばんよく理解していたのが、早坂秘書でした。

早坂秘書は、角栄が総理大臣になるときに打ち出した基本政策は官僚が作ったものであることを知っていました。なぜならその基本政策作りを最初に命じられたのが早坂秘書だったからです。そのとき彼が学者を集めて政策を作らせようと進言すると、角栄はこういったのです。

《「学者はだめだ。世間知らずだ。連中の話など聞いても机上の空論だ。一文の得にもならない。意見を聞きたいなら、おまえが聞け。それよりも役人だ。若手のできる奴らを集めろ。各省からもれなく集めろ。方針はオレが示す。方策の基本はオレがしゃべる。おまえがまとめて役人たちに示せ。徹底的に議論して結論を出せ。国家経営に必要な資料、データは太政官以来のものがすべて役所に整理、保管されている。これを活用せよ。オレたちが方向さえ明確に示せば、彼らは対応策を具体的に用意する」》（早坂茂三『捨てる神に拾う神』祥伝社）

国家経営に必要な情報は全部役人がにぎっているというのは、きわめて正しい認識で、いまもその通りです。役人の情報を引きださないかぎり、日本という国は動かせないんです。なぜそうなのか。角栄はこの国をこう理解していました。

《わが国の政治は、霞ヶ関の官僚集団の協力なしに、一メートルも歩くことが不可能である。日本の官僚は外国の役人とは比較にならないほど有能である。仕事熱心で、訓練の行き届いた専門家、テクノクラートのグループである。さらに、明治新政府の太政官布告このかた、あらゆる法規、先例、数字、行政のノウハウが、体系的に、年次を追って、役人の頭の中に整理、整頓されて詰まっている。田中角栄は日本官僚を指して、「彼らは生きたコンピューターだ」と簡潔、的確に表現した。》（早坂茂三『駕籠に乗る人・担ぐ人』祥伝社）

この国の基本構造はずっと官僚国家だったんです。明治国家の最初からそうだったんです。要するに、明治国家というのは、天皇が天皇直属の官僚によってこの国を支配する体制（明治憲法）だったんです。「天皇直属」というところが大事です。官僚の任免権は天皇の大権に属し、官僚は天皇の名において政府の政策を決定し、執行していたんです。

軍部が天皇直属の組織（統帥権下にあった）であったように、行政府も天皇直属の組織としてあったんです。議院内閣制ではないから、内閣総理大臣は天皇によって指名されたし、内閣は議会に対して責任を負っているわけでもなかった。統治の主権は天皇にあり、官僚は天皇に対してのみ、服従義務を負い、天皇に対してのみ責任を取ったわけです。

――でも、明治時代だって、議会があり、内閣があり、政党もあったでしょう。

立花　明治時代の半ばから、内閣制度ができ、国会が開設され、政党もできましたが、基本は変わっていないんです。天皇直属の官僚組織がこの国を支配しつづけてきたんです。国家の支配層は官僚組織の上層部でした。政党も最初は自由民権運動の流れをくむ民党が沢山でき、国会で彼らがかなりの力を持ち、官僚支配に対する抵抗勢力としてそれなりに機能するようになると、官僚上層部はそれをうるさがり、自分たちもそれに対抗する強力な政党を作り、それを政府与党として、国会をそれを通じてコントロールしようと考えるわけです。それが伊藤博文が作った政友会で、その末裔が自民党ということです。つまり、政友会から自民党にいたる日本の保守党のメインストリームは、官僚国家日本の政治部門としてありつづけてきたんです。要するに日本では官僚が国家経営の主体で、政治はそれに従属していたということです。

自民党の主流は基本的に官僚派の政治家（戦後派の吉田スクールの流れと戦前派の岸につながる流れと二つあった）であり、そうでなければ党人派の中でも官僚に近い（癒着した）人々だったわけです。後者の代表が角栄であり、角栄に学んだ竹下のわけです。竹下は首相時代、国家の重要問題について何か問われると、すぐに、「そこは司、司にまかせて――」といういい方をしていました。要するに、官僚にまかせるということです。竹下というのは、本人に人格識見があるとは全く思えず、今から考えても、なぜあの人があれだけの権力を持ちえたのか不思議なんですが、要は官僚にすべてをまかせ、自分はその間に発生する問題の調整役に徹していたということなんです。

――それだけしかできない人でも総理大臣になれるのが日本の政治システムということですか。

立花　そういうことです。だから、村山のように、社会党でずっとやってきた人が突然総理大臣に選ばれて、すぐサミットに出席なんてことになっても、役人さえうまく使いこなせれば、なんとか格好をつけられる。要は役人の使いこなしなんです。

「役人操縦術の家元」

早坂秘書は、角栄のことを「役人操縦術の家元」といい、官僚出身でもない角栄がなぜ巧みに官僚を操縦できたのか、そのポイントを次のように解説しています。

《田中は、役人の正、負の特徴を仔細に知り、以後、手足のように彼らを動かした。役人の苦手なアイデアを提供、政策の方向を示し、失敗しても、責任を負わせることはしなかった。心から協力してくれた役人は、定年後の骨まで拾った。入省年次を寸分違わず記憶し、彼らの顔を立て、人事を取り仕切った。

角栄についていれば損はない。思えば思われる。角栄の経験、才幹と腕力、それに役人の知識、ノウハウがドッキングして、相乗効果を発揮した。》(同前)

「定年後の骨まで拾った」というのは、定年後の天下り先を紹介するなどして、食べるのに困らないようにしてやったということです。高級官僚の場合、「定年」というのは、必ずしも文字通りの定年のことではありません。役人の世界では、同じ年次の入省者から、トップの次官はたった一人しか出ません。入省時には肩をならべていた幹部候補生たちが、課長、部長、局長と出世するたびに、次官候補者以外はどんどん「肩叩き」でやめさせられていきます。その中途退職させられるトップエリートたちの再就職先の面倒を見ることが役人の世界では最も大事なことで（これがうまくいかないと組織の新陳代謝がとどこおり、組織が円滑に動かなくなる）、それは各省とも官房が中心となって徹底的にケアするんですが、それを手伝ったということです。民間に就職先を見つけてやったり、うまく見つからない場合は、天下りのポストを確保するために、公社、公団など特殊法人を作ってしまうということまでしてやったのです。角栄はこういうことをマメにやったので、いま行革の対象になっているような特殊法人がたくさんできてしまいました。ここにも、角栄のもう一つ大きな遺伝子問題があるわけです。

——ここに、「入省年次を寸分違わず記憶し」と妙なことが書かれていますね。これは何ですか。

立花　妙といえば妙ですが、社会の基本構造にシニオリティシステム（年功制）があるところでは、これが大事なんです。年功制というのは、結局先任制ですから、先輩が常に上位にきます。入省順を覚えるということは、組織の基本ヒエラルヒーを覚えるということです。

《役人の世界は入省年次別に構成されたピラミッドであり、その秩序は、寸分の狂いもなく作られている。》（同前）

というわけです。先の肩叩きと天下りによる新陳代謝も、すべてこのピラミッドのルールによって進行していくのです。

角栄にとっても、竹下にとっても、官僚操縦術の最初の師匠になったのが、実は佐藤栄作で、彼がまず教えたことは、「役人の入省年次をしっかりおぼえなさい」ということだったといいます。ということは、役人の世界がこの入省年次別のピラミッド構造を基本構造としてできていて、何事もそれを無視しては動かないという官僚世界の基本原理を教えたということです。別に官僚の世界にかぎらず、日本の社会では、ほとんどあらゆる組織が、年功制（先任制）を基本的組織原理にしていますから、入学順、入社順、任命順が組織の基本ヒエラルヒーになるというのと同じことです。要するにそれが組織における偉さの順位になるのだから、偉さの順位を覚えろということです。それをその通り実践して、役人の入省年次を寸分違わずおぼえたのが、角栄であり、竹下なんです。これがこの二人が役人操縦術に長じて、党人派の政治家としては珍しいほどの実績を残すことができた秘密なんです。

《田中、竹下は保守本流に属し、常に政権の中枢部に位置していた。角栄も現総理（竹下のこと）も、役人を上手に使いこなすことができれば、彼らこそが最大最強のブレイン集団になることを、経験的に熟知していたのである。》（同前）

——入省年次をおぼえて、役人をくすぐり、天下り先を作ってやるなどのサービスをしてやらないと、役人をうまく使えないということですか。逆にそれだけをやっていれば、役人を操縦できるんですか。

立花　いや、大事なのはそういうことではありません。要は、役人の持つ能力を正当に評価し、その能力を目いっぱい引き出すということです。あとのサービスはいわばつけたしで、そういうサービスにだけ熱中していたら、役人にバカにされるだけで終わります。役人のほうでも政治家をじっと観察していて、高い評価を受けた政治家しか役人操縦能力が獲得できません。

《なぜ彼らは熱心に協力してくれたのか。日本の官僚は、いつも政治家を注意深く観察し、採点している。

「この政治家は仕事ができる。将来、必ずものになる。大将になる。こいつの言うことを聞いて協力しておけば、オレに損はない。予算も通してくれる。法案もほかの役所より早く成立させてくれる。情もありそうだ。これに忠勤を励んでいれば大丈夫だ。定年になったとき、いいところへ天下りさせてくれる。骨まで拾ってくれる。相手に選んで不足はない」

これが角栄に対する役人の見方である。だから、彼らは寝食を忘れて知恵を出した。》(『捨てる神に拾う神』)

要はあらゆる意味で役人を感服させることが必要なんです。サービス面だけでなく、政策面でもそうです。役人と十分な議論ができるレベルまで、事情に通暁する必要があります。そのため、角栄は役人が上げてくるペーパー(それははんぱな量ではなかったといいます)を、毎晩、午前二、三時に起きだして(毎日夕食後は早々と寝てしまった)、必ず全部読んだといいます。

《角栄が偉大だったのは、このコンプレックス(東大卒のエリート官僚たちに対する)

を逆にバネとして、スーパーエリートを心服させるため、鬼気せまる勉強を深夜、自宅の寝室で続けたことである。この持続的な意志の強さと実行力は凡百を絶した。》（同前）

真紀子がやった、官僚が最もいやがる行為

このあたりが、角栄と真紀子がまるで違うところです。真紀子は官僚がレクチャーしようとすることをろくに聞かず、上げてくるペーパーもろくに読まなかったために、しょっちゅうトラブルを起こしていました。「そんなこと聞いてないわよ」と怒ることが、先に渡した資料の中にちゃんと書いてあるということが再三にわたってありました。そういう場合、真紀子がよくいったことは、上げてくる資料がこんなに（とジェスチャーをまじえて）山のようにあって、とても読めたものじゃない、あれはいじわるでわざと読めないほどの量を押しつけてくるんだということでした。

しかし、角栄は、毎晩恐るべき量の資料を徹夜してでもちゃんと読んでいたのです。しかも、その要点をちゃんと自分のものにしていたんです。それを早坂は「鬼気せまる勉強」といったのです。

その角栄でも、役人との間で、「聞いてない」「伝えてある」の争いになることがありました。角栄の大蔵大臣時代、あるとき国会での質問で、役人が事前に作って渡してお

いた資料とは逆の答えをしてしまったことがあります。役所に戻ってから、これが大問題となり、「資料になかった」「いやあの中にありました」の水かけ論になってしまったのですが、そのとき、角栄は、役人たちの前でハラハラと涙を流し、「きみたちのくれる資料は、ウソいつわりなく、毎晩、必ずエンピツで線を引き引き全部読んでいるんだからね、ホントにあの中にはなかったんだよ」といったので、そのことでかえって官僚たちの心をとらえたという有名なエピソードがあります（実際には、わかりにくい表現だが、資料の中に書かれていた。しかし、これを機に役人たちはわかりやすい表現をこころがけるようになったといいます）。真紀子の場合は、ひたすら激突して、役人を叱りとばすばかりで、衝突を機に、役人たちが真紀子にハートをとらえられたという話は絶無です。

それ以上に真紀子が官僚にいやがられたのは、官僚の人事を上から下まで自分で支配しようとしたことです。早坂秘書は、役人がいちばんきらうのは、政治家が人事に手を突っ込むことだとしてこう書いています。

《彼らが一番嫌うのは、位階、序列を無視して、バカな大臣、政治家が自分たちの人事に手を突っ込むことだ。一時的に成功しても、彼は二度と再び、役人の親身な協力は得られない。霞ヶ関一帯に触書きが回され、バカはどこに出かけても、面従腹背、サボタージュの霧に包まれて、手も足も出なくなる。一巻の終わりだ。》（『駕籠に乗る人・担ぐ人』）

真紀子が外務省でやったのは、まさにこれなんです。実は真紀子は、科学技術庁長官時代にもこれをやっています。トップエリートの一人である官房長のクビを強引に切って飛ばした「真紀子人事」事件です。

小泉内閣で、真紀子入閣が確実視されると、各省の官僚たちが、「どうかウチにだけはこないでほしい」と祈ったといわれるのは、そういう前科があるからです。

――しかし、角栄がやったのはきれいごとだけではないでしょう。高級官僚に中元お歳暮の季節にキャッシュをバラまいたりしていた。

立花　あれはひどいね。大蔵大臣時代、盆暮のボーナス時に田中角栄のサインが入った現金入り封筒を幹部職員に配っていた。役人たちはこれを「別封」と呼んでいたそうだけど、百万単位だったらしい。これが官僚のモラルをいちじるしく低下させた。人間、いったんカネを受け取ってしまうと心が弱くなりだんだんズルズルになってしまう。角栄は別封に加えて、有利な天下り先を世話してやったりと、さまざまな便宜をはかることで、官僚の懐深くどんどん入りこんでいった。そのようにして、官僚たちの心をつかんでから、官僚のためにこれだけ働いているのだから、こちらに頼みごとがあるときは、それなりに聞いてもらいたいという形で、族議員と官僚の癒着関係を深めていったわけです。いま問題になっている政治家ないし政治家秘書の口利き政治の原型はここにあるんです。

要するに、相手に利を与える（恩を売る）代わりに、こちらにも利を与えて（恩を返して）もらうというバーター取引関係を作るわけです。その場合、必ずしもビジネスライクに厳密な一対一の対価関係を作るわけではありません（厳密な対価関係があると汚職に問われやすい）。ゆるい対応があればいいんです。

また、お返しは今すぐでなくてもいいんです。将来、いつか必ず返してもらうという約束（あるいは暗黙の期待）の下にサービス的利益供与がしばしばなされます（あるいは逆に、利益を受け取るだけで、そのお返しをすぐにはせず〝借り〟ということにしておく）。

同じようにして、選挙区の地元の陳情に対しては、それを聞いてやる代わりに、選挙のとき票を出してもらうという別の形の利益のやりとり関係が成立します。と同様に、政治上層部では、総裁選での支持関係とか、重要法案を通す通さない、巨大公共事業等の大きな予算案件を通す通さない、重要な党人事、政府人事で誰を持ってくるか、などといったことをバーターの材料にして、あちこちで、「借り」と「貸し」の調整が行われるわけです。それですまない場合は、政治資金のやりとりといったことまで行われるわけです。

政治における借りと貸しの清算

分かりやすい例を一つ出しましょうか。

角栄が自民党総裁に選ばれた七二年総裁選です。あれは、自民党史上に残る最大の激突の一つで、第一回投票で、

田中角栄　　一五六票
福田赳夫　　一五〇票
大平正芳　　一〇一票
三木武夫　　六九票

となり、二回目の一、二位決選投票で、三木、大平の票が田中に流れ、

田中角栄　　二八二票
福田赳夫　　一九〇票

となり、角栄が第六代総裁に選出されたことはよく知られています。

ここで角栄の勝因分析をあれこれやるつもりはありませんが、最大の勝因の一つが、中曽根の動向であったことはよく知られています。中曽根派は、三十四人のメンバーを擁する第五位の派閥で、はじめは出馬した四人の候補とならんで、中曽根自身も出馬すると予測されていたのですが、総裁選直前に、中曽根は日中国交回復を果たすことを条件に田中支持を表明し、自身の不出馬を宣言しました。中曽根は福田と同じ群馬県出身でしたから、地元からは、群馬県初の総理を出すために、福田支持にまわるよう強い働きかけがあり、ギリギリのところではそうするだろうと予測されていたのですが、それがいち早く田中支持にまわったために、総裁選の形勢は一挙に逆転しました。

――そうでしたね。中曽根の支持表明をきっかけに多数の中間派無派閥（衆院総計百十一名）が田中へ向かう流れができた。

立花　あのとき、本当のところ、中曽根がなぜ田中支持にまわったかなのですが、当時「週刊新潮」が「いよいよ大詰『総裁選』金と権勢の亡者の大見世物」（一九七二年七月八日号）という記事で、中曽根派のある議員の証言という形をとって、中曽根が田中支持にまわったのは、田中から七億円で買収されたからだと暴露しました。中曽根はそんなことは全くないと、証言者と「週刊新潮」を名誉毀損で訴えるという一幕があったのですが（後に中曽根勝訴）、中曽根は後になって、回想録『天地有情』の中で、田中支持の理由は、日中国交回復であって、カネのやりとりはなかったとして、次のように書いています。

《それで、私は政科研（中曽根派のこと）の幹部と話し合って、「日中国交回復が大問題なんだから田中でいこうや」と決めたわけです。（略）その後、煮詰まった段階で、「自分は立候補しないから日中国交回復をやりなさい。」三木武夫君と大平正芳君と三人で、日中回復をやらなきゃ応援しないよ」と田中君に突きつけた。それで、田中君はいやいやいやながらやるといったわけですよ。日中国交回復は田中君がよろこんでやったと思っている人が多いのですが、そうじゃなかった。》

角栄の功績というと日中国交回復をあげる人が多いのですが、角栄はそれをすすんでやったわけではなく、実はオレがやらせたんだという手柄話をしているわけですが、そ

昭和47年の自民党臨時大会終了後。中央で万歳をしている田中角栄

初閣議後に撮影された、第一次田中内閣の顔ぶれ

のあと、次のように書いていることが注目されます。

《まあ、そんなわけで、私が立候補を取り止めると、「中曽根は田中に買収された」と福田陣営からはずいぶん非難されましたよ。それで、ともかく勝ったものだから、田中君にはえらくよろこばれました。そのとき、田中は「いずれ恩を返す」といっていました。それが私が総理になるときに返ってきた、そう思っています。》（同前）

これは、一九八二年、鈴木首相の後継を決める総裁選で、中曽根が河本敏夫、安倍晋太郎、中川一郎などと争い、角栄の支持で予備選を勝ち抜いて総理になったときのことを指すんですが、それは十年前の七二年総裁選で、中曽根が田中支持にまわり、そのおかげで田中が総裁になれたことのお返しだというわけです。

では、七二年総裁選で、中曽根は本当に角栄から金をもらわなかったのか、といえば、私はそのあたりを当時取材した人間の一人として、七億円という金額が当たっているかどうかはともかく、中曽根がカネを全くもらわなかったことはありえない（カネでころんだということでなく、田中が挨拶または、かためとしてもってきたカネは受け取っただろうということ）と思っています。まず第一にあの総裁選では、カネのやりとりはあまりに普通のことになっており、誰もカネをもらうことがいけないことだとは思っていなかった（そもそも選挙違反にも刑法上の罪にもならない）ということがあります。特に角栄のカネについては、エッ、あの人のところにまでと驚くほど意外な人にも大変な額のカネが渡っていたことを自分の直接取材で知っています。中曽根のようにはっきり支持を表明した人に対して、角栄が何の挨拶もしないということは、角栄の通常のビヘイビアからして考えられないことです。角栄におけるカネのやりとりは、日常の挨拶と同じぐらい自然のことになっていたんです。そして第二の理由として、角栄はその習性として、カネを受け取らない人間を信用しないことにしていたということがあります。だからたとえ中曽根が（はじめにカネの動きと全く関係なしに）無償の行為として田中角栄支持を表明したのだとしても、田中という人は、その感謝の印として、あるいはその支持を固めるためにも、カネを打たないではいられない人なのです。そして中曽根が角栄と政治的盟友関係に立とうと思ったら（これから田中内閣の時代がはじまるというのに、角栄と敵対関係に立つことは避けたいと思ったら）、カネを受け取る必要があっただろうということです。それがどの程度のカネのやりとりだったかはわかりませんが、そういうカネのやりとりですべてがすんだとは角栄も中曽根も思わなかったでしょう。ということは、カネのやりとりがあったとしても依然として二人の間には、あの支持表明によって、貸し借りができたことになるということです。そしてその貸しと借りは、あのように十年もの年月を経てやっと清算されることもあるということです。

コッポラの映画『ゴッドファーザー』で、冒頭、ゴッドファーザーにお願いごとがあってやってきた男の願いをかなえてやる場面があります。男が、このお礼に何をすればいいかと問うと、ゴッドファーザーは、いますぐどうこうしろとはいわないが、いずれ何か頼みごとをするときもあるだろうから、そのとき、こちらの頼みを聞いてくれればそれでいいという。そして、何十年かの月日が経過して、映画のクライマックス近く、ゴッドファーザーからの使者がやってきて、「今こそ約束を果たしてもらうときがきた」という。そして、クライマックスでゴッドファーザーのライバルであるマフィアの親分たちを一斉に襲撃して殺してしまう大殺戮場面で、その男が殺し屋の一人として襲撃に加わり死んでいく。

政治における借りと貸しの清算は、この話に近いところがあるんです。すぐには清算はせまられないが、何年も何十年もたってからせまったりせまられたりするということです。

創価学会言論弾圧事件

政治家の重要な役割の一つに、いろんなもめごとの調整をはかるということがあります。角栄はそういう調整役として特にすぐれた手腕を発揮しました。どうするのかというと、もめごとというのは、結局、そこに何らかの利害の対立があるということですが、彼がしばしばやったことは、そういう利害の対立関係があるところに、自分が入っていって一枚嚙むことによって、両者の利害の対立関係の組み直しをしてしまうことでした。

――どういうことですか。よくわかりません。

立花　一つの例を出すと、一九六九年の創価学会の言論弾圧事件です。政治学者の藤原弘達が『創価学会を斬る』という本を書いたところ、その内容に創価学会が猛反発して、ありとあらゆる手をつくして、その本の出版を妨害しようとしたことがありました。マスコミがその激烈な妨害を言論弾圧事件として大きく取り上げたので、創価学会は世論の総攻撃を浴びました。国会でも問題が取り上げられ、池田大作の証人喚問もあるかという事態になりました。窮地に立たされた創価学会は、当時自民党幹事長だった角栄に、事態収拾を頼みにいったわけです。

それで角栄は、弘達をさる料亭に呼んで、創価学会も困ってるようだから、なんとかその本の出版をやめてくれないかと頼んだわけです。弘達はもちろん断るんですが、それからがすごいんです。これは弘達から直接聞いた話なんですが、角栄はタダでやめろとはいわないといって、次々と条件を繰り出してくるわけです。最初がカネです。「いくらほしいんだ。いくらでもほしいだけ、相手に出させる」というわけです。文筆家として、創価学会に頼まれて出版をとりやめたというのでは名前がすたるだろう。だから、形式的には出たという形にする。しかし、形式的一定部数以上は、全部創価学会が買いとることにする。その部数は何部でもいい。だから、好きなだけの金額にすることができる。弘達がそんなことはできないといって断ると、角栄が次に提案してきたのは、地位だといいます。「お前は何になりたい。何でもなりたい地位につけてやる。政府や公的機関の役職でも、民間企業、民間機関の役職でも、大学のポジションでも、なりたいものがあったらいってみろ。どういう地位にでもつけるようにしてやろう」というわけです。弘達がそれも断ると、角栄が最後に提案してきたのはこういうことだったといいます。

「よしわかった。それでは、こういうことではどうか。ここで田中角栄の願いを聞いてくれるなら、それを自分の一生の恩義とする。そしてこれからの生涯、いつ何時、何でもいいから、田中にしてもらいたいということが出てきたら、そのとき何でもいってくれ。それが何であれ自分はその望みをかなえるために全力をつくし、必ずそれを実現してやることを誓う」

弘達がそれも断るので、この話は流れてしまうのですが、弘達は、このときの角栄との交渉体験を思いおこして、

「いやあ、あの交渉力はすごいね。政治家田中角栄のすごさの秘密をかいま見させてもらったよ。うじうじ理屈なんかこねないで、いきなりストレートにグイグイくるんだ。相手の欲望がどこにあるかを見抜こうとして、直截的な表現でくる。ちょっとでも世俗的欲望があるやつなら、たちまち見抜かれて、コロリといっちまうんだろうね」

といっていました。

「欲望のブローカー」としての角栄の才能

要するに、人にはみんな満たしたい欲望があるはずだから、そこを攻めれば必ず落ち

るというゆるぎない信念が角栄にはあるんです。当事者双方の欲望のブローカーになることができれば、必ず利害の調整をはかることができるということです。まず誰にでもあるはずの金銭欲、地位欲、名誉欲でつり、それでもダメなら、将来いつでも現金化可能な白紙小切手を渡すみたいに、未来のいかなる欲望でも満たしてやるという約束手形を切るわけです。相手によっては、それ以外に、色欲とか、物財の所有欲、事業欲なども入れた、満たしてやることができる欲望のリストを繰り出すんでしょう。そして、たいていの人は、この欲望のリストにまいってしまって、取引を成立させてしまうわけです。その後の政治家人生において角栄はこの欲望のブローカー役を徹底的にやりつづけました。

政治の裏取引というのは、結局これなんです。角栄はそれに長じていたんです。どんな政治家ともサシの勝負に持ち込めば絶対に負けないと角栄は豪語し、実際、サシの勝負に勝ちつづけたことが角栄の政治家としてのすごみになったわけですが、その秘訣は要するにこれです。欲望のブローカー能力です。角栄は人の欲望を見抜く能力と、その欲望を実現してやる能力を両方ともに持っていたので、自分が間に入ることで、稀代の欲望のブローカーとなることができたわけです。AとBの直接交渉では絶対にうまくいかない交渉が、Aと田中がある貸し借り関係を作り、次にBと田中の間の別の貸し借り関係でそのバランスを取ることによってうまくいくようにするということがしばしば行われました。言論弾圧事件の場合、角栄と弘達の交渉がうまくいっていれば、角栄はあとで創価学会から、選挙の票で返してもらったり、国会審議で公明党の協力で返してもらうなど、さまざまな利益回収法があります。

実際には、話は破談になってしまったから、先に述べた以上にすすまなかったんですが、実はあのとき、話がどう展開しても対応できるように（手打ちでも、条件のさらなるつめでも）、隣室には、公明党の竹入委員長と矢野書記長がひかえていたのです。矢野書記長の回想録（『二重権力・闇の流れ』文藝春秋）には次のようにあります。

《当時、竹入と田中氏とは昵懇《じっこん》の仲である、と喧伝されていた。竹入の「言論問題、日中問題で世話になった」という発言は確かにそうで、昭和四十四年から四十六年にかけて藤原弘達氏が創価学会批判を繰り返した時には、私と竹入とで田中氏に調停を頼みにいった。田中氏は「よっしゃ」と快く引き受け、赤坂の料亭に藤原氏を呼び、仲介の労をとった。結果は破談だった。我々は隣室に控えて待っていたのである。》

角栄はこのような政局裏舞台の交渉人だったわけです。これが成功していれば、角栄は竹入・矢野とさらに昵懇の間がらになり、ここで生まれた貸し借り関係を利用して、次の機会には、また別のトラブルの解決が可能になるというわけです。こういうことをやればやるほど、角栄手持ちの未清算の貸し借り関係がふえていき、それがふえればふえるほど、角栄のフィクサー能力は高まっていくわけです。

日本の政治社会においては、いま述べたような複雑な「貸し」と「借り」の壮大なネットワークが時間をこえ、空間をこえ、人脈をこえて網の目のように広がっているんです。政界実力者というのはそのようなネットワークの大きな結節点を握っていて、必要に応じて、大きな（大規模、巨額、広域、多角的）利害の調整ができる人のことなんです。フィクサーといってもいいでしょう。角栄はその典型でした。彼はいわゆる「面倒見のよさ」によって、自分のまわりに広がるネットワークをどんどん拡大していきました。それとともに自民党の政調会長、幹事長といった要職について、常にアクティブな政治活動をつづけることで、さまざまな政治取引をしょっちゅうやっていました。それによって自分を通過する利害関係の総量をきわめて大きくすることができたわけです。ということは、自分自身が利害関係ネットワークの超巨大な結節点になっていたということです。こうした全活動の蓄積を通じて彼にコントロール可能な利害関係ネットワークはとてつもない広がりを見せるようになっていました。

たとえば、創価学会の池田大作会長といつでも電話一本で話がつけられるなど、たいていの巨大組織の長とサシの話ができました（総評の事務局長ともそういう関係にあったという話は後述）。また、日本全国あらゆる地方の有力者と電話一本でたいていの話をつけられました。佐藤昭『私の田中角栄日記』には、幹事長時代の地方における力のつけ方の一例として、こんなことが書かれています。

≪話をしている相手の人物が、その県におけるナンバー1であるか、ナンバー2であるか、どれぐらいの実力があるか、昔は実力があったけれど、今は下がっているとか、すべて分かっている。

そして、適確な判断と指示を下すから、全国に田中ファンが出来た。どこそこの県の天皇といわれた人、奈良なら西口栄三氏、岐阜なら古田好氏、山形なら山形新聞の服部敬雄氏といった人たちが、進んで田中に協力してくれるようになった。山形の問題だったら私に、「おい、服部君に電話してみろ」と言う。》

こういう地方人脈が日本全国に広がっていました。後に、自民党総裁選に予備選が導入されるようになったとき、角栄は一九七八年の総裁選では大平を支援し、一九八二年の総裁選では中曽根を支援して圧勝させるのですが、その背景には、角栄が終日日本中の地方有力者に電話をかけまくったということがありました。そのとき角栄が電話した相手は、こういう地方ネットワークの結節点に立つ有力者たちでした。そのようなネットワークをにぎっていたことが、そのまま彼の比類ない政治力のもとになっていたわけです。

真紀子に欠けている、利害の調整能力

——角栄に豊かにあった、こういう政治力というか、利害の調整能力が、真紀子には決定的に欠けていますね。

立花　欠けています。彼女はフィクサー能力ゼロといっていい。真紀子になぜその能力がないかといえば、彼女には、この社会全体に広がっている利害関係のネットワーク

を見抜く力がないし、またいかなる意味でも、そのネットワークを自分で調整する能力がないし、またそうする意志もないからです。

常識として人に何か頼みをきいてもらおうと思ったら、こっちでも相手の頼みをきいてやる相互関係いわゆる互酬関係に入る必要があります。互酬関係というのは、その初歩的なものは、サルの社会でも見られるくらい、人間社会の最も基盤をなす関係ですが、近代社会では、非常にソフィスティケイトされた複雑な形をとります。しかし、現象形態はさまざまですが、互いに相手の利益をはかってやるという基本のところは変わりません。政治がからむ場面では、それは、選挙で票がほしい政治家が、選挙民の陳情を受けて、選挙における票を見返りとしてその願いを（主として口利きによって）実現してやる、陳情政治、口利き政治になりがちです。それは口利きの対価を求めないかぎり、政治家の当たり前の活動の一部として認められてよいものですが、対価を求めたとたん、汚職政治、ワイロ政治になってしまいます。

その線引きには微妙なところがあります。基本的には、ワイロ罪の構成要件という形で線引きが決められるのですが、線引きをゆるくしすぎると、政治家がワイロをもらい放題になり、線引きをきつくしすぎると政治家の活動がしばられすぎるということになります。

線引きの第一は本人に権限があることについて依頼を受けたかどうかという職務権限の有無です。しかし、政治家の場合、どこまでが政治家（国会議員）の職務か（役人に口利きをした場合、それは職務に入るか否かなど）という線引きのむずかしさと、謝礼を政治献金としてもらった場合、ワイロと政治献金をどう区別するのか、陳情の実現と謝礼の対価性をどう判断するかといったむずかしさがあります。

この線引きは歴史的にずいぶん変わってきて、それに合わせてワイロ罪も書きかえられてきました。政治家の場合、自分に直接の権限がないことについて陳情を受けることが多く、その場合、陳情内容を、権限がある役人にあっせんするという形で話を受けることが非常に多いわけです。本人の職務権限だけを問題にする立場だと、これがフリーパスになってしまい、事実、一九四八年の昭電疑獄はそれで無罪になってしまいました。それで設けられたのがあっせん収賄罪（権限がある人に口利きすると有罪）なんですが、それもしばりをきつくしたところ、政治家本人は口利きをやらないで、政治家の秘書が本人になりかわって口利きをすればフリーパスという抜け道がさかんに利用されるようになり、その抜け道を塞《ふさ》がねばと、二〇〇〇年に公設秘書の口利きをあっせん収賄罪（利得罪）に入れるという形に改正したところ、今度は、私設秘書がもっぱら口利きの役目を果たすという形になっているわけです。

——それで最近、私設秘書がらみの事件が多いわけですね。

立花　そうです。それで最近は、私設秘書の口利きもあっせん利得罪の枠の中に入れるべきだという議論が野党から強く出てるんですが、自民党の反対にあって難航しているというのが現状です。私設秘書を通じての口利きというのは、自民党ではあまりにも一般的に行われているので、それをあっせん収賄罪（利得罪）の枠に入れたら、自民党の代議士の政治活動の多くがあっせん収賄罪になってしまうということなんです。

そういう陳情口利き政治のチャンピオンだったのが角栄で、角栄は毎日何十人もの陳情客から陳情を受け、それを一人当たりほんの数分で即決でさばいていく（その場で本人または秘書が役人に電話したりする）ことで有名でした。ロッキード事件の丸紅からの陳情（全日空がロッキードの飛行機を採用してくれたら五億円）にしても、その一環としてわずか五分で話をすませています。

角栄の場合、このような大きな事件にならない日常的な小さな陳情の場合でも、けっこう政治献金という形で謝礼金をとっていたようです。ぼくのところにも、中小企業のオヤジから、目白に税金の軽減を頼みにいったら、こころよく引き受けてくれたのはよかったものの、軽減分のほとんどを政治献金でまきあげられてしまったという手紙を書いてきた人がいたので、その話を、当時「朝日ジャーナル」に連載していた「ロッキード裁判傍聴記」の中で紹介しました。すると、その連載では、毎回ロッキード事件や角栄の政治的言動に対して激烈な批判を繰り返していたのですが、そういう批判に対しては田中側から何も反応がなかったのに、その件に関しては、「ああいうことを書かれるのは困る」という非公式だが強い申し入れが、政治部の記者を通して、「ジャーナル」の編集部にあったそうです。「ロッキード事件批判はどうでもよくて、ああいうことだけを問題にしてくるというのは、どういうことなんだろうね」と編集長が不思議がるので、ぼくは「陳情に対する口利きで、謝礼をまきあげるという田中の政治屋稼業の正体がバクロされるのはうまくないということじゃないですか」と答えました。一般に、田中にかぎらず、政治家に頼みごとをしてタダですむ話はほとんどなくて、票か政治献金でお返しをするのが当たり前という伝統が日本の保守政治の世界にはずっとあるわけです。日本の政治家は、政治を稼業としてやっている政治屋が多いということです。日本には政治屋は沢山いるが、政治家（ステーツマン）はほとんどいないといわれるのはそのためです。だからこれは角栄にはじまった話ではないのですが、角栄はこれを最大限に大仕掛けにし、しかもそれをシステマティックに展開したために、大変な数の私設秘書をかかえていました。目白の私邸に書生もかぞえたら十人近くおり、永田町の田中事務所（砂防会館）に五、六名おり、越後交通の役職員などの形をとって地元にも十名以上いました。こういう、大量の私設秘書をかかえての、システマティックな口利き政治というのは、自民党のかなりの政治家に引き継がれて今日にいたっています。これまた、角栄の遺伝子の一つといえるでしょうね。

——角栄は政治屋ですか、政治家ですか?

立花　微妙なところがありますね。ただの政治屋とはいいきれないところがあります。少なくとも志としては、あるいは、自分の「つもり」としては、「オレは国事に奔走している大政治家だぞ」という意識があったと思います。しかし、根っ子の部分があまりにも長いことドップリ政治屋稼業につかっていたから、政治家として発想したことでも、事を処するときは、つい政治屋稼業人として行動してしまうということがよくあったんだろうと思います。たとえば、信濃川河川敷の問題でも、鳥屋野潟の問題でも、最初のきっかけは、地元民から、こういうことで困っているから何とかしてくださいという陳情を聞いて、それじゃ何とかしてやろうと、善意の面倒見のよさからはじまった話なんです。ところが、何とかしてやろうと努力するうちに、そこに、自分が一枚加わると、ものすごい金儲けができるということに気がつく。信濃川河川敷の場合なら、政治力を使えば、堤防の位置を変えて、いつも水につかる河川敷の畑を、堤防の外に出してやることができることに気がつくわけです。それでそうしてやる。それを、地元政治家が地元民のために無償の行為としてやってあげたというなら、みんなから感謝され、ほめたたえられて終わるだけなんでしょうが、角栄の場合は、みんなそんなに困っているなら、オレがその土地をみんな買ってやろうといって、まとめ買いをしてしまう。土地が全部自分のものになったところで、立派な堤防ができて、河川敷が立派な土地に化けてしまう。さらにはそこに立派な橋が二本もかけられ、河川敷は交通至便な一等地に化け、一億円で買った七十二万平方メートルの土地が時価七百億円ともいわれる土地に化けてしまう。角栄は建設省に対して圧倒的な力を持っていたから、堤防も橋も自分の思うようにかけさせることができ、こういう錬金術としかいいようがない、壮大な金儲け話を現実のものにすることができたわけです。

だけどここまでいったら、みんなこれはただの善意の話じゃないと思うのは当たり前じゃないですか。角栄の頭の中で、どこで、地元のためにひと肌ぬぐ話が、自分の金儲け話に切り換わったのかわかりませんが、途中からは明白に自分の金儲けに切り換わっているわけです。だから、長岡市からゆずってくれと頼まれても半分しかゆずろうとしない。そして、真紀子も、この信濃川河川敷だけは手放さないで、いろんな小細工をしては持ちつづけています。その詳細は複雑すぎるので*[5]『「疑惑」の相続人　田中真紀子』などにまかせて、ここでは詳説しません。

――国会でも取り上げられましたけど、本当にウンザリするほど複雑ですよね。報道もいい加減にはしょっていました。あのカラクリは説明するのも理解するのも疲れてしまって、いやになります。

立花　会計士、税理士、弁護士をいろいろ雇ってやっているんでしょうが、まあ、「よくやるよ」の一言ですよ。世の中カネのためなら何でもする連中がいるもんだと思います。ああいう労をいとわないところだけは、真紀子は角栄の遺伝子をしっかり受け継いでいる。

――角栄にしても、真紀子にしても、ああいうカラクリはどこまで本人がからんでいるんですかね。かつての山田泰司秘書みたいな、その道の専門家がもっぱらやっていることではないんですか。

立花　それがそうじゃないんだね。これは『田中角栄新金脈研究』（朝日文庫）で詳しく書いたことだけど、角栄時代の一連のカラクリの中で、目白の田中邸が*[6]「新潟遊園」という新しいユーレイ会社のものになってしまうという珍事が一九八二年に発生するんです。それは新潟交通のかつての子会社なんです。これは何なんだと思って調べてみると、そういう形式をとることで、ある土地取引から、角栄のところに九億円ものカネが流れこむんですね。新潟交通の常務に聞くと、それは放っておいたら税金として取られてしまうカネで、そういう形式を取ると巨額の節税ができるので、それを新潟交通側と角栄側で折半したという話なんですよ。それにしても変な話だと思って問いつめていくと、そういうスキームは全部角栄が考えたことで、新潟交通は話にのせられただけだというんです。その常務もそのアイデアを本人から聞かされたときには、そんなことが可能なのかと、疑ったというんです。だけど専門家に聞くと可能だとわかって、「田中先生は税金のプロだし、ムダな税金は払わない主義だから」とすっかり感服していました。事務的なことは山田秘書がやるけど、基本的なアイデアは本人が考えるんです。官僚を使うときに、基本的な政策は角栄が考え、具体的な実行計画は官僚にやらせるのと同じなんです。

――真紀子はどうなんですか。

立花　真紀子も本人がやっていると思います。なぜそれがわかるかといえば、ハルシオンという真紀子が作ったユーレイ会社の名前です。角栄時代のユーレイ企業の名前は、室町産業とか、新星企業、浦浜開発など、いずれもどこか泥くさい名前ですよね。ところが、真紀子がオヤジの資産を全部ゆずり受けると、あらゆる資産を統轄する会社として、ハルシオンというしゃれた名前のユーレイ会社を作るんです。この会社は持株会社で、いろんな会社の株式を通じて、膨大な角栄の金脈資産（もちろん信濃川河川敷を含む）を支配するという仕組みになっているんです。角栄の金脈ユーレイ会社は、いずれも沢山の名義株主をそろえてもっともらしい体裁をととのえていたんですが、このハルシオンは、真紀子、直紀、雄一郎（息子）の家族だけで完全支配しているんです。資本金一千万円で、出資額は真紀子六百万円、直紀三百万円、雄一郎百万円です。この金額からいっても、三人の家族内発言権の強さからいっても、真紀子のヘゲモニーで作られた会社であることは明らかです。そして、ハルシオンという名前ですが、これは英語で〝コマドリ〟の意味です。こんな少女趣味の名前をこんな会社につけるなんて発想が、真紀子以外から出てくるとは思えません。そして、彼女の『時の過ぎゆくままに』という本を見るとわかりますが、その本の装幀も扉カットも本文カットも本人がやっていて、真紀子が意外な少女趣味であることがすぐわかります。

——意外ですね。

立花　意外です。しかし、金脈資産への執着だけは、しっかり親ゆずりです。金脈の話に戻ると、角栄のやってきた怪しげな金脈話について彼に説明を求めると、たいていいつも「あれは頼まれたことだ」と説明していたんですが、多分、それ自体は偽りではないんです。最初のきっかけは誰かに頼まれたことからはじまっているんです。しかし、彼は持って生まれた事業欲というか、なんでも儲け話にしてしまう才覚というか、そういうものが極端にある人だから、何でもやっているうちにムラムラときて、つい自分の手を出して自分の儲け話にしてしまったんだろうと思うんです。角栄は、金儲けの欲望が病的に強いので、色欲が病的に強い男がつい手を出してはいけない女に手を出してしまうのと同じような心理で、人の儲け話に手を出して自分のものにしてしまうんでしょう。

真の国事の奔走家たる大政治家になろうと思ったら、どこかで娑婆っ気を捨てて、私利私欲の追求から自分を完全に切り離して国事を優先させるという、ある種のストイシズムが必要なのに、彼にはそれがどうしてもできなかったんですね。

そういう意味では、彼は自分の遺伝子にプログラムされた強烈すぎるほど強烈な金銭欲を持って生まれ、それに生涯ふりまわされつづけるという不幸な人生を送った人ともいえるわけで、気の毒といえば気の毒な人です。

ついでにいっておくと、角栄は色欲のほうもすごかったんです。世に知られるところとなった有名な女性関係としては、辻和子と佐藤昭がいるわけですが、角栄の女性関係はそんな単純なものではとてもなかったんです。早坂秘書の『オヤジの知恵』（集英社）にはこうあります。

《田中角栄は名うての女好き、艶福家の典型である。岸信介元首相と並ぶその道の双璧だった。角栄が贔屓にした料亭は、（略）赤坂の千代新である。ここに田中の宴席を取り仕切り、食べものの好き嫌い、相性のいい芸者、好みの三味線ひきの名手など、何もかも心得た別嬪で中年増の仲居頭がいた。
某月某日の昼下がり、意味あり気な二階の隠し部屋を私に見せたのは彼女である。「先生の内緒ごとのアジトよ」、「しょっちゅう来るの」、「まあね。お昼すぎにサッと来て、サッと帰るの」、「相手は決まってるのかい」。「何しろ、三十分前に電話が来るんだから……。空いてる妓を呼ぶしかないわよ」、「せっかちだからなあ」、「先生は目白の奥さん孝行よ」、「どうして」、「好みの芸者衆は小柄で色白、丸顔ぽっちゃり」、「じゃあ、奥さんと同じだ。だけど、いきなり呼ばれて、芸者衆も迷惑だろう」、「大喜びよ。手当てははずむし、優しくて」、「あんたのチップもか」、「そりゃあ、もう」。そこで二人とも大笑いした。懐かしい昔話である。》

——これはなんだかすごいエピソードですね。

立花　まったく。早坂もこのエピソードはこの本でしか書いてない。だけど、早坂も気を使って書いたなと思うのは、好みの芸者衆が「目白の奥さんそっくり」というくだりです。「小柄で色白、丸顔ぽっちゃり」というのは、どう見ても、はな夫人のイメージじゃありませんよね。これは佐藤昭のイメージです。

——そういわれてみるとそうですね。

立花　角栄が脳梗塞で倒れたあと、入院中の逓信病院に、この隠し部屋を通して角栄とわりない仲になった女たちから、沢山の見舞い品がワンサと届いたといいます。正確な数を早坂秘書は記さず、「五人や十人ではない」とだけ記しています。

――角栄は、金銭欲においても、色欲においても人なみはずれたところがあったんですね。

立花　あの顔を見ても、いつでもエネルギーがほとばしり出ているような感じがありましたよね。角栄の心の中でも体の中でもいつも欲望が燃えたぎっていたんじゃないですか。

真紀子は現場指揮官レベルの人間

――陳情口利き政治のほうは、真紀子はどうですか。

立花　真紀子はこの遺伝子を引き継いでいません。そもそも彼女は基本的に私的な陳情を受けません。角栄のように目白の私邸で毎日陳情客と会うこともしなければ、選挙区でも陳情を受けないことで有名です。父親のところに毎日殺到してくるあの何十人という陳情客のさばきぶりを見ていてイヤになったんじゃないですか。まさに父親を「反面教師」にしたわけです。だから、大量の私設秘書軍団も片っぱしからクビにしてしまった。

こういう自民党伝統の古くさい利権口利き政治から完全に切れてしまっているところは、政治家としての真紀子の評価すべきところだと思いますね。しかし、そういうものといっさい切れてしまったために、彼女には、父親が得意とした社会に広がる利害関係ネットワークを動かす能力、広域的・多角的な利害調整能力みたいなものはいっさいなくしてしまったわけです。

父親には、社会全体をシステム的に動かそうとする意欲も能力もあったけど、娘にはそれがない。父親はいってみれば、軍団総帥として、軍団を率いて闘う能力があったけれど、彼女にはそれがない。彼女は基本的に一匹オオカミタイプの人間です。もっといえば、ガキ大将タイプの人間です。

腕力だけはあるので、利害関係の一方の当事者として自分を置き、腕力によって相手を泣かせ、自分が一方的に利益（有形のあるいは無形の）を得て喜ぶというガキ大将タイプです。しかしこれでは政治家として大成することはできないでしょう。

後藤田正晴が彼女の外務大臣としての奮戦ぶりを見て、「まるで敵陣に一人でパラシュートで飛び降りて、マシンガンを撃ちまくってるみたいだ」と評したといいますが、その通りです。まるでシルベスター・スタローンの映画『ランボー』みたいな振舞ですよね。しかし、ああいうランボー式の闘いぶりで成功するのは映画の中だけであって、現実には成功しません。後藤田は、「あれじゃ、敵も味方もわからんで、ただ撃ちまくっているだけだろう」といったといいますが、その通りでしょう。

いってみれば彼女は、個々の戦闘に勝つことはできても戦局全体は見失いがちのフィールド・オフィサー（現場指揮官）レベルの人間で、戦局全体を見る総司令官になれないのはもちろん、総司令官のさらにその上に立って、軍人、文官双方をコントロールする首相や大統領になる能力はまるでない人間といわざるをえません。この一点だけでも彼女を総理大臣にしてはならないと思います。

外務省相手のケンカで、とりわけ啞然としたのは、先に述べた女子職員監禁強要事件です。あれはいってみれば、コマンド部隊がやる秘密急襲作戦みたいなものでしょう。それを大臣が単身飛びこんでいって自ら手を下してやるというのは、それこそ『ランボー』なみの奮戦ですが、そこまでやっても、戦果を何も上げられず（彼女が要求するような辞令を書かせることができなかった）、仕方がないので自分で手書きの辞令らしきものをデッチ上げ、それを事務官に渡したが、それは法的に何の効力も持たず、彼女が笑い者になっただけという、ほとんど笑い話のような事件の顚末の中に、彼女の政治家としての限界がうかがえます。

＊5　『「疑惑」の相続人　田中真紀子』　野田峯雄・小山唯史（共著）。第三書館。角栄の七百七十億円とされる遺産を、真紀子がどんな手段を使って相続していったかなどがくわしい。

＊6　『新潟遊園』　新潟遊園をめぐる複雑怪奇なからくりについては、『田中角栄新金脈研究』（朝日文庫）参照。同書ではまた、室町産業が信濃川河川敷の半分を長岡市に八億円で売却した際に、株ころがしと連動させることによって、支払うべき税金をゼロにしてしまったという驚くべきカラクリについても詳述されている。

Ⅳ

対立者間に妥協点を見つけ出す能力

――それで外務大臣をクビになったわけだから、ランボーあえなく戦死というわけですね。

立花　もう少し抽象的な話をすれば、政治の本質は利害の調整にあります。ですから、政治力というのは、言葉を換えていえば、妥協しがたい立場に立つ対立者間に、妥協を作りだす能力（合意形成能力）ということです。それに必要なのは妥協点を見つけ出す能力（いわゆる落としどころを見抜く能力）であり、当事者双方に、それをのませる能力です。のませる能力として重要なのは、一方ではそれをのまないと、より大きな損失をこうむることになると思わせるおどしの能力であり、もう一方では、のめば別の筋から別の利益が期待できると思わせる（またその通り実現してやる）損失補塡能力です。

そういう能力において角栄は特にすぐれていました。

そういう面での角栄の能力がいかんなく発揮されて成功した事例として、一九七一年の日米繊維交渉があげられます。当時、佐藤内閣末期（第三次改造内閣）で、角栄は通産大臣でした。佐藤は沖縄返還を実現することで日本の戦後を本当に終わらせ、戦後最長といわれる自分の政権に有終の美をかざらせたいと思っていました。しかし、沖縄返還を実現するためには良好な日米関係を維持することが絶対必要なのに、数年来、日米経済関係は悪化の一途をたどり、最悪の状態にありました。アメリカの貿易赤字が累積して、ドルの平価維持がこれ以上困難というところまで追いつめられていたからです（実際、七一年八月には金ドル交換停止に追いこまれる）。

アメリカの貿易赤字の最大の相手国は日本で、日本は史上最高の対外準備を積み上げていました（同年十二月、スミソニアン会議で、円切り上げを迫られる）。日米貿易問題の象徴になっていたのが、繊維問題で、輸出の自主規制を迫るアメリカに対して、そんなことはできないと突っぱねる日本という構図がずっとつづいており、これ以上、日本が輸出規制ができないと突っぱるなら、アメリカは、対敵取引法という戦時立法を持ち出してでも輸入制限措置を取るといいだすところまできていました。そうなったら、大詰めまできていた沖縄返還（返還協定は調印されたが、実際の返還はまだだった）も頓挫するかもしれないということで、佐藤は日米繊維交渉をまとめあげることが最大の急務と考え、角栄をその任にあてるわけです。それまで二代にわたる実力派通産大臣（大平正芳、宮沢喜一）がこの問題に熱心に取り組んできたにもかかわらず、問題は暗礁に乗り上げたままだったのです。佐藤は、田中独特の政治能力でこの問題が解決できないかと考えました。

角栄は、通産大臣に就任わずか三ヶ月でこのどうしようもなく難航していた日米繊維交渉を、独特の手法で、片づけてしまいます。

角栄がにわかに、ポスト佐藤の有力候補として浮かびあがってくるのは、この日米繊維交渉で示した政治的難問解決能力が内外で高く評価されたことによってでした。

それまで、ポスト佐藤の本命視されていたのは福田赳夫外務大臣（当時）で、角栄も有力候補の一人と目されていたものの、年齢がまだ若いということもあって（角栄五十三歳、福田六十六歳）、順当なところ福田のあとと考えられていました。そして、佐藤の任期が終わりに近づいたころに、佐藤が福田と角栄を呼び、ポスト佐藤は福田に譲るから、角栄はそのあとにまわるよう因果を含める、いわゆる「佐藤調整」がなされるだろうと考えられていました。そして、翌一九七二年一月にアメリカのサンクレメンテで開かれる予定の日米首脳会談が、この佐藤調整がなされる場になるだろうというのがもっぱらの観測でした。というのは、福田外務大臣も、田中通産大臣もこの首脳会談に随行することになっており、三人が顔を合わせる機会が何度もあるだろうから、佐藤調整には絶好と考えられたわけです。

しかし、すでに総裁選に出馬の意向を固めていた角栄は、福田、佐藤と三人だけになる場面を極力避けつづけ、佐藤はついに調整を切り出すチャンスを失ってしまいます。その上、首脳会談がはじまると、ニクソンはその三ヶ月前に首尾よく終わった日米繊維交渉の結果がよほど嬉しかったのか（ニクソンの選挙区カリフォルニアには、繊維業者が多かった）、その立役者であった角栄を大歓待し、昼食会の席では、ニクソンが角栄の肩を抱きかかえるようにしてテーブルに案内し、しつらえられていた席順を無視して自分の隣に座らせるという珍事が発生しました。首脳会談のセッティングに当たった外務官僚たちは、もちろん自分たちの親分である福田外務大臣がニクソンの隣に座るようにセットして、福田の大物ぶりを内外に印象づけようとしていたのですが、それが失敗に終わってしまったわけです。そのあと親睦のために開かれたゴルフ会でも、ニクソンは自分の運転するゴルフカートに角栄を乗せ、福田はそのあとを徒歩で追うという異様な場面が見られました。角栄がポスト佐藤候補として、福田を抜いて最有力になったかもしれないと政治のプロ筋に見られるようになるのはこのあたりからなんです。そういうわけで、日米繊維交渉の妥結は、角栄個人にとっても、非常に大きな意味を持っていたわけです。

日米繊維交渉をまとめた角栄の奇策

――角栄はどうやって、それほど難航していた繊維交渉をまとめあげたんですか？

立花　そこなんですよ。角栄はこの問題は本質的に、外交の問題ではなく、国内政治の問題だと考えたんです。そのようなコペルニクス的転回をすることによって、問題のとらえ方を、百八十度転換してしまったんです。要するに、これ以上アメリカと交渉をつづけてもどうにもなるものではないのだから、アメリカの要求は理不尽ではあるが、やむをえないものとして受け入れてしまおう。日本外交の基本である良好な日米関係を堅持するという立場を貫くかぎり、それしか選択はない。問題は、それによって日本の業界が困ったことになり、損失が相当出るということだ。その損失補塡を十分すぎるほど十分に行い、民間企業が困らないようにしてやればいいではないか。基本はそういうことなんです。

早坂茂三が後に書いた、『政治家田中角栄』（中央公論社）の中では、次のように書かれています。

《田中の考えは会談（ケネディ米特使との下交渉）の後、通産省の幹部に次のような言い方で伝えられている。

「繊維問題は、スジ論だけでは駄目だな。いままでのやり方では駄目だから、この際、清水の舞台から飛び降りる決意が必要だ。（略）最低限の主張はすべきだ。しかし、国内の繊維産業への影響は覚悟して、同時に中小企業対策が必要だ」

これはアメリカに譲歩する一方で、国内の繊維業界に対しては、規制による被害額を算出し、これを補償する救済策を打ち出すことで解決をはかるという、いわゆる

〝田中式〟と呼ばれる解決方法であった。その後の摩擦事件などで多用されることになる方式である。

これには通産省の幹部たちもビックリした。》

日本が経済大国として発展し、貿易黒字がどんどんふくれあがっていくにつれて、日米繊維摩擦と同じタイプの経済外交問題が次々と起きるようになります。それに対応するために、ここにあるように「〝田中式〟解決法」が多用されることになるわけです。

ここに、もう一つの「角栄の遺伝子」の問題があります。

要するに、貿易摩擦問題は、相手を喜ばせる形で決着させるために、国内の業者を泣かせる形でまとめる。しかし、泣いてもらった業者に対しては、財政が出動することによって、十分面倒を見てやる。これが〝田中式〟解決法のエッセンスで、これ以後、貿易摩擦問題ではこの手法が一貫して用いられることになるわけです。

『宰相田中角栄の真実』（講談社）の中で、竹下登元首相は、こう述べています。

《田中先生の業績を挙げろといわれれば、私は迷うことなく通産大臣として解決した日米繊維交渉と、首相として実現した日中国交正常化の二つを指摘したい。

日米繊維交渉は私も佐藤内閣の官房長官として、田中先生の実行と決断力を目の当たりにしたので一層印象が深い。交渉の経過にはあえて触れないが、ここで田中先生が貫かれた大方針は「世界の流れは流れとして受け入れ、あとは徹底した国内生産者対策を練り上げる」ということであった。

それはわれわれがまったく考えが及ばないほどの、大胆かつユニークなものであった。こうした考えは、私が政権を担っていたときに決断した牛肉・オレンジ交渉の際も範とさせていただいたものである。》

ここで言及されている牛肉・オレンジ問題というのは、一九八八年竹下政権下で起きた日米牛肉・オレンジ交渉を、輸入自由化の方向で決着させたことをさしているんですが、このとき自由化のための国内対策費として使ったのが、牛肉五百億円、オレンジ千六十億円です。当初予算では、オレンジ対策費として七百億円しか見積もられていなかったのに、ミカン園の廃園補助金を十アール当たり十五万円から三十万円に倍増させるなど大幅にふやしました。このバラまき国内対策費の増額で、自民党農水族議員は「がんばればいくらでも出てくる」と考えるようになり、以後、農産物輸入自由化問題では、農水族議員のゴリ押しと国内対策費のバラまきが繰り返されるようになります。農産物の輸入は自由化されたのに、農産物価格はさっぱり下がらず（対策費で高コスト構造が維持される）、生産者の足腰もさっぱり強くならないという悪循環が繰り返され、今日にいたっているわけです。

牛肉・オレンジだけではありません。『政治とは何か　竹下登回顧録』（講談社）では、イギリスとの間で起きた、焼酎・ウィスキー問題の解決が、やはりこの日米繊維交渉に範を取ったものであったと述べられています。

《**竹下**　そういう損害救済みたいな国内対策ですね。

そういうことをバッと気がつくのが角さんですよ。大蔵大臣の時にも、山一を無制限日銀特融で助けたということがありますからね。大蔵省に対してもつべこべ言わせないぐらいの人脈も力もある。だからあの繊維交渉ができたのは田中さんの力です。佐藤さんも評価していたようです。国内対策の方で評価した。

僕らもそれを覚えたから、焼酎の酒税を上げるときにも、サッチャーさんが言うことはよくわかりました、（略）「スコッチウイスキーは高くて、焼酎が低いとは何事だ」と、そこまでは言わないけれど。ともかく「わかった」と言って、僕は自然に上げて均していこうと。

山中［貞則］さんと相談したときに思ったのは、やはり僕の発想は角さん的発想ですよ。七百の焼酎業者に最終的には廃業補償をすればいいじゃないかと。それで百億円。その後三百億円にしたんですよ。だから国内の沈みゆく企業に対しての問題を、歳出でカバーして、国際化に対応していくというのを、角さんに習ったような気がするんだね。

――それぐらい、田中さんのそのときの手際は見事だったんですね。

竹下　見事でした。》

損失補塡の大盤振舞

これだけの記述ではわかりづらいでしょうが、〝田中式〟の最大のポイントは、単なる損失補塡ではなく、それを大変な大盤振舞でやることなんです。これなら文句ないだろうというくらいのお金を対策費としてドーンと付けてやる。実際に出た損失を補塡するのではなく、業者が勝手に見積もる「あり得たはずの利益」をベースに、損失の算定を目いっぱいにして、札束でほっぺたをぶっ叩くようにして合意を取りつけるわけです。

当時、通産大臣の秘書官をしていた小長啓一（後に総理大臣秘書官）氏は、「新潟日報」の「発掘　田中角栄」のインタビューで次のように述べています。

《日米繊維交渉での田中さんは機を見るに敏。日米関係と通産省内の空気をさっと察せられて、「対米関係では適正な輸出伸び率は確保する。しかし、一〇％伸びられるところが二、三％になっては、繊維業界が得べかりける利益を失うことになる。業界には思い切った国内対策を講じ、業界の被害を最小限に食い止める。そういうことだと話はまとまるのじゃないのかな」と提言された。

そこから話は急展開して一つの方向が定まる。国内対策といっても大蔵はそう簡単にカネは出さない。田中さんは対策費を積算させてそれを念頭に大蔵大臣の水田さんに電話された。「繊維交渉を死に物狂いでやっている。大蔵もちゃんとやってくれ」

と。（略）それで二千億円を上回る国内対策費をつけた。後々になって〃つけ過ぎ〃との批判が出るんだけど、当時は〃よくぞやった〃との評価を勝ち得たですよね。

国内交渉と対外折衝をワンセットの形でやり、交渉は妥結しました。》

二千億円という、とてつもない予算をつけてしまったわけです。二千億円といったら、この年の相続税の総額（一七四八億円）、社会福祉予算（一六六四億円）などをはるかにオーバーする金額ですよ。しかし、そんなに付けると、ここにあるように、付けすぎの問題が出てきます。竹下は回顧録の中で、こんなことを述べています。

《**竹下**　われわれも知らず知らずのうちに習ったわけですが、（日米繊維交渉と言っても）国内対策ばかりやっているんですよね。機織り機械を廃棄したら補償するというような。その件では、怪我人が二人ぐらい出ましたがね。

——その補償の問題でですか。

竹下　もう老朽化している機械をわざわざ磨いて持っていった。人の名前を言いますと、稲村左近四郎さんという人と、もう一人は民社党の人でした。二人は怪我人になりました。実際、荒っぽいことは荒っぽいんですよ。一つは為替変動にともなう企業の救済策みたいなもので、低利資金を出すとかですね。それから機織り機械を、古くなってどこかへ捨てようと思ったやつまで、みな磨いて持っていって認定して補償したり。

だから、僕らもなんとなくその後は（繊維交渉の後は）、こういう国際経済摩擦は、当面それによって打撃を受ける国内対策だなとしみじみ感じました。》（『政治とは何か（竹下登回顧録』）

大盤振舞のひとつが、自主規制を守るために機織り機械を廃棄したら補償するという話でした。その廃棄機械のチェックが甘かったから、みんな倉庫の中にころがっていた使ってもいない古いさびた機械をひっぱりだしてきて、それがあたかも現用の機械であるかのごとく装って、補償金をふんだくったわけです。こんなのドロボーと同じですよ。補償金というのは要するに税金なんだから、税金ドロボーです。公金横領です。それを業界あげてやることになってしまったわけです。

日本人はどうも悪いくせがあって、親方日の丸だということになると、ムダ金使い放題になるのはまだいいほうで、なんだかだと理屈をつけては、公金を自分のものにしてしまう税金ドロボーのたぐいがやたら出るんです。この国では、公金横領、汚職の根っこがいたるところにあるんです。

この話を聞いて、何か思い出しませんか？　つい最近の話で、狂牛病（ＢＳＥ）疑惑が発生して以来牛肉がさっぱり売れなくなり、牛肉市場そのものがストップしてしまった。狂牛病の疑いが捨てきれない牛肉が流通市場に滞ってしまったので、その分は国が買上げて廃棄処分にするという方針が決まったとたん、本当は買上げの対象にならない牛肉も、買上げ対象の牛肉に見せかけるべくラベルを貼りかえてどんどん持ち込まれた。雪印食品にいたっては、安い輸入牛肉を国産と偽ったラベルに付けかえて、相当の利益を得たというので、詐欺罪にまで問われましたが、この話、日米繊維交渉で廃棄した機織り機を補償することにしたところ、ウソの廃棄機織り機がどんどん持ち込まれて補償金を手にした人がたくさん出たという話とそっくりでしょう。

政府の施策のミスによって、国民に損害を与えた場合、政府がその補償をしなければならないという原則それ自体は正しいわけですが、そのやり方がいい加減だと、このように、無数の税金ドロボーを作ってしまうことになるわけです。そして、こういうことになれてしまうと、公の金に対してどんどん不感症になっていって、汚職が平気で行われるようになる。竹下回顧録で「怪我人が二人出ました」と表現されているのは、一九八六年に摘発された有名な汚職事件、撚糸工連事件のことで、自民党の稲村左近四郎と民社党の横手文雄が逮捕起訴されたことをさします。これは、ロッキード事件以後、しばらく政界汚職に手をつけられなかった検察特捜部が十年ぶりに再起して政界に手をつけた記念すべき事件だったんですが、いま述べてきたことから、これも田中政治の後始末的意味あいを持っていたのだということがわかるでしょう。こういう事件をさして、「怪我人が出た」としか表現しないところに竹下という政治家の人間性がよくあらわれています。

角栄が生み出した「札束でほっぺた」方式

日米繊維交渉が妥結したのと同じ一九七一年に、ニクソンショックの金ドル交換停止があります。これによって、一ドル三六〇円の平価が維持できなくなり、スミソニアン会議（先進六ヶ国通貨会議）で、一ドル三〇八円に変更されます。このとき、戦後ずっと一定に維持されてきた円の価値が一挙に二割近くも減ったのですから、日本経済は大激震に見まわれます。特に輸出産業は、同じものを同じだけ輸出しても、受け取る円が二割近く減ったわけですから、輸出に特化していた中小企業はみんな生きるか死ぬかという騒ぎになりました。角栄は通産大臣として、貿易を担当していたから、その対策をすぐ立てる必要がありましたが、これもまた、財政が「対策費」という形で出動して、業者に対する為替差損で生まれた損失補塡をたっぷりしてやることで切り抜けたわけです。

先の「発掘　田中角栄」の小長啓一秘書のくだりで、そのときのことが次のように回想されています。

《ニクソンショックの時ですか？　これは所管は大蔵大臣でしたが、水田蔵相からしょっちゅう相談があった。（略）田中さんは大きな流れとしては円高方向に誘導しなきゃいけない、との基本線を持っていました。

しかし、燕など輸出に頼る地場産業は大変です。ここでも国内対策をキチンとやった。対策費をつけ過ぎて産地から自立心を奪ったとの批判ですか？　責められるとすれば積算をした通産の事務当局なんでしょうが、担当者は「手厚いことをやらねば納得は得られない」ということでした。》

ここにもあるように、このときの対策費も大盤振舞の「つけ過ぎ」だったんです。

要するに「田中方式」のエッセンスは、つけ過ぎといわれるくらいの対策費をつけてやるということにつきるんです。もっと卑近な表現を使えば「札束でほっぺた」方式とでもいったらいいでしょうか。

この方式、たしかに、何か問題が起きたときに当事者の不満をおさえる即効薬としてはききます。しかし、長期的には、非常に大きなマイナス効果をもたらします。一つは、この小長秘書の発言にもあるように、対策費のつけ過ぎによって、当事者の自立心を奪ってしまうことです。

本当は貿易の自由化に対する真の対策は、自由化されても、国際市場で互角に闘っていけるだけの自力がつくようにしてやるか、あるいはそれが望めないのであれば、別の道に転進できるようにしてやることしかないはずです。そのような意味で、対策費というのは、本来、自力をつけるまでの時間稼ぎあるいは、別方向の転進を可能にするための支援であるはずです。

基本は、当事者たちに、国際環境が変わってしまったのだから、これまでと同じことを同じようにやっていたのでは生活できなくなったんだよということをわからせ、このような環境変化に対応するためには自分が変わる必要性があるのだということを自覚させ、自己変革するための自助努力を支援することにあるはずです。

それに対して「田中方式」がやったことは何かというと、札束で当事者の目をくらまし（当座の不満解消）、頭を混乱させる（何が本当になすべきことかを忘れさせ、予算の分捕り合戦に熱中させる）ことでしかなかったわけです。その結果どうなったかというと、ごく一部の者は自由化に対応する自力をつけたり、転進を果たすことができたものの、大半はバラまき対策費ですっかり自立心を奪われ、バラまき予算中毒症になって、それ以後も、ただただ名目は何でもいいからさらなるバラまきを求める中毒患者の集団になってしまったわけです。

現代日本の経済も政治も、その延長上にあります。貿易の自由化以後、自由化に対応できなかったセクターはバラまき予算中毒症の患者集団になってしまい、そのセクターにかかわる族議員が、中毒患者代表の職業的発言者となって生きのびているということです。

ウルグアイ・ラウンドの対策費、六兆円！

なかでもひどいのが、コメの一部自由化を認めたウルグアイ・ラウンド（多角的貿易交渉、一九九五年協定発効）の対策費です。それまで日本農業の聖域として守ってきたコメの一部自由化がはじまるというので、その対策費としてバラまかれた金額が実に六兆円ですよ。それがいささかでも、日本のコメ農業の足腰を強くしたかというと、そういう要素はまるでありませんでした。日本の農業は昔から過保護政策がとられ、なかんずくコメは、日本農業の根幹であるということで、最も手厚く庇護されてきました。機械化推進、コメ乾燥貯蔵設備整備、農道整備、市場整備、灌漑排水施設整備などのための基盤整備手当、制度融資事業などなど、あらゆる形ですでに予算がたっぷり注ぎこまれていたので、いまさら六兆円の対策費がついたといっても、それで何をしたらいいのか使途が思いつかず、末端にいくと、「名目は何でもいい」とほとんどつかみ金同然の扱いになってしまったというのが実情です。

たとえば、愛知県では、ウルグアイ・ラウンド対策の一環として人口五千人の山あいの町に、「山村都市交流施設」の名目で、工費三億円（うち二分の一を農水省が出し、四分の一を県が出し、町が出したのは四分の一だけ。しかも、その県の出費分も町の出費分も、その大半が地方交付税として国からおりてきた金。要するにほとんど全部が国民の税金）の町営宿泊施設を作ったが、できてもほとんど利用されず事実上の休業状態などという話があります。これに類した話として、やはり山間部で十億円かけてスキー場を作ったがぜんぜん客がこなかったとか、コメ農業とはまるで無縁の、ウルグアイ・ラウンド対策に名を借りて、ただただムダ金（原資は税金）をバラまいて土建事業をやっただけとしかいえないような実例が日本中いたるところにあります。

こういうバラまきをいくらやっても、日本の農業は衰微する一方で、日本のコメは国際価格の約十倍、牛肉は国際価格の約五倍で、国際競争力なんてまるでついていないし、これからも競争力がつく見込みなどまるでありません。

いちばんの被害者は国民です。納税者として、もう何年にもわたって天文学的な税金を農業に注ぎこまされ、その結果生まれた世界で最も高価な農産物を今度は消費者として買わされているのです。

いま日本経済の最大の問題は、国債残高が四百十四兆円にも累積してしまい、一世代、二世代では、とても返せないという国家財政の破綻状況ですが、何がこのような破綻状況を作ったのかというと、根本は、こういうムダ金のバラまきをつづけてきたことにあります。

歴史をたどると、日本農業、特にコメ農業をこれほどダメにした元凶は、米価の「生産費補償方式」にあります。高度成長期の六〇年代、米価（政府買取り価格）は毎年のように上がりつづけました。高度成長期、労働者の賃金は毎年春闘でベースアップされ、月給倍増論が現実のものとなりつつありました。それに対して、農業団体は、「米価は農業労働者の賃金だ」の掛け声のもと、労働者の春闘のように、毎年の米価（政府買取り価格）引上げを闘いとろうということで、毎年夏のはじめ頃になると、「米価要求貫徹・全国農民大会」を東京で開き、大会場の演壇に与野党の農業関係議員をズラリとならべ、米価要求支援を誓わせるなど、派手な運動を毎年のように繰り広げました。農村部は自民党の最大の票田でしたから、政府もこれに応えて、毎年米価を引き上げていったわけです。その際、米価算定の基礎になったのが、生産費補償方式で、要するに、実際にかかる生産費を項目別に分析して、かかったものは百パーセント補償しようというものでした。生産費のなかでも農業労働者の賃金相当部分は、産業労働者の賃金に見合うように引き上げていくというものでした。

問題は、産業労働者の賃金は、各企業とも常に国際競争にさらされているため、生産性の向上に見合った額しか上げることができず、各企業とも毎年血のにじむような合理化努力を労働者に求め、労働者の側もそれに応じて生産性を向上させたが故に賃金引き上げをかち取っていたのに、農業労働者の賃金部分は、生産性向上の努力とは無縁に政治力で引き上げられていったために、生産性がさっぱり向上しなかったことです。さらなる問題は、かかった生産費はとにかく百パーセント補償するという基本方針そのものにありました。こういう気前がよすぎる方針があると、コストを下げようという合理化努力のインセンティブがなくなってしまいます。つまり、農業においては、労賃以外のコストについても、企業においては当然なされる、あらゆる側面においてコスト引下げをはかるという経営合理化の努力がほとんどなされなかったのです。要するに、生産費補償方式によって、日本の農民は、国にオンブにダッコでぶら下がり、議員をつき上げてもっと農業予算をと叫んでいれば食べていけるという、依存心だらけの存在になってしまったんです。これが今日の日本農業の惨状を招いた最大の原因です。この生産費補償方式をフル活用して、農業セクターへの気前のよいバラまき農政をはじめたのが、池田内閣時代の田中角栄大蔵大臣なんです。

角栄はそのあと、昭和四十三年（一九六八）の第二次佐藤内閣では、自民党の米価調査会長になって、いわゆるベトコン議員たちの先頭に立ち、米価審議会が米価引上げ幅約三パーセントを答申したのに対して、基本米価を五・五パーセント引き上げた上に、出荷調整費だの、総合農政推進資金だのといったさまざまな「政治加算」を加えて、実質六・四パーセントの引上げ（米審答申の倍以上）をかち取ってしまいます。こうしてとめどない高米価時代の幕が開かれます。当時はそれでも、日本の米価は国際価格の二倍程度にとどまっていたのですが、これ以後、需給を無視した（すでにコメあまり時代に入っていた）政治加算による米価引上げが当たり前になり、米価国際価格の十倍時代までそれがつづくのです。

田中角栄という人は、とにかく、気前がいい人で、お金をバラまくのが大好きですから、自分のお金を身のまわりの人（政治家）にバラまくだけでなく、国の予算を作る立場になると、このようにして、これまた派手なバラまき政治をずっとやってきたわけです。

経済の状況によっては、金をバラまくことが必要な場合もありますが、一般的には国家財政の必要以上のバラまきは、経済の健全な発展を阻害するとともに、国家財政に赤字を蓄積させ、財政破綻を導いてしまいます。

それがいま現に日本に起きていることであり、そのもとをたどっていくと、以上のように角栄全盛時代のバラまき政策に淵源を発するものが多いんです。

バラまきがどんどん行われるようになると、ミツにむらがるアリのように、その金の流れにむらがる族議員が誕生してきます。

ＢＳＥ（狂牛病）問題に関して、何があの失政を招いたかを分析検討したレポートが

「ＢＳＥ検討委員会」から出されました。そこに「自民党を中心とする農水族議員」の影響の大きさをはっきり指摘し批判するくだりがあったのに対して、当の農水族議員たちが怒り狂い、そのくだりを削除させるという騒ぎがありました。報道によると、自民党の江藤隆美農水部部長は、農水省の幹部職員を呼びつけて、「無礼者」と怒鳴りつけた上で、「農水省の役人は二、三年でポストが代わってしまい何も知らない。国会議員が意見、指導するのは当然だ」と言い放ったとあります（「中国新聞」二〇〇二年四月三日）。こういう連中が日本の農政を徹底的にダメにしてきたんです。こういう連中が、農水官僚を恫喝して大威張りしながらひたすら金取りに走りまわり農業のためになる政策を作るような顔をしながら実は農業を食い物にしてきたんです。ウルグアイ・ラウンドの対策のときなんかほんとひどかったんです。

たとえば、九七年夏の平成十年度予算の農水省概算要求では、ウルグアイ・ラウンドの対策費は七百六十六億円でしかなかったのに、農林族の圧力で年末の大蔵原案ではそれが一千七百億円強と二倍以上にふくれあがってしまったんですよ。それを伝える当時の新聞には、こうあります。

《自民党農林部会終了後、幹部は、高笑いしながら、こう言い放った。

「全戦全勝。われわれは負けたことがない」》（「産経新聞」一九九七年十二月二十三日）

農林族議員は全戦全勝なのに、日本農業は連戦連敗という実情が、日本の戦後農政が、ノー政に終わってきたことの証明です。

V

角栄直系最大族議員は「道路族」

――族議員は農林族だけじゃないでしょう。

立花　角栄直系の最大の族議員といえば、なんといっても道路族ですよ。角栄は道路族のゴッドファーザーです。角栄は昭和二十八年に、「道路整備費の財源等に関する臨時措置法」という法律を議員立法で作って、道路予算を一挙にふやし、道路族の元祖になったわけです。

――それが例の、ガソリン税を道路整備の財源にしてしまった法律なんですね。

立花　そうです。昭和二十八年ですから、日本中にまだろくな道路がなかったころです。道路を作ろうにも、財源がないということで、道路整備がさっぱりすすまなかった。それがこの法律のおかげで、財源の手当てができたということで、まず道路整備五カ年計画が策定され、道路の計画的建設がはじまるわけです。だから、はじめは、この法律も存在意義があったんです。しかし、しばらくすると、この法律は化け物になり、日本経済を公共事業中毒症にして、日本の政治を道路族天国にしてしまうわけです。はじめは、まだ自動車がそんなにない時代ですから、ガソリンの消費も少なく、年間三十二億円ぐらいの税収にしかなりませんでした。しかし間もなく税収は倍々ゲーム的に増えていきます。もともとこの法律は、目的税は財政規律を乱すということで、五年間の時限立法とされていたのに、五年の時限が切れる昭和三十三年には、道路整備緊急措置法と道路整備特別会計法ができて、このシステム（ガソリン税で道路を作る）が国の道路作りの基本システムとなります。

モータリゼーションの進展とともに税額はどんどん大きくなり、昭和三十六年には千五百億円をこえてしまいます。それとともに、道路整備が急激にすすみ、それに伴って車が増え、ガソリン消費も増えていきます。そしてついに、いまでは年間の道路特定財源（今は道路財源の構造が複雑になり、ガソリン税のほかに、一般会計の公共事業費の一部なども加わって、道路特別会計になっている。しかし主体はガソリン税）の総額がなんと、五兆五千五百億円（二〇〇二年度）ですよ。これはすでに防衛費（二兆六八八〇億円）の二倍を越えてしまうというとんでもない金額です。こんなに道路に毎年金を注ぎこみつづけている国は世界のどこにもありません。すでに道路は基本的には整備されているのだから、財政の基本原則に早く立ちもどって（目的税は特別措置としてはじめ五年間だけ許された。そのあと、五年の時限が切れるごとに、特例が引きのばされて今日にいたってい る)、この財源を道路以外のもっと社会整備が遅れた部門にも使えるようにすべきなんです。そういう動きは以前からあるのに、道路族の頑強な抵抗にあってそれができず、こんなにふくれあがってしまったわけです。

道路整備五カ年計画は、昭和二十八年以来、五カ年たって計画が終了するたびに、新しい五カ年計画を最スタートさせて、いまや第十二次五カ年計画（二〇〇二年終了）です。こういうことを半世紀以上もやりつづけてるんです。それでも建設省は、日本の道路は欧米にくらべるとまだ足りない、まだ質が低いといいつづけて、道路に金を注ぎこみつづけ、毎年、公共事業費のトップはここ数十年来、道路整備なんです。戦前の日本は、国防予算に税金をたれ流して、日本を国防国家にしてしまったわけですが、角栄以後の日本は、土建事業中心の公共事業に国防費以上の税金をたれ流して、日本を土建屋国家にしてしまったわけです。その中核にあるのが道路整備事業のわけです。

――だけど、建設省は、道路が足りない、質が低いといいつづけてますね。

立花　それはウソなんです。たとえば、よくいわれることで、道路舗装率が、欧米ではほとんど百パーセントなのに、日本ではまだ七割程度みたいないい方があります。あれも、グローバル・スタンダード（舗装がしてあれば舗装道路）からいえば、日本はとっくに舗装率ほぼ百パーセントです。それなのに、建設省は日本独自の舗装道路の定義を作って、側道がなければ舗装道路とは認めないとか、側溝がなければ舗装道路とは認

身だしなみに気づかう田中角栄。ピシッとしたオールバック

昭和51年にお国入りした田中角栄。支持者に熱狂的に歓迎される様子

めないなどといって（そんなものは、世界のどこの国にいっても、都市の中心部以外ない）、道路整備事業をつづける口実としているわけです。

それでも、道路整備事業を継続する口実がなくなってくると、今度は、道路の規格をどんどんグレードアップして、高規格道路をあふれさせはじめているわけです。国道はもちろん、地方道もどんどん高規格化して、もうやるところがなくなってくると、今度は農道や林道を高規格化道路にするという事業をはじめて、いまや田舎に行くと、国道なみのスーパー農道、スーパー林道がいたるところ走っているという状態です。

こういう法律や整備計画を作って、道路整備をどんどん進めるようにした角栄に対して、建設省の道路局は全く頭が上がらないことになります。そして、角栄に何か頼まれたら、何でもいうことを聞いてやるという関係になるわけです。先の「新潟日報」の「発掘　田中角栄」の中で、高橋国一郎元建設事務次官は、こんなことをいっています。

《田中さんと官僚との関係ですか。やっぱり僕らは道路財源を確保するガソリン税法などを通じて、田中先生に大変な恩義を感じていますから。頼まれたことはできるだけ協力するのにやぶさかではなかったですよね。私に限らず建設省としてですね。》

同じ頼み頼まれる関係が、建設省と建設族議員一般の間にできていきます。道路を作る、あるいは改良することは、選挙民に対する最良のサービスの一つですし、道路局にちょっと顔をきかせれば、道路建設あるいは道路改修事業に地元の土建業者を入れてやることができます。その見返りに政治家は、業者からの政治献金を期待できるし、選挙のときには、選挙運動の応援も期待できます。ということで、道路族の議員が全国的に生まれ、角栄はそのドンになります。道路だけではありません。橋、トンネル、堤防、港湾設備、ダムなどなど角栄は建設省のやる仕事のほとんどに顔をきかせて建設族の親玉になっていきました。田中派では建設利権をにぎりつづけるために、建設大臣のポストをにぎりつづけます。それによって建設省ににらみをきかせるだけでなく、建設省のOBを次々に田中派から選挙に出してやるということもしてきました。さらには、日本道路公団、首都高速道路公団、水資源開発公団、新東京国際空港公団などなど、建設省関係の特殊法人を沢山作って、そこに建設官僚たちを次々に天下りさせてやったりと、角栄の建設官僚たちへのサービスはいたれりつくせりでした。かくして、建設省と田中派は、ほとんど一体といってよいような癒着関係をずっと築いてきたのです。

「自分の利権に直結する」法律だけを作り出す

建設省OBから参院議員になった人は八名もいます。角栄は、自民党幹事長になって以後、自民党の議席を一つでもふやすために、さまざまな省のOBを、積極的に引っぱりだしました（所属は必ずしも田中派ではない）。多くの省が強力な全国組織を持っていますから、その組織を利用して省ぐるみ選挙（公務員がその立場を利用して選挙運動を行うことは本来違法行為だが、さまざまなカムフラージュ組織を作ることで、現実には省ぐるみ選挙がさかんに行われている）をやらせれば、相当数の議席が確保できると読んだのです。参院の全国区（比例区）は、一定以上の全国組織を持っているところが組織選挙をやれば必ず議席がとれます。大きな組織なら、東西に選挙区を割って、毎期二人ずつ、計四人を出すことができるし、建設省のように、全国的に多くの関連業者を動員できる組織だと、その倍の八人も出すことができるわけです。全国的に大きな組織力を持つ農水省、自治省（地方自治体、消防など）などは六人の議員を出してますし、運輸省（旧国鉄、港湾、運輸、観光、自動車関連）、大蔵省、郵政省、警察庁など、いずれも四人の議員を出しています。厚生省、防衛庁、労働省なども、複数の議員を出しています（省庁名は、角栄時代当時）。

かつて参院は、知性と良識の府などといわれていたのですが、ある時期から、知性と良識とはほとんど無縁の巨大労働組合、巨大宗教、巨大職業団体（医師、薬剤師、歯科医師など）、巨大利益擁護団体（軍恩連、遺族会など）など、巨大団体の代表オンパレードのようになり、その中でも、国内最大の組織である日本国の官僚組織代表がグループとしては最大の議席数を持ち、戦前の貴族院に官僚ＯＢがゾロゾロならんでいたことを彷彿させるような状態になってしまったのも、角栄全盛時代にはじまっているのです。

――そういえば、そうだ。昔は参院というと、党派はともあれ、なかなかの人物がそろっていると思えたのに、ある時期から特定の組織に関係ない人には、あの人だれとしかいえないような人ばかりならぶようになった。

立花　そういう転換を中心的にやったのが、角栄なんです。だからこそ、自民党内で政争がはじまると、参院自民党の主流をにぎる旧田中派＝経世会が圧倒的な強さを誇るわけです。現在の自民党内の勢力地図で、青木幹雄自民党参院幹事長が実力者ナンバー・ワンの座にあるのも、こういう背景からです。

官僚ＯＢの議員は例外なくその省の族議員の指導的立場につきます。田中派があらゆる族議員があつまる集団になり、ある時期から角栄が「わが派は総合病院だ。あらゆる種類の専門医がいるからどんな陳情でも対処できる」と誇らしげに語るようになったのも、同じ背景からです。

先の早坂秘書の分析にもあったように、日本という国家は本質的に官僚国家であり、官僚が動かしているわけですが、その官僚体制全体をいちばん政治的に代表している政治的党派が田中派＝経世会の流れであるともいえるわけで、彼らが政権にいちばん近いところにいつづけられたのも、不思議ではないといえます。

角栄を再評価する人々にいわせると、角栄は議員生活四十二年の間に、議員立法を三十三件もなしとげ、その記録はいまだに破られていないなどといったことをさかんにいいたて、立法府の議員としてさも立派な政治活動をしてきたかのごとくいいますが、角栄の議員立法の大部分は、こういう道路関係の法律や、特殊法人作りの法律だったりして、いずれも利権に直結している法律なんです。そして、このようにして作った特殊法人のかなりのものが、小泉改革（あるいはそれ以前からの行政改革）の対象として、整理されようとしていたり、あるいはすでに整理されてしまっているものなんです（たとえばすでに整理、改革されてしまったものとして、「北海道東北開発公庫」「旧日本開発銀行と統合」、「愛知用水公団」「水資源開発公団と統合」、などがあり、廃止が決定しているものとして「住宅金融公庫」「五年以内に廃止」、民営化、統廃合が論議されているものに、「日本道路公団」「首都高速道路公団」「水資源開発公団」「日本鉄道建設公団」「新東京国際空港公団」「日本住宅公団」「本州四国連絡橋公団」などがあります）。

土建屋による、土建屋のための政治

結局、角栄がやってきた政治を一言で総括するなら、一方ではこのような、「官僚に癒着した官僚のための政治」といえますが、もう一方では、「土建屋による、土建屋のための政治」といえるんじゃないかと思うんです。あらゆる官僚の中で角栄がいちばん癒着していたのは建設官僚で、建設省が発注する土建公共事業が常に角栄の最大の関心事でした。

建設省にできるだけ多くの予算をまわしてやり、建設省にできるだけ多くの公共事業をさせてやり、日本全国の土建業者たちにできるだけ多くの仕事をさせてやれば、日本の経済が活性化すると同時に、日本の国土全体がよりよい方向に改善されていく。こういう考えが角栄の基本的政治的アイデアとして彼の心の奥底に昔からあるんです。

——要するに日本列島改造論ということですか。

立花　というより、列島改造論はあとから生まれたもので、最初にあるのは、この基本イデー（建設省、公共事業、土建業者の三位一体体制が日本を作る）のほうなんです。それがどこから生まれたかというと、角栄の『私の履歴書』（日本経済新聞社）に出てくる有名なエピソードなんですが、少年時代の土方体験なんです。角栄は、高等小学校を卒業したけれども、地元には適当な就職口がなく、まずやったのが、土方仕事でした。当時昭和八年（一九三三）の不景気時代で、田舎では、県が国の補助金でやっていた救農土木工事の一日五十銭の土方仕事くらいしかなかったのです。そのとき、こんなことがありました。

《現場には、おもしろいじいさんがいて、私にこんな話をしてくれた。「土方土方というが、土方はいちばんでかい芸術家だ。パナマ運河で太平洋と大西洋をつないだり、スエズ運河で地中海とインド洋を結んだのもみな土方だ。土方は地球の彫刻家だ」。》

（『私の履歴書』）

彼はこのじいさんの言葉にすごく感激して、この言葉を心にきざみつけます。そのこともあってか、角栄が社会に出て最初に公式についた仕事も、土木関係でした。県の土木部の出張所が柏崎にあって（柏崎土木派遣所）、そこの雇員になって、土木仕事の監督をしたりしたのが、最初の仕事です。やがてその仕事にあきたらなくなり、十六歳のときに上京して最初についた職業も、群馬県の土建会社井上工業の東京支店の住み込み小督という仕事でした。土方、大工、左官などの現場労働者を差配する仕事と、現場監督の手伝いが主な仕事でした。この間、多少は他の仕事も試みるのですが、結局、自分に合っているのは、土木建築関係であることを自覚して、十代の終わりには、その道で生きていこうと決心します。そして、早くも十代の終わりに自分で建築事務所を開き、二十代前半には土木請負業をはじめて、若くして、実業家の道を歩きはじめます。二十五歳のときに、本格的土建会社、田中土建工業を創設して、社長におさまります。

最初の選挙は、田中土建の社長のまま出馬し、そのとき彼は、「新潟と群馬の県境にある三国峠を切りくずしてしまえ。そうすれば、新潟に雪が降らなくなって、新潟は雪の苦しみから逃れられる。切り崩した土は海に運んで、新潟と佐渡島をつないでしまえ」という、壮大な土建屋的国土改造の夢を語ったりしています。

最初の選挙で落選し、次の選挙で当選するのですが、そのとき彼は、最初の落選の反省から、「選挙は直営でやらなければならない」(『私の履歴書』)と考えて、新潟県下のあちこちに「田中土建」の営業所、出張所を作り、社員を動員して選挙運動をやるという土建屋の企業ぐるみ選挙を展開して当選しています。

その頃角栄は、戦後民主主義を高く評価して「土建屋でも国会議員になれて立法権を行使できる時代」といい、実際、国会での質問を、「私は土建業者でございますが――」ときりだしたりしています。明確に土建業者代表の意識をもって、政治活動をはじめたわけです。その後も一貫して、土建業者の仕事を拡大するという方向で政治活動を展開します。そして、土建業者の仕事の大半は、建設省が発注する公共工事ですから、建設省との癒着をどんどん進めていったわけです。角栄は最初に国会議員になったときから建設委員会に所属して、建設行政の一元化を叫び、農林省、運輸省などに分散している建設事業（鉄道建設、水利事業など）も、すべて建設省に所轄させてしまえと主張する（必ずしもそうはならなかった）など、一貫して建設省寄りの発言をしていきましたから、はじめのはじめから建設族議員だったわけです。

その後、田中土建そのものはなくなりますが、地元新潟では、土建業者をみんな自分の後援会「越山会」に入れてしまい、選挙ともなれば、それがみんな手足となって動くわけです。そして、毎年予算の季節になると、角栄の「江戸家老」といわれた目白私邸の秘書ナンバー・ワンの山田泰司秘書が、新潟に出張してきて、地元の各市町村長のところをまわり、公共事業の希望を聴取します。そして、その優先順位を勝手に決めて（これは「越山会査定」と呼ばれていた）、それを建設省、農林省（いまや地方の公共事業の相当部分（約二割）が農水省［七八年改称］管轄になっている）に話をつなぐと、角栄の全盛時代はそれがそのまま中央政府の施策として実現されたのです。そして、それら公共事業の実施段階においては、業者間の仕事の分配に越山会が絶大な力をふるい、選挙運動の協力度などに応じて仕事を割りふっていたのです。また業者が大きな仕事を受ける場合は、一定のマージンを政治献金などの形で上納させており、これが角栄の政治資金の基本ベースになっていたわけです。

そしてこの角栄の地元における公共事業を中心に据えて癒着しあった政官業の三位一体体制が、自民党議員たちの地元政治システムのプロトタイプになっていったわけです。それが集積されて自民党議員中心の全国的な政治腐敗システムができあがっていったんです。

利をむさぼる政官業の三極癒着

後述するように、早坂秘書は、角栄の場合、公共事業で口利きをすると、平均二パーセントの口銭をとっていたといいます。

そこまでシステム化した形ではやらないにしろ、自民党の政治家の多くが、多かれ少なかれこのようなタイプの土建屋政治に走ったのです。これぞ角栄の遺伝子の最も大きな悪影響だと思います。この時代の日本の政治を、「土建屋政治」と一言で総括した人がいますが、実際、中央の議会にも、地方の議会にも、何人もの土建屋（出身）ないし、土建屋の支援を受けた議員たちがいて、土建屋の仕事につながる公共事業に国や地方自治体の予算をたっぷりつけ、その仕事を土建業者たちが談合によって分配するわけです（これがバレると、いわゆる談合事件になるが、談合はいまでも日常茶飯に行われている）。政治家はこの仕事の分配過程に首を突っこみ、顔をきかせるなどして自己の政治的影響力を行使し、それを自分の選挙の票につなげたり、政治資金を集めたりするわけです。

こういう流れが、日本の保守政治の基本構造を作っているという現実が日本のすみずみにあった（いまもある）わけです。その流れの一部がときに露顕して、汚職事件になったりするわけですが、露顕しない流れのほうがはるかに太いのです。

こうした地方の公共事業現場と土建業者にまつわる金の流れとは別に、中央政治の場において、政官業の三極が癒着して利をむさぼるというもっと大きな保守政治を支える構造があり、そちらのほうではもっと大きな政治資金が動いていたりするのですが、それにもかかわらず、保守政治のいちばん大きな基盤は、この地方で展開される公共事業を中心とする土建業者と政治家（中央、地方）の癒着構造の中にあるわけです。なぜなら、政治家にとって何より大きな関心事である選挙において、実際の票集め活動を展開する上でいちばん頼りになるのは、地元で多くの人間を動かす経済活動を日常的に展開している土建業者だからです。土建業者に結びついているヒト、モノ、カネの流れをつかむことが国政レベルの選挙運動のベースになります。もっぱら浮動票できまる都市部の選挙とちがって地方の選挙では、地元の地に足をつけたヒト、モノ、カネの流れをどれだけつかめるかで勝負がきまることが多いのです。地方で、公共事業を中核とする流れとならんでもう一つ大きなヒト、モノ、カネの流れを形成しているのは、農業（含農業系公共事業）を中核とする流れです。自民党がいつまでたっても地方で強いのは、中央政界でこの二つの流れの源流（建設官僚と農水官僚）をしっかりつかむとともに、地方においてこの二つの流れの末端部分をしっかりにぎっているからです。

いまの日本で起きている困った問題のほとんどが、この「土建屋国家ニッポン」の体制からきています。一連の秘書の口利き疑惑など最近の政界不祥事の多くが、ここからきていることはもう説明するまでもないでしょう。この「土建屋国家ニッポン」の体制というのは、言葉を換えていえば、公共事業を政治家が利権化する流れ、あるいは、政治家が公共事業を食いものにする流れといってもいいんですが、それは一歩まちがうと、すぐに汚職です。この流れの中からどれほど多くの汚職事件が生まれたか、これまた説明するまでもないでしょう。

もう一つ角栄の遺伝子から生まれた困ったことといえば、銀行の不良債権問題です。

「列島改造ブーム」と「銀行不良債権問題」

——それもつながりますか? もうひとつピンときませんが。

立花 銀行の不良債権問題を、金融システムの問題とか、銀行の経営問題といったとらえ方をしているかぎり問題の本質は見えてきません。

銀行の不良債権は抽象的な問題としてあるのではなく、まず、個々具体的な不良債権としてあるのです。不良債権というのは、要するに、銀行から巨額の借金をしたけど、それが返せなくなった一つ一つのケースです。普通なら銀行はそういう場合にそなえて取ってあった担保を処分して貸金を回収すればいいわけですが、その担保を十分取ってなかった、あるいはその担保の価値が下がってしまったので、担保を処分しても貸金が回収できない状態にあるのが不良債権です。なぜそんなヘマなことが起きたのかというと、銀行の取った担保のほとんどが土地で、しかもその土地の担保評価がバブル期にバカみたいにはね上がった地価をもとに算定されたものだったからです。地価（全用途平均）はバブル期（一九九〇年三月）を一〇〇とすると、二〇〇二年三月には六五・三まで下がっています（日本不動産研究所資料）。この値下がりのためほとんどの担保が処分できないか（土地取引市場が冷えこんでいる）、できても貸金を回収できない状態にあるわけです。

そもそも、そのような巨額の借金をした人がその借金で何をしたかというと、ほとんどの場合、そのいまさら売るに売れない土地を買ったわけです（借金で買ってすぐに担保に入れた）。もちろんその土地を転売するなり、あるいはそこにマンションでも建ててそれを売るなり、その他の事業をそこで展開するなりしてもっと儲けるつもりで買ったわけですが、そういう目論見が土地の急激な値下がりで全部パーになってしまったわけです。要するに銀行の不良債権のほとんどはバブル期に高値づかみして、そのまま売るに売れないでいる土地がその実体なんです。

土地ブームのときに、土地でもっとボロ儲けしてやろうと借金で土地を買った連中が手前勝手に描いていた夢がその実体なんです。夢の時代はもうとっくに終わったのだから、早く現実にめざめて、夢の中のおいしい話をみんな忘れて、バブルを徹底的に清算しないかぎり日本経済の再生はありません。

なんでこんなに不良債権が激増してしまったのかというと、戦後一貫して土地が値上がりをつづけてきたため、地価が下落することはないという土地神話が生まれ、その土地神話の上に日本の経済が築かれ、日本の資本主義がいつのまにか土地本位制資本主義（土地は金《きん》と同じように価格が安定していると考えられ、土地の担保さえあれば銀行はいくらでもカネを貸した）になってしまったからです。

ではそのような土地神話がいかにして生まれたのか、あのバブル期の地価高騰がなぜあそこまでいったのかを考えると、これまた角栄の遺伝子がもたらしたものと考えざるをえません。

――あの列島改造ブームですか。

立花　それも大きいですが、それだけではありません。あのブームのときも、全国的に土地投機がものすごく行われ、土地で儲けた人がたくさん出た。しかしその直接の延長線上にバブルが生まれたわけではありません。地価の右肩上がりの上昇はもっとずっと前からつづいています。土地神話をもたらすような角栄の政策も、もっとずっと前からはじめられているんです。昭和二十年代、角栄が代議士になったはじめからといってもいいかもしれません。要するに、国土開発の流れです。

昭和四十九年に、列島改造論を現実化していく担当官庁として、国土庁ができ、国土利用計画法ができます。この法律はあのとき突然生まれたものではありません。その流れは終戦後の国土総合開発法からはじまっているんです。「地球の彫刻家」を自負する角栄にとって、国土開発は、最初から最大の関心領域なんです。昭和三十年代の前半に、衆院建設委員会の中に地方総合開発小委員会ができて、日本全国各地方に国費を投じて国家主導の開発をどんどんすすめていくべきだという流れが生まれます。この小委員会の委員長を若き日の角栄がやっているんです。後の列島改造論にいたるような発想は、この頃から一貫してあるんです。地方の開発を総合的、一元的に扱うような実施官庁を作るべきだという、後の国土庁にそのままつながるような考えも、この頃から出しています。

――じゃあ、列島改造論の起源は古いんですね。

立花　それは国土開発の流れとしてはじまり、ずっとたってから列島改造論に収斂していくんです。だから列島改造の主務官庁として国土庁ができるんです。バブル時代が終わるとともに国土庁が廃止されたのは象徴的です。国土開発の基本法として、角栄は昭和二十五年に「国土総合開発法」を作り、自民党政調会長だった昭和三十七年には、具体的な開発計画として、「全国総合開発計画」（一全総。目標年次昭和四十五年）を作ります。目標年次が近づくと、今度は「新全国総合開発」（新全総。または二全総とも。目標年次昭和六十年）を作ります。列島改造論はこの流れの上に出てくるんです。それは、全国に二十五万都市を作って、それを新幹線と高速道路網で結んでしまえという、超巨大国土開発計画でした。これが発表されると、あっちでもこっちでもサア開発だということになって、土地投機に火がつくわけです。

しかしいま述べたように、そのずっと前から、開発の流れはできていて、現実の開発計画も進行していました。目ざとい人（企業）はすでに国の将来開発計画を聞きだしては土地を先行取得して儲けるということをはじめていたんです。地価は右肩上がりで上昇という基本的な状況は、列島改造ブームのずっと前、全国総合開発計画ができたあたりからはじまっていたわけです。

統計資料を見るとすぐにわかることですが、戦後の地価の対前年比をずっと見ていくと、地価が下がった（対前年比がマイナスになった）というのは、バブル崩壊以前は、たった一度しかありません。列島改造ブームがポシャッて、戦後最大の不況がおしよせた、七六、七七年の時期です。それ以外は、日本の土地は一貫して、対前年比で一割以上の値上がりをつづけてきたんです。地価変動のカーブを見ていくと、国土開発計画がいかに地価を煽ってきたかがわかります。一全総でも二全総でも、大きな開発計画が出ると、地価の上昇率はたちまち二割を越えました。列島改造ブームの時代になると、三割から四割というとんでもない地価上昇が起きます。その後、その反動から地価は一時下落しますが、福田内閣から大平内閣にかけての三全総で、地価は再び二割上昇の時代を迎え、中曽根内閣時代の民活都市再開発ブームで、再び地価は上昇率三割から四割という暴騰の時代を迎えます。これが四全総を経て、そのままバブルの時代につながっていくわけです。

要するに、地価が弱含みになるたびに、国土開発計画のムチが入って、また地価は上昇し、そのあげくにバブルの急坂を駆けのぼり、頂上まで行きついたところでへたりこんでしまった（その結果が不良債権の山になった）ということなんです。

この国土開発と地価上昇の連鎖反応という戦後日本経済の基本構造（バブルへの道）を作り、それを政治的にプッシュしつづけたのが角栄だったんです。バブルの源流ははっきりいって角栄なんです。角栄と国土開発官僚ないし建設官僚たちが、バブリーな夢を何度でも繰り返し繰り返しふりまきつづけたことがバブルを作った最大の要因です。

それでできあがった地価の右肩上がり構造をうまく利用して政治資金を作ってきたのも角栄でした。角栄は、値上がりしそうな土地を自分で事前に買い占めては儲けるということをかなり前からはじめており、それで自分の政治資金も相当手当てしていたわけです。四十七年の総裁選挙の資金も、後に述べるように、基本は土地で儲けたものです。

角栄、小佐野賢治をはじめ、土地投機で儲ける人たちが続々生まれて世間の評判になり、やがてその辺の小金持ちまでみんな土地投機に走るという状況がさらに十数年にわたってつづきます。ついに一般大衆レベルまで、いま借金してでも土地を買わないと一生土地が買えなくなるとあせりだし、過大なローンで無理をしてでも土地を買うようになったとき、どうしようもないバブルの火がついたわけです。そしてついに、ブームの果てのガラがきて、下落しないはずの地価が下落しはじめたら、下落が次の下落を呼び起こすデフレスパイラル的地価下落がはじまり、とどのつまりは、土地投機者たちが高値でババつかみした土地が銀行に不良債権の山としてたまってしまったというのが、現在の状況ですよ。

あわれなのが、バブルの頂点でローンで高値づかみをしてしまった一般大衆です。バブル期にブームに浮かれてバカなことをしていた銀行や企業が、公的資金注入だの、銀行による債権放棄（要するに借金棒引きということ）だのといったさまざまな公的私的支援策を受けて救済されつつあるのに、彼らは誰からも救済されず、デフレ不況下でも必死でローンを返しつづけているわけです。結局、このバブル破綻現象の大もとを作ったのは、日本国の土建国家システムそのものなのだから、そこに怒りを集中して、そこを改変しないかぎり、日本の未来はないと思いますね。

国土計画が日本を土建屋国家に変えた

——そうすると、日本を土建屋国家にしてしまった一番の根底には、国土計画があるというわけですね。

立花　そういうことです。国土計画の基本計画として、十数年おきに、新しいバラ色の全国総合開発計画を作っては、その実現のためと称して、××建設促進法とか、××整備促進法といった法律を作って、その法律で指定された地域にたくさんの公共事業を興して、国費をボンボン投じたわけです。各地方は競って、その総合開発計画の枠の中に入れてもらおうとして、陳情に陳情を重ねる。その枠に入れれば、とりあえずは、巨額の公共事業予算が上からおりてくるので、一時的に地方は活性化する。地元土建業者はウケに入り、景気も一時的にはよくなる。しかし、こういうバラ色の総合開発計画はほとんどが失敗して、最終的には各地にその残骸を残すだけで終わっているんです。はじめのほうから名前だけあげていくと、一全総では、新産業都市建設促進法と工業整備特別地域整備促進法。二全総（新全総。列島改造計画）では、新幹線、高速道路、航空路による全国ネットワーク化計画であり、全国数ヶ所の超大型工業基地建設計画（北海道苫小牧、青森むつ小川原、西瀬戸、周防灘、志布志湾）だったわけです。三全総は最初、モデル定住圏計画であり、それが途中でへたると、代わって登場したのが、テクノポリス（高度技術工業集積都市）構想であり、田園都市国家構想だったわけです（途中から両者融合して田園テクノポリス構想などになる）。四全総は、民活による都市再開発とリゾート法（総合保養地域整備法）による大規模リゾート開発です。

こういう名前をならべてみると、そういえば、一時期あっちでもこっちでもそういう計画をかついでみんな浮かれていたなということを思い出すでしょう。このように全国各地に拠点を作って、それを核として全国を開発していくというタイプのバラ色の国土計画は、それぞれ一時期もてはやされただけで、ほとんどが失敗しています。全国から陳情が殺到してくるので、たいてい四十ヶ所くらい拠点に指定されるのですが、そのうち成功して実績を残すのは、せいぜい二ヶ所程度で、あとは失敗して、日本全国、国土開発計画の死屍累々というのが、日本の国土の現実です。

要するに、一時期、全国各地の地方行政体が、箱モノ作りに熱中して、各地にホールとか市民会館をたくさん作ってみたけど、中身にさっぱり資金を投じなかったので、ほとんどの箱モノがただそこにできたというだけで終わってしまったのと同じように、工業用地だ、テクノポリスだと夢を描いて、インフラ整備の公共事業だけはしっかりやったけど、結局、いくら誘致しても、企業も研究機関も来てくれず、整備したインフラも利用されずに終わるという、箱モノ行政の末路と同じようなことが全国で起きたわけです。

中でも悲惨な例は新全総の苫小牧《とまこまい》東部地区巨大工業団地でしょう。一万ヘクタールの土地に、石油精製、石油化学、非鉄金属、自動車工業などからなる一大工業基地を作るというふれこみで、国費、道費合わせて、数千億円をつぎこみ、それなりに立派なインフラは整備したものの、誘致企業はさっぱりきてくれず、売れた土地はわずか八パーセントで、あとはほとんど原野同然のまま残ってしまいました。用地の造成分譲にあたった第三セクターの苫小牧東部開発株式会社は、巨大な赤字を累積させ、膨大な借入金の利息を払うためにさらに借金しては赤字を積み重ねるというどうしようもない悪循環におちいり、ついには、同社の主たる株主にして、巨額な資金の融資元でもある北海道東北開発公庫（同公庫はもう一つの失敗開発計画、むつ小川原開発の主体にもなっていた）の足をひっぱり、事実上同公庫は倒産して日本開発銀行に吸収されてしまったわけです。

同じように悲惨な運命をいまだたどりつつあるのが、新全総の一環として、四国と本州の間に、三本の橋をかけるべくできた本州四国連絡橋公団です。児島・坂出ルート（瀬戸大橋）、神戸・鳴門ルート、尾道・今治ルートの三つの橋はできたものの、利用者はさっぱりふえず、同公団の累積債務は四兆五千億円にも及び、その金利が払えなくなり、金利支払いのための融資も受けられず（黒字になる見通しが全くないから金融機関も金を貸さない）、いまはただ開係自治体から出資金を増額してもらっては、その資本金を食いつぶす形で金利を払って生きのびているという状況で、企業ならとっくに倒産しているところです。あんな巨大な橋を三つもかけて採算がとれるわけがないことは、作る前からわかっていたことです。最初は大蔵省も予算をつけなかったのですが、時の自民党幹事長田中角栄が、四国にいる大平正芳、三木武夫の二人の実力者に配慮して、政治力によって四十五年予算に強引にねじこんだのが、このバカげたプロジェクトの発端になったんです。これまた角栄の巨大なマイナスの置き土産といえます。この橋も計画時にはバラ色の夢がたくさん語られていたんです。橋ができたら、観光客がどんどん進出してくるし、産業もどんどん進出してきて、すぐに経済が活性化するから、橋は三本でも足りなくなるとかね。

一全総以来、一連の国土計画は、失敗に次ぐ失敗なのに、何度でも同じようなことが性懲りもなく繰り返されてきました。それは、親方日の丸の計画だから、その計画に地方が乗ると、大型公共事業の予算がついて、一時的にたしかに地方経済はうるおうというカンフル効果のためです。この国は、日本全国一全総以来一貫して、公共事業のカンフル中毒症におちいってしまって、もっと公共事業を、もっと公共事業をの叫びをあげつづけるのが常態の国になってしまったわけです。そして日本全国にカンフル剤の副作用として残ってしまったのが、日本全国の地価上昇です。地価上昇の波はバラ色の夢が語られるたびに日本全国をおおい、やがてその夢がみんな破れて、現実がおしよせてきたとき、バブルがはじけたということです。また、こういう経済構造の中で公共事業を地元にひっぱってこられる政治家が実力ある政治家と評価される時代がずっとつづいて、今日の自民党全盛時代を築いたわけです。その中心が一貫して、建設省、国土庁に圧倒的に強い田中派の代議士たちだったために、それは田中派（経世会）全盛時代ともなったわけです。

そのあたりを、本間義人『国土計画を考える』（中央公論新社）は、次のように分析しています。

《この時期、土地のほかに、政治家とカネを結びつけることになった媒体に公共事業がある。一全総、二全総ともに全国に公共事業をばらまいたが、一全総がいわば「点」的に公共事業を展開したのに対し、二全総は「線」的、「面」的な公共事業を繰り広げた。新幹線、高速道路が「線」、国際空港、同港湾、大規模工業基地などが「面」にあたる。それら公共事業がかつてない規模でおこなわれたのである。

公共事業でもっとも注目されるのは「箇所づけ」である。いつ、どこで、どれくらいの規模の、どのような事業がおこなわれるかということである。企業（土木建設業）と地元は、自らを豊かにする「箇所づけ」を知るのに血眼になるが、その情報は中央省庁が一手に握っている。それは建設省、運輸省、あるいは農水省といった公共事業官庁ということになるが、これら省庁が情報を独占しているということは、その省庁を支配している政治家のところに情報が集中することを意味する。この時期でいえば、田中の情報量がもっとも大きい。田中と企業、地元とのつながりが、公共事業を軸に年々より強固なものになると同時に、田中のところには情報の見返りとしてのカネが入ることになる。もちろん、その過程で多くのミニ田中がうごめいたのはいうまでもない。（略）

このように、マクロの政治体制においても、ミクロの政策過程においても、官の情報にもとづき、権力を有する政が、事業がほしい財界にその口利きをして政治資金を得る手法が一般化し、政・官・財の構造的な三角関係がより強固に構築されていった。二全総以降のロッキード、共和、リクルート、談合、佐川急便事件、ヤミ献金事件等は、おおかた田中がまいたタネから派生したものといってよい。それらはすべて土地と公共事業とその許認可に関連したものであった。田中は一全総〜列島改造論に至る過程でその手法をフルに活用して、結局はロッキード事件で自縄自縛に陥ったが、その手法だけは今日に至るまでなお生きているといっていいだろう。》

要するに、国土計画によって、日本全国を公共事業の網でおおってしまうという、角栄の土建屋政治が残したものが、政治の汚職体質と、日本全国の地価高騰だったわけです。それがいま二つとも清算を迫られているわけです。

「口利き政治」「利権政治」こそが角栄の遺伝子

——角栄はバブルの頂点の時期に脳梗塞でひっくり返ってしまったから、自分が長年にわたって旗をふってきた政策がこんな結果をもたらし、日本経済をドン底に追いこんでしまったことなど何も知らないで死んでしまったわけですね。

立花 少しは本人にも責任を取ってほしかったけどね。ともあれ、この土建屋政治の流れの中に、いま起きている一連の政界不祥事の原点があるわけです。口利き政治、利権政治の原点です。これが、日本の政治システム全体にいきわたってしまったもう一つの角栄の遺伝子の問題です。

——そちらの遺伝子は真紀子はあまり受け継いでいないでしょう。

立花 うん、受け継いだのは真紀子じゃないね。それは狭く考えたら、田中派→竹下派→小渕派→橋本派とつづく、経世会の流れに受け継がれたといってもいいし、個々の派閥ではなく、自民党全体に受け継がれたといってもいい。最近の事件でいえば、鈴木宗男議員の口利き疑惑、井上裕参院議長秘書の口利き疑惑、加藤紘一の秘書の口利き疑惑、鹿野道彦議員の秘書だった尾崎光郎の業際研による各種口利き疑惑などいろいろありますが、問題になった議員の派閥別色分けをやってみればすぐにわかるように、もはやこの遺伝子問題は（旧）田中派プロパーの問題ではなくなって、明らかに自民党全体をおおう問題となっています。自民党全体が角栄の遺伝子に汚染されてしまっているんです。

族議員が役所に食いこんで、あらゆる事業についての内部情報を取り、それを業者に流し、業者と役所の間に入って口利きをしてやり、そのお礼として一定のパーセンテージのピンハネをして政治資金を作る。そういう行為は、角栄以前の時代からあるにはあったけど、それをシステム化してやるようになったのは、角栄の時代からです。そして、先に述べたように田中派の強みは総合病院にたとえられていました。田中派は、あらゆる族議員の連合体で、相互扶助体制がしっかりできているから、選挙民から何を頼まれても、田中派内の族議員ネットワークをたどることでそのための口利きをしてやることができるというわけです。口利き政治が悪いことだと思われていなかった時代（ついこの間までそうだった）は、このシステムが自慢のタネになっていたのです。

田中派のもう一つの特徴は、こういう利権口利き政治のネットワークとして、議員秘書のネットワークができていたことです。口利きの相互扶助は、議員レベルまであげなくても、議員秘書同士の助け合いで話をつけることができたわけです。役所から情報を取るのも、役所への口利きも実務的には秘書がやっていたから秘書がどんどん力をつけていったわけです。

最近の政界不祥事のほとんどが秘書がらみの事件であるのは、こういう背景があるからです。また、鈴木宗男議員のような怪しげな議員が生まれたのも同じ背景です。鈴木宗男代議士は、かつて実力者故中川一郎代議士の秘書を長年にわたってやっていました。その間に、中川代議士の名前を使っての口利き（金集めとフィクサー）稼業に熱心に取り組み、鈴木秘書に頼むと、たいていのことは解決できるといわれ、地元北海道では実力秘書の名前をほしいままにしていました。それとともに、彼の集金能力はどんどん増していき、ついには、中川代議士も、鈴木秘書なしには政治資金が十分手当てできなくなったばかりか、さまざまな話がどこでどうなっているのかもわからなくなり、あらゆることで鈴木秘書に頼りきるようになります。中川代議士が一九八二年の総裁選に出馬して落選したあと、鈴木秘書との間で激しいトラブルが持ちあがり、ついに中川代議士は自殺に追いこまれてしまうのですが、その背景に本当のところ何があったのかはいまだによくわかっていません。総裁選の資金作りのため、鈴木秘書が相当危ない資金に手を出し、その結果、中川代議士が政治家として致命的スキャンダルをかかえこむことになったともいわれますが、真相は闇の中です。

要するに、政治の世界がどんどん利権化し、そこから生じる金の流れなしには現実政治がたちいかないところまでいってしまうと、その流れを実務的に取り扱う「汚れ役」が必要になり、その汚れ役が自分でも政治的野心を持つようになると、ああいうタイプの政治家が生まれるということです。そして実は、先にも述べたように、角栄自身がこのタイプの汚れ役（佐藤栄作にとっての）として実力者の道を切り開いていった政治家だったということです。

鈴木宗男はミニ角栄と呼ばれていましたが、実際二人は似たようなコースを飛翔したわけです。そして、あまり飛ばないうちに近接地点で墜落してしまったのが宗男であり、はるか遠くの地点まで飛んでから落下したのが角栄だったといえるかもしれません。

Ⅵ

闘う集団「田中派秘書軍団」の凄さ

立花　田中派の議員同士の強い結合を表現する言葉として、〝田中派軍団〟という表現がありましたが、田中派は議員の軍団もすごいが、田中派秘書軍団はもっとすごいといわれていました。

田中派秘書軍団の強さの背景にはもう一つ別の相互扶助体制もありました。最近、社民党の辻元清美議員の秘書疑惑で、ああいう問題が起きた背景には、社民党の秘書の間で、秘書は代議士が落選するとそのまま失業してしまうので、失業した秘書の救済措置として、そういう秘書を、秘書がまだいない新人議員の秘書にはめこむといったことが組織的に行われていたのではないかということが、さもそれが悪いことであるかのように報じられていました。しかし、実はそういう相互扶助体制（失業秘書の面倒を見てやる）は、すでに田中派の秘書軍団の中でできあがっていたのです。代議士が選挙に落ちたら、秘書も失業という事態は昔からあったからです。その相互扶助体制が田中派秘書軍団のもう一つの強さの背景でもあったわけです。

情報研究所編『田中角栄最新データ集』（データハウス）は、田中派の強さの秘密の一端が秘書軍団にあると分析した上でその一項目に、次のようなことを記しています。

《互助会システム完備

議員が落選すると秘書も当然「失業」してしまう。しかし木曜クラブ秘書会では「失業」はあり得ない。田中軍団の他の議員事務所か、木曜クラブの事務局で働き、自分の先生が戻って来るのを待つことができるのである。》

早坂茂三秘書もこう書いてます。

《落選した代議士の周りには、職を失い、呆然自失する秘書もいる。家族を抱え、子どもの教育費がかかり、住宅ローンも払わなければならない。銀行から借金したくても担保がない。そういう失意の元仲間をスタッフが手薄な政治家のところに、暫時、あずける。彼は安定した職場を得て、オヤジの復権を待つことができる。

（略）私の経験によれば、日本社会党には、これがない。》（『駕籠に乗る人・担ぐ人』）

社民党（旧日本社会党）がやっと同じシステムを作ったら、マスコミでいっせいにぶったたくというのもおかしな話です。

田中派秘書軍団の中でもすごかったのは、田中角栄が個人的にかかえていた秘書団です。それは、田中事務所、目白私邸、選挙区、それに総理在任中は首相官邸の四ヶ所について、それぞれちがう機能を果たす数十名の秘書からなる集団でした。それ自体が一つの軍団みたいなものでしたが、秘書団としてまとまって行動していたわけではありません。それぞれが直接角栄につながり、それぞれが異なる機能を分担していたのでそれぞれが角栄の分身みたいなものでした。この秘書団のすごさがわからないと、田中角栄はわかりません。この秘書団の構成もそれぞれの構成員が果たしていた機能も非常に複雑ですので、この先少しずつ語っていくことにします。

とりあえずいっておくと、この秘書団のトップには、越山会の女王といわれた佐藤昭秘書と角栄のスポークスマンであった政務担当の早坂茂三秘書がいました。また、特殊な金脈秘書のトップとして山田泰司秘書がいました。

佐藤昭秘書は、角栄個人の秘書であり、愛人であるとともに、田中派秘書軍団のヘッドみたいな役割も果たしていました。彼女自身が、雑誌「政界」(二〇〇一年四月号)のインタビューで秘書軍団の強さをこう語っています。

《――振り返って見て、なぜ田中派は、田中軍団といわれたと思われますか。宏池会は、「公家集団」と呼ばれても、軍団とはいわれません。

佐藤　所属議員が、田中に惚れ込み、一致結束したのはもちろんですが、各議員に仕える秘書さんたちも、田中に心服していたからではないでしょうか。田中派は、秘書の研修会をおこなっていた。田中自身が講演し、「あなた方の力が、田中軍団を支えているのだ」と感謝し、いっしょに写真を撮り、「おい、がんばれよ」と声をかけながら肩を叩いていく。みんな感激し、田中のために懸命に働いてくれた。田中派の国会議員は、一人ひとりが勇将だった。勇将のもとに、弱卒なし、という。勇将に仕えている何十人もの秘書が、自分の仕える議員のため、田中のために一丸となって働いてくれた。田中派は戦う集団だった。》

角栄のこういう秘書団とくらべると、真紀子の秘書団は異様です。議員会館の真紀子の部屋を訪ねたジャーナリストはみんなあそこは変だといいます。あそこの秘書は名刺をくださいといっても、くれません。そんなものはないといいます。名前は？　と聞いても、名乗りません。名前を聞かないとあとの連絡の取りようがないといわれているといいます。名前なんか名乗るんじゃないと、議員（真紀子）から、大丈夫です。わかるようにしておきます、という。事実、あとから連絡すると、用件は通っているのだそうですが、それにしても変でしょ。名前も名乗れないなんて、常識外れですよね。秘書疑惑が起きたので、防衛上そうしているのかというとそうじゃなくて、その前からそうだというんです。要するに秘書たちは真紀子から一人前の人格的存在として扱われていないんです。真紀子という勇将のもとには、弱卒なしどころか、人間なしなんです。真紀子に惚れこみ、真紀子に心服し、真紀子のためなら火の中、水の中もいとわないというような、角栄の秘書みたいな献身的な人たちがいないんです。

秘書による不祥事頻発時代のはじまり

——そういわれてみると、たしかに真紀子の秘書の中には、佐藤昭や早坂に匹敵するようなパワフルで、しかも忠誠一途な秘書は一人もいません。

立花　田中派秘書軍団のパワーが一挙に示されて世間を驚かせたのが、昭和五十三年（一九七八）十一月の自民党総裁選予備選でした。それまで、総裁選の予備選などというものはなかった（党大会における国会議員と地方代議員による無記名投票で決めていた）のですが、自民党政治の金権腐敗のもとは、すべて総裁選で買収が横行することからきているというので、この年からはじめて予備選が導入されたわけです。予備選が導入されても買収がなくなる保証はないのですが、それまでの選挙人がおおむね五百人程であったのに対して、予備選の有権者は全国の党員、党友全員ですから、一挙に百五十万人というオーダーになって、費用の点ひとつ考えてもそれまでのような札束が乱れ飛ぶ無茶苦茶な買収合戦は避けられるだろうと考えられたんです。

この年の予備選では（予備選の方式は、そのときどきで何度も変わっている）、千票を一点として各県に持ち点を配分し（総点数約千五百点）、各県ごとの選挙で持ち点の行方を決め、最後に全国集計するというものでした。アメリカの大統領選予備選をまねした二段階選挙になっていたわけです。大事なポイントは持ち点の多い大票田の県の選挙で負けると、打撃が大きいということです（アメリカでもカリフォルニア、ニューヨーク、テキサスなど大票田の行方が勝負を決める）。

この昭和五十三年予備選に出馬したのは、福田、大平、中曽根、河本の四人で、事前の予想では、時の総理大臣の福田が圧勝する（「読売」の予想では福田九百点、大平三百七十点）だろうとされていました。特に持ち点百二点を持つ大票田の東京で大平が圧倒的に弱い（中曽根と福田が圧倒的に強かった）のが最大の問題といわれていました。しかしこの東京で、田中派秘書軍団が大活躍して、その形勢を引っくり返してしまうのです。後藤田官房副長官の指揮のもと、党員名簿を手に入れた秘書軍団全員が手わけして、八万人の全党員の家をローラー作戦で戸別訪問してまわったのです。その結果、東京では福田六十点に対して、大平四十二点で（事前予測ではほとんどゼロ）二位につけることができ、これが大きな転機となって、大平は全国的に票を伸ばす結果になりました。その背景では、角栄自身が全国の有力者に電話をかけまくって投票依頼したり、佐藤昭以下の秘書軍団が手分けして電話作戦を展開するなどしたことが大きかったのです。最終的に大平は七百四十八点を獲得し、二位の福田六百三十八点に百点以上の差をつけトップになったため、福田は敗北を宣言して（予備選で圧勝するつもりだった福田は予備選に負けたら本選は辞退すると宣言していた）、総裁をやめざるをえないことになってしまったわけです。金脈退陣とそれに続いたロッキード事件以後、角栄は政界の表舞台から引っこみ、いわば謹慎状態に自分をおいていたのですが、この大平政権樹立によって一挙に態度を変えます。謹慎を解き、政治的な発言と行動を堂々とするようになります。福田をつぶし大平を首相にしたことで、田中にはキングメーカーたる実力が立派にあることが証明されたので、それからの長い闇将軍時代の第一歩をここに踏みだすわけです。その大逆転の実動部隊をになったのが、秘書軍団であったことから、それは同時に秘書軍団の全盛時代のはじまりともなったわけです。

大平政権のはじめと終わりで、田中派秘書軍団大活躍

――言葉を換えていえば、それは秘書大いばりの時代のはじまりであり、今日の秘書による不祥事頻発時代のはじまりともなったわけですね。

立花　そういうことです。大平政権のはじめに、このような秘書軍団の活躍があったんですが、大平政権の終わりのときもまた、佐藤昭秘書が先頭に立って、秘書軍団が活躍するんです。

一九八〇年、大平内閣の末期、社会党が提出した内閣不信任案に対して、三木、福田の反主流派が欠席戦術に出たため、不信任案が衆院を通過してしまいます。それに対して、大平はただちに解散に打って出て、それが参院選の寸前であったため一挙に史上初の衆参両院のダブル選挙になります（いわゆる五・一六政変）。

実はこのとき、主流派、反主流派の話し合いで、前日までに不信任案は否決されるべ

くセッティングがすべてととのっていたといわれます。ところが当日、議員たちが議場に入ってから、主流派（田中派、大平派）と反主流派の間で突発的に起きた衝突の中で、急に対立がぬきさしならぬところまでエスカレートして、ほとんどハプニングのようにして不信任案が通過してしまうんです。そのとき、不信任案は否決されるとばかり思っていた大平は茫然自失状態におちいります。『私の田中角栄日記』には次のようにあります。


《驚いてテレビをつけたら、大平さんの苦渋に満ちた顔が大きく映し出されていた。

翌日、狼狽した大平さんから田中に何回も電話がかかってきた。

「兄貴、兄貴、どうしよう。どうしたらいいんだろう」

「君は座して死ぬつもりか。解散だ、解散だよ。打って出るんだ」》

この「兄貴、兄貴、どうしよう」のくだりに、大平のオロオロぶりと、困ったときの田中への一方的なよりかかりぶりがよくあらわれています。大平と田中の間の関係は事実この通りだったようです。大平が最初に国会議員に当選したのは、昭和二十七年で、田中の五年後輩（年齢的には大平が八歳上）になるのですが、大平は当選してすぐのころから田中を「兄貴、兄貴」と頼りにしていたのです。

実は佐藤昭が田中の秘書になったのも昭和二十七年からで、彼女はその頃からこの二人の関係をよく知っていました。はじめて議員会館にいったときのことを彼女はこう書いています。

《木造の二階建てで、「ここで本当に日本の国政が行われているのだろうか」と思うほど建物はみすぼらしい。中庭の草むらの中からはヒキガエルやヘビがにょろにょろ顔を出したりする。(略)田舎の木造小学校のような感じで、廊下を歩くとギーギー音がする。

第一議員会館の二百十号室。部屋の広さは十畳くらいしかない。細長い部屋は薄いグリーンのカーテンで二つに仕切られ、入口に近い方に秘書用の机がひとつ、奥の側に議員の机とソファベッドになる長椅子が一脚おかれている。電話は一本しかなく、あとはカーテンのわきに扇風機があるだけ。》

第一議員会館には大物政治家が多く、一号館には、佐藤栄作、池田勇人、益谷秀次、林譲治、緒方竹虎、迫水久常、橋本龍伍などがおり、田中がいた二号館には、吉田茂、黒金泰美、福永健司、坂田道太、などがいました。

《一号館で有名ではない議員はまだ当選したばかりの大平正芳さんぐらいのもので、その大平さんはちょこちょこっと来ては「兄貴いる?」。年は上でも議員としては後輩だったので、いつも田中を兄貴と呼んでいた。》

というわけです。

このあたりの記述を読むと、佐藤昭秘書がなぜあれだけ政界で重きをなしていたかがわかるような気がします。田中角栄の時代ですら、政界でこれほどのキャリアを持つ(ナマの吉田茂を知っている)人は、ほとんどいなくなっていたのです。橋本龍太郎なんかオヤジ（橋本龍伍）の代から知っているから、橋本は佐藤昭を「ママ、ママ」と慕い、首相になっても佐藤昭からは小僧っ子扱いだったのです。

大平は「兄貴」の叱咤によって解散で反撃します。

《大平さんは衆院を解散。六月二十二日の参院選と同じ投票日に、史上初のダブル選挙を行うことになる。

十九日、田中派は「ホテルニューオータニ」で総会を開き、田中が「初心を忘れず、全員帰ってきてほしい」と悲痛な演説。翌日、私も田中の名代として、何百人もの秘書の前で激励の言葉を述べる。

「皆さん、田中派の国会議員が八十三人しかいないのに強力な田中軍団と呼ばれているのは、あなたたち秘書さんの力があるからです。常在戦場で刻苦活躍されている皆さんに何の恐れがあるでしょう。一丸となって戦って、全員が帰って来られることを祈ります」》

佐藤昭は、それまでも田中の名代として、議員へのカネ配りなどしょっちゅうやっていたのですが、このときは秘書軍団の前に立って、全軍を叱咤激励する演説までやっているのです。

ここで、佐藤昭のことをもう少し語っておきましょうか。それというのも、佐藤昭のことを抜きにしては角栄を語れないし、また、佐藤昭を抜きにしては真紀子を語れないからです。なぜかというと、真紀子にとって、佐藤昭という存在は、最大のトラウマでありつづけ、角栄をはさんで熾烈な女の戦いをつづけた相手だからです。この女の戦いがわからないと、真紀子がわかりません。

真紀子と佐藤昭が奪い合った「角栄の心」

――父親の愛人と娘の戦いですか。

立花　角栄は真紀子を娘として溺愛していたけど、佐藤昭のことも深く寵愛していました。二人は角栄の心を奪いあう関係にあったわけですが、当初は二人の存在感に圧倒的な差があります。なにしろ、二人は年の差が十六もあるんです。佐藤昭が角栄の秘書になったとき（佐藤昭二十四歳）、真紀子はまだ小学校三年生（角栄三十四歳）で、佐藤昭が角栄の娘を生んだとき（佐藤昭二十九歳）、真紀子は中学生です（角栄三十九歳）。娘を生んだくらいですから、そのころの佐藤昭はまだ女盛りです。『私の田中角栄日記』には、彼女の三十代の写真が何枚かのっていますが、なかなかの女っぷりです。佐藤昭は娘を生む少し前から出産と子育てに専念するため、事務所から離れます。その間に、角栄がはじめて大臣になったことをニュースで知ったといいます。真紀子の子供のときの写真でいちばん有名なのが、郵政大臣になった角栄が里帰りして、新潟の実家で半裸になってくつろいでいるところをいっしょにとったもの（次頁）ですが、あれがちょうど、佐藤昭が娘を生んだころになるわけです。

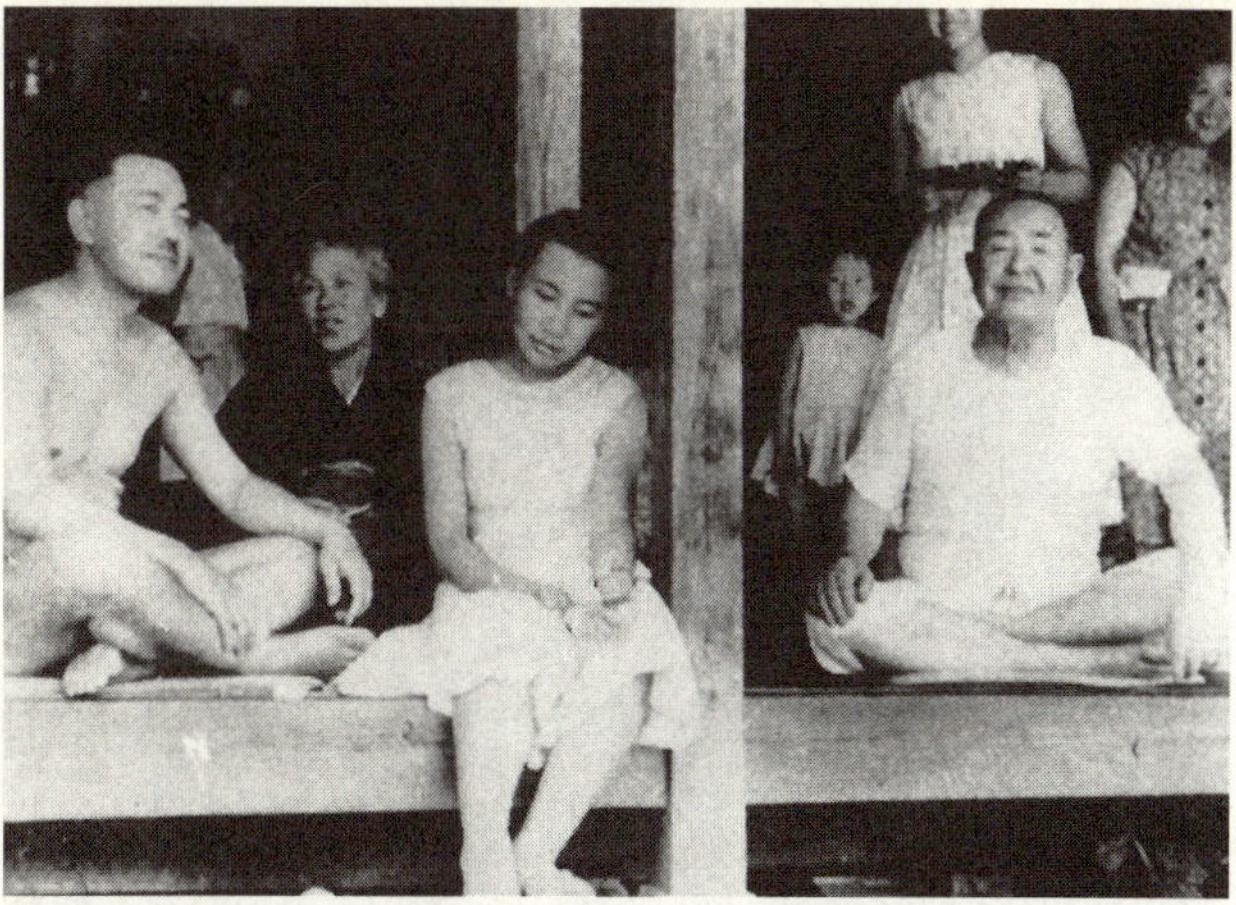

昭和32年７月、郵政相として里帰りし、生家でくつろぐ田中角栄（左端）。真ん中が真紀子

左は角栄の母親フメ。戦後最年少の郵政大臣になった喜びが伝わってくる

　このあたりから、角栄は、政調会長になり、大蔵大臣になり、幹事長になりして、政界実力者の道をひた走り、総理の道を切り開いていくわけですが、この間佐藤昭は常に角栄のすぐ脇にいて角栄を助けていました。それに対して、真紀子のほうは、高校二年から三年にかけてアメリカに留学し、帰ってきてからは、早稲田大学の商学部に入り、劇団「雲」の研究生になり、それから間もなく鈴木直紀と結婚して（真紀子二十五歳）、父とは別の家（目白の私邸から車で三分ほどの文京区関口台）で暮らすようになるなど、角栄とは離れた時間をすごしがちになります。真紀子が政治家田中角栄の生活に深くかかわるようになるのは、角栄が総理大臣になり、表に出たがらない母・はなさんに代わって、父親のホステス役をつとめるようになったときからです（真紀子二十八、二十九歳、佐藤昭四十四、五歳）。

　といって、そのあたりからずっと、角栄にとって真紀子の存在感が佐藤昭以上のものになってしまったというわけではありません。真紀子の影響力が佐藤昭以上になったのは恐らく、金脈問題で総理大臣をやめるかどうかで角栄が悩んだ時期ぐらいでしょう。あのときはたしかに、真紀子の意向が勝ちをしめます。七四年十月金脈問題が火を噴いたあと、自民党の内部からも田中辞めるべしの声が広まりはじめ、角栄は強行突破するか、辞めるか、ギリギリまで悩みつづけます。十月二十八日から、オーストラリア、ニュージーランド、ビルマへの外遊が決まっていました。出発前の二十五日、角栄が参院議長の河野謙三と会うと、河野が会見後に、

「田中総理は、現在の時局を深刻に受け止めている。私の感じでは、ハラを固めているようだ」

と、記者団に語ったために、角栄退陣か？　の予測がマスコミをかけめぐります。河野が記者団にそう語った背景には、河野が、ここで角栄に無理をさせるより、やめるきっかけづくりをしてやったほうがよいと考えたからだという説があります。

佐藤昭『私の田中角栄日記』には、その説の裏づけとなるようなエピソードが紹介されています。

《〈昭和四十九年十月二十八日（月）快晴

田中、ニュージーランド、オーストラリア、ビルマの三カ国に外遊。国会も新聞も毎日毎日、金脈問題で大騒ぎ。「帰ったら解散するかもしれないから準備しておいてくれ」と田中。一縷の望みをかけて中央突破か。泥まみれになっても田中を支えていくしかない。〉

ニュージーランドに出発する前、細川護熙さんが事務所にやって来た。参院の河野謙三議長から、田中への言づけがあるという。

「〝田中総理はまだ若い。このままやっていると、どんどん傷を負うばかりだから、ここで辞職して、再度復権をしたらどうか〟というのが、河野さんの温かいお言葉です」》

――メッセンジャー役が細川だったというのが意外ですね。

立花　細川は参院田中派の主要メンバーの一人だったんです。角栄は、河野からのこのメッセージを聞いても、まだやめる気になるどころか、むしろ強気だったといいます。

《河野さんの言づけを田中に伝えた時、田中が言った言葉は、

「おい、帰ってきたら解散するかもしれない。用意をしといてくれ」

というものだった。田中は辞職する気などなく、解散、総選挙で乗り切るつもりなのだ。田中がそう言うなら、途中で挫折しようと何だろうと、死に物狂いで補佐するしかない。各選挙区の資料を集め、急いで準備を始めた。》（同前）

このあたり、佐藤昭と角栄の関係の深さがよく出ています。

しかし、外遊から帰ると、角栄は突然弱気になってしまいます。

《ところが、十一月八日に帰国した田中に選挙準備の報告をすると、一転して解散はやめにしたと言う。

「あんた、出かける前に私に選挙の準備をしとけって言ったのに、そんなにくるくる簡単に変わるの」

そう言って責めると、

「やはり、俺が辞めなければおさまらないと思う」

田中は、すっかり弱気になっていた。外遊中にいろいろ考えたのだろう。自分の健康問題もあったし、刎頸の友と言われた入内島金一さんや私に対して要求が出ている証人喚問のこともあった。》（同前）

十一月八日に帰国すると、三日後の十一月十一日に、内閣改造をはかります。わざわざ新しい内閣を作ったのですから、このときはまだやめる気にはなっていなかったはずです。強行突破可能だと思っていたようです。十一月十八日にフォード大統領がはじめて来日するという外交日程をこなしたあと（十一月二十六日）、正式の辞意を表明し、改造内閣は一ヶ月もたずに消えてしまいます（十二月九日総辞職）。

角栄の意志を萎えさせた真紀子の強力な意志

退陣を決めたあと、角栄は早坂秘書に、

《「日本武尊《やまとたけるのみこと》が枯野で火に囲まれた時のようなものだ。草薙剣《くさなぎのつるぎ》を振るえば血路を開けるのだが——やはり、できること、できないことはあるものだ」》

と語ったといいますから、ギリギリまで、強行突破を模索していたのでしょうが、最後は、気力がつきるわけです。改造内閣で官房長官をつとめ、退陣の弁を代読することになった竹下は、回顧録でこう述べています。

《**竹下**　場合によっては選挙をやってでも、という気持ちが、数日間、ア・フュー・デイズぐらいはあったかもしらん。それだから心身共に疲れ果てているという感じでしたね。

——田中さんが元気であれば、三派体制で乗り切るという可能性もないわけではなかったんですね。

竹下　しかし、それ以上に体力・気力のほうがほんとうに駄目になったという感じでした。》（『政治とは何か　竹下登回顧録』）

なにがそれほど急速に角栄の気持ちを萎えさせたのか。一つは、先の佐藤昭の『私の田中角栄日記』にあったように、改造内閣が発足すると、すぐに国会での金脈追及がますます激しいものになり（内閣改造したその日に、前述の、金脈釈明会見をやったにもかかわらず、国会でもマスコミでも金脈追及ははげしくなるばかりだった）、十一月十五日には、決算委員会の理事会で、佐藤昭秘書をはじめ、刎頸《ふんけい》の友の入内島金一（室町産業社長）、竹沢修（新星企業社長）など、四名が参考人として招致されることに決まった（この段階では時期未定）ことだろうと思います。角栄には、これが相当の心理的プレッシャーになったと思われます。

この頃角栄は、中国の文化大革命で、政治家が三角帽子をかぶらされて民衆の前に引きずりだされる「人民裁判」のようになるのはいやだといっていたと伝えられます。自分の愛人が国会の決算委員会に引きだされて追及を受けるのは、人民裁判と同じと感じていたのでしょう。

参考人招致を受けた佐藤昭はこう反撃しました。

《ある福田派の参院議員は、私をなだめようとして田中派の議員を通じて言った。

「ママは参考人だから、いいじゃないか。参考人は出頭を拒否できるよ」
「参考人であろうが何であろうが、私はそういうところでさらし者になるのが嫌なのよ。出頭を拒否すれば、向こうは証人喚問に切り換えてくるわよ。いいわ、その時は私も覚悟を決める。私は気が小さくて、それに記憶力がいいから全部しゃべっちゃうわ」

この話が福田派の議員にも伝わったのかどうか。四日後、私の参考人招致は白紙にもどされた。》（『私の田中角栄日記』）

角栄の金が政治家の誰にどれだけ配られていたかなどということが佐藤昭の口から国会で証言されたりしたら、それこそどんな騒ぎになったかわかりません。私はあのとき、参考人招致がなぜ白紙撤回されたか知らなかったのですが（実は私も参考人として呼ばれることになっていた）、このくだりを読んでなるほどと思いました。自分のことが暴かれたら大変だとあわてた議員たちがストップをかけたのでしょう。

しかし、本当のところ、そのときの、角栄辞任の決断の最後の引き金になったのが何だったのか、佐藤昭は、こう書いています。

《田中はフォード大統領が帰国した直後に、総理辞任を決めていた。辞意表明は内閣改造から、わずか二週間後のこと。田中が辞任を決意した理由は様々だったと思う。健康問題、金脈問題の追及……さらに恐らくその最大の理由は愛娘・真紀子さんの強力な意思ではなかったか。田中は、ただひたすら心身ともに疲れ切っていた。》（同前）

腹違いの兄弟と妹の存在

立花　「文藝春秋」十一月号の児玉隆也論文「淋しき越山会の女王」で佐藤昭の存在が明るみに出てから、真紀子は角栄をそのことで相当激しくなじったといいます。

後述するように、真紀子はかなり前から、佐藤昭という女性秘書がいることは知っていたし、顔も知っていました。しかし、その女性が角栄と男女の仲にあるということは、この記事が出るまでは知らなかっただろうし、まして、自分と腹違いの妹になる子供までいるということは知らなかったはずです（この事実は児玉隆也論文には出てこないが、間もなく週刊誌で暴露されてしまいます。政界では周知の事実だったから、隠しようがなかったのです）。

角栄には、神楽坂の辻和子のところに、京と祐の二人の息子がいることは、角栄が二人を早い時期に（一九五七年。真紀子十三歳のとき）認知していたため、真紀子も早くに知っていたはずです（戸籍謄本を見ればすぐわかる）。角栄はこの息子たちを認知しただけでなく、目白の一家に隠すことなく堂々と可愛がっていました。それにも真紀子は早くから不満を持っていました。上杉隆『田中真紀子の恩讐』（小学館）には、次のようにあります。

≪毎年、辻家の息子たちにとっての真の「元旦」とは、一月二日のことであった。なぜなら、角栄が、この日を神楽坂の正月と決めて、朝から一緒に過ごしてくれるからだ。

兄弟の喜びに満ちた「正月」は、「姉」の真紀子にとっては逆に、悲劇の「正月」であった。元秘書が語る。

「年始客がひっきりなしにやって来る目白の正月で、一月二日だけは様子が違いました。先生（角栄）があっちの家（神楽坂）に行っていないためか、どことなく違った雰囲気がありました。お嬢さん（真紀子）もその理由がわかっているだけに、周りも気を使いました」》

真紀子は、この二人の息子たちの存在を決して許そうとはせず、角栄が病気に倒れて目白の私邸にいるようになると、角栄と息子たちを断固として会わせませんでした（かつて角栄が元気なときは、角栄のほうから二人を目白に呼びよせて会うこともありましたが、そんなことは絶対にさせなかったのはもちろん、角栄が神楽坂に行くことも許しませんでした）。角栄が亡くなったときも辻家側に知らせることなく、葬式の参列も許さず、遺産の分配にも応じようとはしませんでした（しかし二人の息子には法的相続権があるから、これは違法になり、辻家側から訴えられた真紀子は遺産の一部を分与せざるをえなかった）。

真紀子はそういう心情の持ち主ですから、佐藤昭の国会喚問のニュースを知ったとき、それだけは絶対に阻止しようとして（父の愛人が全国民の前にさらされるのは耐えられない）角栄にもう辞めてくださいと強く迫ったといいます。その迫り方は相当激しいものだったらしく、それが角栄辞任のいちばん大きな要因になったということは、政界の定説になっています（角栄自身が娘に激しくなじられたことを政治家たちに公言していました。もちろん佐藤昭にも）。先の佐藤昭の記述はそういう事実をふまえて書かれているわけです。

そこのところ、真紀子自身はどういっているのかというと、「新潟日報」の「発掘田中角栄」のインタビューで、次のように語っています。

《「文藝春秋」（月刊誌）に書きたてられたことで、総理を辞めるべきかどうか逡巡していた時期に、父が「どうするかなぁ。真紀子はどう思っているんだい？」と相談などと言うとおこがましいのですが、心情を吐露してきたのは事実です。

迷って、苦悩していたのでしょう。私は娘という立場を離れて一人の人間として誠に父が気の毒でしたし、一方、こんな重大事の相談を持ち込まれている自分の責任の重さにすごく緊張をしたことを覚えております。あの時の父の姿はごく自然で人間的ではありましたが、権力をもつ者の孤独な迷いを垣間見たつらい一瞬でもありました。

「公人は常に身辺をキチンとしなければいけない。若いし、有能だし、お父さんには必ず再びチャンスがめぐってくると思う。日本の宰相という立場で判断してください」というようなことを緊張しながら私見として申しましたら、父はじっと私の目を見つめながら、黙って廊下に立ったまま聞いておりました。そして「よし！　わかった」とだけ言って外出していきました。》

これを読むと、いかにもおだやかな父と娘の間の理性的なやりとりのように聞こえますが、このやりとりを側で聞いていた人たちもいるからわかるのですが、実際には、ものすごく激しいやりとりだったといわれます。

このあと、この記事は次のようにつづいています。

《退陣の後に「真紀ちゃんが言ったからオヤジは辞めたんだ」とか、「あの時辞めていなければ（後に起こったロッキード事件で）三木（元首相）や稲葉（元法相）にやられなくとも済んだのに」と議員さんたちからいろいろ言われました。》

このくだりからも、真紀子が激しくなじったことが、角栄辞任の決定的引き金になったということが、政界の定説になっている（そして真紀子もそれを否定していない）ということがわかるでしょう。

ずっと後になって、上坂冬子が真紀子をインタビューしたとき、このことを話題にして、次のようなやりとりをしています。

《**上坂**　話は違いますけど、金脈問題のときに、真紀子さんがお父さんに辞めなさいと勧めたという？

田中　父が早朝私たちの部屋にやって来ましてね、「どうするかな」って言うんです。

私は「お父さん、押してばかりいないで引くことも必要と思う」と。

上坂　ほんとに、そういう言い方をなさったの？

田中　それがよくなかったという方もいますよ。だけど私はあのときそう思いました。父に訊かれなければ言わなかったかも知れませんけど。あの時の父の立場にしてみれば、随分つらかったと思いますよ。だから私は家庭内野党だと言われてきました。

上坂　ところが後になって、やっぱりあのとき、辞めたのは間違いだった。あのとき女、子供の言うことなんか聞かないで辞めていなければ逮捕されることもなかった。それもこれもお前のせいだ、といってお父さまが、真紀子さんに対して怒り狂って灰皿ぶっつけるという話もありますけど。

田中　それはデマですよ。（笑）》（「文藝春秋」一九八七年七月号）

角栄と真紀子のふだんからのやりとりを知っている人は、これはデマではなくて、十分ありうる話と思っているようです。

佐藤昭との手に手をたずさえた二人三脚

さて、ここでこれよりずっと前の、真紀子がまだ表に出てこないころ、角栄が政界実力者の道をひた走っていた頃の話に戻ると、終始角栄とともにいたのは佐藤昭でした。

佐藤昭の『私の田中角栄日記』はそのことを何よりも強調するために書かれたような本でして、全篇これ真紀子に対するあてつけとも読めるくらいです。たとえば、そもそもこの本の書き出しはこうなっています。

《昭和四十七年七月四日（火）晴

いよいよ明日、総裁選挙。無我夢中で走り続けているうちに、この日を迎えることになった。思えば田中角栄という政治家の秘書になってからちょうど二十年。

「お前と二人三脚でとうとうここまで来たな」。昼間、事務所でお茶をすすりながら、田中がしみじみと述懐する。

「お前と二人三脚で……」は、政調会長、大蔵大臣、幹事長とそれぞれの節目で言ってくれたお得意の科白。でも、これより先はもうない。

政治家として、また男として本懐かもしれないが、私自身は空恐ろしい気がしないでもない。

十年前、大蔵大臣室で二人だけになった時、初めて「天下をとれるかも知れないぞ」と言ったことをふと思いだした。（略）》

このとき佐藤昭は四十四歳で、ここまで角栄と佐藤昭の二人は本当に、二人三脚ということばがピッタリするようなパートナーぶりでした（真紀子はまだ二十八歳で直紀との結婚三年目のころ）。

角栄と佐藤昭が最初に議員と秘書の関係になったころ、つまり二十年前の昭和二十七年頃（真紀子まだ八歳）はまだ、こんなだったといいます。

《田中は昼間はほとんど事務所を留守にしていたが、夕方ごろに事務所にもどると、人がいないのを見計らって私に話しかけた。

「おい、今日な、吉田茂さんがこんなことを言っていたよ」

「佐藤栄作さんがこんな話をしてたなあ」

と、その日あったことを話す。私が勤めたその日からそうだった。

国会便覧をパラパラめくりながら、

「あと二十年もたったら、これらの人たちはいなくなるな。俺は二十五年たてば永年勤続表彰で、黙ってたって少くても衆議院議長にはなれるよ」

と話したこともある。》(同前)

衆議院議長までは視野にあったけど、総理大臣までは視野になかったわけです。

その後二人は、手に手をたずさえて権力の階段をかけ上がっていくわけですが、田中が政治力をつけるにつれ、彼女もどんどん力をつけ、政界でだれ一人知らぬ人のない実力派秘書となり、田中にとっても手放すことのできない存在になっていきます。田中が佐藤昭を寵愛した背景には、女性としての魅力もさることながら、秘書としての有能さがあったと思われます。たとえばこんな具合です。

《田中はせっかちだったから、詳しくは言わない。「おい、あそこへ電話せい」とだけ言う。「はあ、どこですか」なんて聞いたら、たちまち雷が落ちる。「わかりました。ここですね」とすぐさまダイアルを回さねばならない。

「あそこへ」とだけ言われても、前に陳情に来た人の話が頭に入っていれば、どこへ電話すればいいかわかる。私はカンも良い方だったし、記憶力には自信があった。メモ用紙は一切使わず、いろいろな電話番号はすべて頭の中にインプットされていた。

田中にとっては便利というか、重宝な存在だったのだろうと思う。だからこそ三十三年間も一緒にやってこられたのだ。》（同前）

娘を生むころには、佐藤昭は田中にとって手放せない存在になっていたらしく、子育てわずか四ヶ月で、

「お前しかいない。出てきてくれ」

と、事務所にひきもどされてしまいます。そして、まるまる仕事をまかされるようになります。

《田中事務所にいるのは、私と田中を除けばあとは車を運転していた田中の従兄弟の利男さんだけ。その利男さんは身内の気安さからか、よく田中に怒鳴られているので、議員会館にはあまり近づかない。代議士一人に秘書一人。田中は言った。

「全部おまえに任せる」》（同前）

ここに出てくる田中利男が、田中の身辺に常にいて、あらゆる身辺雑事を引き受けていた秘書です。田中利男は静かでおとなしくまじめそのものの男でした（私もその姿は何度も見かけています）。角栄も身内で気を許していたせいか、田中利男には、他人には明かせない秘密の部分もさらけだしていました。たとえば、神楽坂の辻和子一家との連絡やその世話を引き受けていたのは田中利男でした。そしてまた後述しますが、そういう役まわりであったが故に、後に真紀子にうとまれ、ついに自殺にまで追いこまれてしまうのです（注・田中利男は、一七七ページの写真に写っている。群衆の中の背の高い男）。

佐藤昭に対する角栄の信頼はきわめて厚いものがあり、ここにあるように、基本はいつも「全部まかせる」でした。

そして、昭和三十六年（一九六一）、池田内閣で政調会長になったあたりから、角栄も佐藤昭も、もっと上を目標に見すえて走りはじめます。

≪〈昭和三十六年七月十八日（火）曇

党政調会長就任。（略）田中と共に党本部政調会長室に移る。（略）〉

当選回数を重ねれば、誰でもいずれは大臣のイスに座れる。しかし、党三役となると話は別だ。

二十七年に田中の秘書になった時から、一生、この人の下で働いていこうと決めてはいた。（略）この人は絶対に大物政治家になる、私もどこまでも一緒に走り続けなければいけないという気持ちに変わったのは、政調会長になってからだ。このころから田中も私にこう言うようになった。

「おいおい、おまえと二人きりで、二人三脚でここまで来たんだよなあ」≫（同前）

角栄が愛した「国会議員」と「女性秘書」の映画

昭和三十七年、角栄は大蔵大臣になり、四十年まで足かけ四年間その職にあります。この四年間の大蔵大臣時代に、角栄は押しも押されもしない自民党でトップクラスの実力者になります。この間佐藤昭は、正規の大蔵大臣政務秘書官として、大臣室の隣の部屋で執務します。その間のちょっと面白いエピソードとして、こんなことを書いてます。映画が好きだった角栄は、大臣室の隣の個室に映写機をすえて個人的に映画を見ることがしばしばあったといいます。

《ことに田中が深く感動したのが、ロナルド・コールマン演ずる男と、グリア・ガースン演ずる女の宿命的な愛を甘美に描いた『心の旅路』だった。》(『私の田中角栄日記』)

これは記憶喪失の過去を持つ国会議員が、自分の秘書をやっている女性が、実は若く貧しかった時代の自分の愛人だった記憶をよびもどすというストーリー。

《田中は私たちの姿を重ねあわせたのだろうか。レイナーにどれほどポーラの助けが必要だったか。ポーラがどれほど尽くしたか。田中は、「わかるだろう。おまえなら、わかってくれるだろう」「俺には、お前が必要なんだ」と何度も言った。

そして、「おい、局長を全部呼べ!」と言って一緒に見た後は、課長を集め……何度も何度も同じ映画を見た。》(同前)

このエピソード、なぜわざわざここに紹介したかというと、このエピソードが、この本の最後、角栄が脳梗塞に倒れ、佐藤昭が角栄に会うことができなくなってかなりたってからの、次のエピソードにつながるからです。

《神佑を期待する気持ちは、時とともに薄れていかざるをえなかったけれども、目白で田中に面会した人の言葉がその後の私の支えになった。

「オヤジさんはあなたのことを、よく覚えていますよ」

この言葉を聞いた時、田中が好きで何度も何度も繰り返し見た映画、『心の旅路』のラストシーンが蘇って、涙がこぼれそうになった。》（同前）

大蔵大臣を昭和四十年にやめると、角栄は自民党幹事長になり、その政治力は飛躍的に増大します。幹事長になった頃から、角栄は平河町の砂防会館に個人事務所をかまえ、佐藤昭をその統轄責任者とします。そこは政治団体越山会の本部であるとともに、政治経済調査会、財政調査会など政治資金団体の本部でもありました。そこに角栄は毎日やってくるようになります。幹事長としての仕事は自民党本部の幹事長室で、それ以外の仕事は砂防の田中事務所でというふうになるわけです。

《田中は、毎日夕刻になると必ず砂防会館に立ち寄る。個室にどかっと陣取ると、オールド・パーの水割りを傾けながら、私の報告を聞き、新しい指示を出した。新聞記者や国会議員と大部屋で談論風発することもあった。

とにかく、当時の田中事務所ほど活気と熱気に溢れていた政治家の個人事務所はなかっただろう。》（同前）

公職についている場合は、昼間は公職用のオフィスで仕事をするが、それ以外の時は佐藤昭のいる田中事務所にいるという角栄の仕事のスタイルは、このころから完全にできあがります。これが二人三脚の実態でした。

「全部佐藤のところへ行ってくれ」

事務所にいるときだけでなく、佐藤昭の自宅にも角栄は毎日電話で指示を下しました。

《朝の六時きっかりに田中から、その日の指示が入る。

本人は、四時には起きて関係書類に目を通し、五時には新聞を読み、六時過ぎからは来客の相手をするのだ。

私は、その電話を夢うつつで、「はい、わかりました」と聞いて、ちょこっと寝たら事務所に出勤しなければならない。

つくづく田中のタフさ加減が羨ましかった。》(同前)

朝六時の指示の電話とは、たとえばこんなものです。

《選挙期間中は、毎日毎日、朝六時ピッタリに田中から電話がかかってくる。

「おい、重点候補はあそことあそこだ。すぐ支持団体に電話を入れておいてくれ」

「わかっています。そこはもう電話いたしました。ついでに、あそこにも電話をしましょうか」》(同前)

この朝の指示の電話が毎日六時きっかりだったのです。この習慣が長くつづいたから、先に述べたように、角栄が脳梗塞で倒れてから突然かかってきた「ウー、ウー」のうなり声の電話を、佐藤昭は角栄にちがいないと直感したのです。

総理大臣になってからも、政治家としての仕事は田中事務所でというスタイルは変わりません。

《夕刻になると必ず田中事務所に立ち寄る習慣だけは、総理になってからも変えようとはしなかった。以前と違っていたのは、まずＳＰの先発隊が来て、田中の到着を予告することだ。

「まもなく総理がお着きです」

田中の乗った車が事務所に到着し、田中が車から降りると、護衛の人たちがダダーッと走ってついてくる。（略）

「ご苦労さまでした」

「うん。何かあったかい」

私はその日の報告をし、オールド・パーの水割りを作る。田中はグラスを傾けながら話を聞いている。》（同前）

角栄が七四年に金脈問題で総理大臣の座をしりぞいてからも、佐藤昭のもとには指令が次々にとどきました。

《田中が辞意を表明した後、政局の関心は後継総裁選びに移った。椎名副総裁がその中心になった。

次の総理が決まるまで、田中は目白の私邸に逼塞して出てこない。その目白から、電話がじゃんじゃんかかってきた。

「おい、総裁公選にもっていけ。大平と福田の公選だ」

椎名さんが各期ごとに国会議員を呼び、その意見を聞いていたので、私は田中派の各期ごとの若手議員に指示を出した。（略）

「椎名さんに呼ばれたら、総裁公選だと言ってください。正々堂々と公選すべきだというのがオヤジの意向よ」

田中は目白に引っ込んで、私を分身のように使う。

「おい、あれを事務所に呼んでこう言え。これをこういうふうにしろ」》（同前）

こういう感じで、角栄は自分が表立って動けない時、佐藤昭を分身として使い、数々の政治的修羅場も力を合わせて切り抜けていったわけです。このような意味で二人の関係は、もはや単なる男と女の関係という以上の、互いに余人をもっては代えがたい関係になっていたのだと思います。

先に述べたように、角栄が脳梗塞に倒れたあと、真紀子が伝える「父の意向」は、ほんとの角栄の意向と信じる人が少なく、パワーもありませんでしたが、この時代の佐藤昭が伝える「オヤジの意向」は角栄の意向そのものと受けとられ、それだけのパワーを発揮したのです。

真紀子と佐藤昭の格の違い

前に、「新潟日報」の「発掘　田中角栄」の連載を単行本にする段階で、真紀子がなぜか突然激怒して、「そんな（単行本にする）こと聞いてないわよ」といって、自分のインタビューを収録させなかったばかりか、他のインタビュー登場者にも圧力をかけて、インタビュー収録許可を取り下げさせ、単行本の出版そのものをつぶそうとしたという話をしましたが、真紀子がなぜそんなに激怒したのかというと、その理由は、このインタビュー集に佐藤昭が登場して、彼女と角栄の関係がいかに深いものであったかを得意気に述べていることではなかったかと思われます。

真紀子に気をつかってこのインタビュー集から降りたのは、二階堂進（元自民党副総裁）、橋本龍太郎（元自民党総裁）、小長啓一（元総理大臣秘書官）、下河辺淳（元国土事務次官）、高橋国一郎（元建設事務次官）で、真紀子に気をつかう必要がない中曽根康弘、後藤田正晴、羽田孜、竹下登、福田赳夫の五人の政治家と佐藤昭、早坂茂三、山田泰司の三人の秘書（三人ともすでに真紀子に首を切られていた）は、そのまま残って、この本は出版されたのですが、新聞掲載時にトップをかざった真紀子のインタビューに代わって、単行本でトップをかざったのは、佐藤昭のインタビューでした。

この二つのインタビューを読みくらべると、すぐにわかりますが、中身の濃さがぜんぜんちがうんです。それは角栄との距離のちがいといってもいいかもしれません。真紀子はたしかに肉親としては距離が近かったわけですが、政治家田中角栄との距離ということになると、ずっと政界二人三脚を続けてきた佐藤昭とくらべると、まるで比較になりません。政治家田中角栄との距離の近さにおいて、佐藤昭に全くかなわないのが誰の目にも歴然ということが、彼女としては許せないことだったのだろうと思います。

佐藤昭と角栄の二人の関係の深さを非常によく物語るエピソードを、早坂秘書が『駕籠に乗る人・担ぐ人』の中で紹介しています。

幹事長を経て、角栄が本格的に総理総裁の座をめざしはじめたころ、角栄は二人の政務秘書官を雇い、総理大臣の座をめざすための政策面の戦略を練らせます。二人は官僚の若手の知恵を借りながら、「自民党都市政策大綱」という綱領的文書をまとめあげます。これは後の「日本列島改造論」の土台となる文書で、これができあがったとき、角栄は、「よし、これで勝負しよう」といったといいます。この文書をまとめた二人の秘書は、どちらも新聞記者出身で、一人が「東京タイムズ」出身の早坂茂三秘書、もう一人は共同通信出身の麓邦明秘書でした。

これをまとめた頃、二人は辞表を胸に、角栄に総理の座をめざすなら、まず、これだけはしてもらいたいということを進言します。一つは角栄の刎頸の友といわれた小佐野賢治と手を切ること、もう一つは、越山会の女王といわれた金庫番の佐藤昭と手を切ることでした。

角栄は、小佐野については、

「小佐野はケチだからそうやすやすと金は出さない。だから心配するような事実はない。オレと小佐野にやましい関係はない」

といいきって、早坂たちの願いをしりぞけます。

——角栄と小佐野の間にやましい関係はないというのは、客観的事実関係からいうとおかしいんじゃないですか。

立花　しかし「やましさ」というのは、本人の主観的感情の問題だからね。角栄がそこにやましさを感じていなかったというなら、それはそうかもしれないというほかありません。

——だけど二人の間には、虎ノ門国有地払い下げ事件とか、日本電建の株式の法外な価格での売買とか、「田中角栄研究」でも書かれた隠れもない癒着関係があったじゃありませんか。

立花　しかし、ああいう事件が贈収賄罪のような犯罪として立件されたことはないんです。こんなのおかしいじゃないかという指摘はジャーナリズムから何度も受けているけど司直の手が入ったことはありません。

——どうしてですか。

立花　それはどういうことかというと、小佐野と角栄の関係は、全部ビジネス上の取引という形をとっていたからです。贈収賄罪にあたるようなホット・マネーをじかに受け取って、それを対価にすぐ何かの便宜をはかってやり、バレたらたちまちお縄をちょうだいというような露骨なことは二人はしていないんです。角栄は小佐野から、ホット・マネーはもらわず、何かで謝礼をもらうときは、はかってやった便宜と時期をずらし、さらにビジネス上の取引に仮託する（株式の取引、土地の取引、会社の売買といった形）という手のこんだことをしていました。仮託が非常に巧妙になされた場合、そして当事者が、それは本当にビジネスだったとあくまで主張した場合、賄賂と立証するのは非常にむずかしくなります。だから、角栄と小佐野が贈収賄罪で立件されたことはありません。しかし後に述べるように、新星企業裁判で、角栄が総理の座を射とめた七二年総裁選の最後の資金作りは、新星企業の売買という形（これもビジネスへの仮託）で小佐野にやってもらったということは、はっきり法廷で明るみに出ています。

田中と小佐野の間の場合、ビジネスへの仮託だけでなく、実はもうひとつ別のむずかしさがあったということを、両者の関係を調べたことがある検事に聞いたことがありま す。それは、この二人は、わざと資産の保有を入り組んだ共有関係にしているため、どこまでが田中の資産でどこからが小佐野の資産なのか判別しがたい部分があるということなのです。どういうことなのかというと、たとえば、ある時期の日本電建とか、新星企業といった会社がそうなのですが、二人はその会社の株式を半々に持っているという形にしていました。

そのような共有関係の会社を作り、その会社名義で資産を持ち、その会社の株式を部分的に二人の間でしょっちゅう売ったり買ったりしていたんです。そうすると、ビジネスに仮託して二人は、キャッシュのポジションを動かすことができます。また、こうして株式保有の割合を変動させていると、その会社保有の資産がどちらのものなのか、判別しがたくなります。さらに、その会社の株式の一定部分を角栄の別のユーレイ会社に保有させるとか、小佐野の子会社に保有させるとか、あるいは、一般の民間企業に頼んで一定期間だけ株主になってもらうといった、複雑な経理操作を加えると、どんどんわかりにくくなっていきます。さらに、その共有会社に田中角栄個人の保有していた株式(リアルな会社の、あるいはユーレイ会社の)を買い取らせたり、あるいは逆に買い戻させたりといった操作を加えると、さらにわかりにくくなっていきます。なぜそんな訳のわからないことをするのかというと、二人の間で、ある目的に見合った利益の移転関係を作りたいとき、その移転を外部の目から秘匿できますし、そして、その移転に伴う税金の支払いを少なくできるといったことが考えられます。

こういう複雑な経理操作の専門家として、角栄の側近にいつもいたのが、山田泰司秘書というわけです。そして、そのあたりのことがよくわからないままに、真紀子が簡単に山田泰司秘書のクビを切ってしまったため、真紀子は後に角栄が死んだときに、その遺産相続を正しく行うことができなくなって、大変な追徴課税をされることになります(七十八億円の申告漏れを国税局に指摘された)。

不可欠な政治資金のクリーニング装置

ここで面白いのは、前述のやりとりのとき、早坂、麓秘書と角栄の間で交わされた次のやりとりです。

《「佐藤、池田勇人は、広く、薄く、政治資金を集めた。自分の手を汚さなかった。浄化装置を使って、必要な水をわが田んぼに引き込んだ。オヤジさんも、そうしたほうがいい」》（『駕籠に乗る人・担ぐ人』）

と、政治資金のクリーニング装置を作ることを両秘書がすすめるのに対し、角栄が、

《「政治にカネがかかるのは事実だ。酢だ、コンニャクだと、理屈をこねてもはじまらない。池田や佐藤にしても、危ない橋を渡ってきた。世の中、きれいごとだけではすまないんだ。必要なカネは、オレが血の小便を流しても、自分の才覚で作る。君たちはオレのカネを使い、仕事に活かしてくれれば、それでよい」》（同前）

といって、それを断るくだりです。

これは両方本当なんです。前に述べたように池田勇人や佐藤栄作にしても危ない橋を渡ってきたというのも本当なら、この二人は、ある時期から危ない橋を渡るのにこりごりして、クリーニング装置を作り、それを利用するようになったというのも本当です。

クリーニング装置使いが巧みだったのは、戦前からそれを使っていたといわれる岸信

介です。岸は戦後も最大の金権政治家といわれ、数々の黒いウワサをささやかれながら、ついに、最後まで身を全うすることができたのは、クリーニング装置のおかげといわれています。最後のグラマン・ダグラス事件（一九七九年）では、岸にも逮捕の可能性がささやかれましたが、ついに検察もクリーニング装置の壁を突破できなかったので逮捕を断念したといわれます。池田の場合は、吹原事件でクリーニング装置がこわれる寸前のところまでいったし、九頭竜ダム事件では、秘書が自殺に追いこまれています。

一般にクリーニング装置というのは政治資金担当秘書が作って動かす一連の資金浄化手続き（出と入りの関係がわからないようにするため、第三者的な人または機関を経由させて資金を次々に動かしていく）として働いており、最悪の事態（ことの露顕）が起きそうになったら、その金脈秘書が身をもって防ぐ（自分が横領した形にして自分の所得税法違反事件でおさめるなど）という仕掛けになっています。自殺した池田の秘書はそういう秘書だったのでしょう。大物実力者の政治資金スキャンダルを防ぐために、自殺しないまでも、不祥事の責任を身をもって取るという形で表の世界から身を引いた男はたくさんいます。

直近では、所得税法違反に問われた加藤紘一議員の佐藤三郎秘書などもその一人なんでしょうが、いちばん有名なケースでは、竹下首相のリクルート事件当時の秘書官、青木伊平秘書官の自殺事件（一九八九年）があります。

青木秘書は、日本全国津々浦々まで、月一万円単位で、年間百万円以下の小口献金網を作りあげ、竹下のために「広く薄く」方式で、安全でしかも十分な資金を集める政治資金システムを作った男として有名でした。それは竹下が長い政治生命の中で、政治資金問題がしばしば政治家の命取りになることを知ったために絶対安全を心がけて作ったシステムだったといわれ、そういうシステムを作った青木秘書は政治資金担当秘書のカガミといわれていました。しかし、そういう世間の評判とは裏腹に、青木秘書も、どこかで安全でない資金に手を出して、それがバレそうになって責任を取ったのかもしれません。

実はいまだに青木秘書の死の真相はよくわからないところがあるのですが、この時期、竹下首相はリクルート事件による政治的混乱の責任を取って、首相の座をおりています(青木秘書の自殺は竹下退陣表明の翌日)。しかし竹下辞任の真意もよくわかっておらず、それと青木秘書の死がどうむすびつくのかも、本当のところはよくわかっていません。

早坂秘書はこの青木秘書の親友で、青木秘書の死を告げられたときに、TVカメラの前で涙を流しながら、「もうたくさんだ」と叫んだのは有名な話です。

早坂秘書は、『宰相の器』の中で、青木秘書についてこう書いています。

《政権党のボスたち、それに次代を狙う政治家たちは、正直なところ、カネがいくらあっても足りない。領収書の取れないカネが、アッという間にどんどん出ていく。なくなれば集めなければならない。イタチごっこである。これが日本政治の現実だ。

しかし、大将が自分で直接、カネをいじれば、絶えず危険にさらされる。不用意につまずけば一巻の終わりだ。司直に搦め取られる。

本人に代わってカネを集め、散じ、周到に跡始末をしてくれる分身を持つ政治家は強い。そして、しあわせだ。竹下＝青木の関係は、その典型である。（略）
青木は宿命を甘受して、政治にそぐわない自分を見つめながら、その職責を果たして死んだ。
秋風寂寞。私としては両手を合わせて瞑目し、旧友に「ご苦労さん、疲れたろう」と申し上げるほかに言葉がない。》
早坂秘書は、青木秘書の死について何か真相のようなものを知ってそれを語っているわけではないのですが、具体的な話はどうあれ、大づかみにいえば、竹下の政治資金の秘密を守るために、あるいは守ることに疲れて死んだとしかいいようがありません。ぼくはたまたまTVを見ていたので、早坂秘書が「もうたくさんだ」と叫んだ場面をよく記憶しているのですが、あの叫びの悲痛なトーンには、政治資金に身を滅ぼすことになった角栄への痛惜の念が同時にこめられているように思いました。

天下を取ったらカネは向こうからやってくる

角栄のカネに話を戻すと、早坂秘書が提案したクリーニング装置は、保守本流の政治家たちのように、財界から広くカネを集めることでした。それに対して角栄は、自分には学歴もなく財界に知己もいないから、どうせ財界をまわってもカネなんか集まりっこないといって、さらにこういったといいます。

《俺はあの財界の野郎どもに這いつくばって銭を求めることはしない。血のションベンを流し、地べたを這いずり回っても必要なカネは俺が用意する。天下を取れば、カネは向こうからやってくる。》（『政治家は「悪党」に限る』集英社文庫）

この角栄の認識は正しく、本当に天下を取ったら、カネは向こうからやってきたわけです。その一つがロッキードの五億円だったわけです。しかし、一貫して、自分の才覚でカネを集めてきた角栄は、その五億円を受け取るのに、クリーニング装置を通したほうがいいとは夢にも思わず、そのカネをあっさり受け取ってしまったのです。これは、同じロッキード事件でも、全日空ルートの橋本登美三郎被告（佐藤内閣で官房長官、建設大臣、運輸大臣。田中内閣党幹事長。ロッキード事件第一審有罪判決。死亡により公訴棄却）が、自宅に五百万円のカネを持ってきた丸紅の秘書課長からそのカネを直接受け取ろうとせず、カネはあとで事務所に行って秘書に渡せと指示し、クリーニング装置を通すことを求めたのとは対照的です。これは、長くエスタブリッシュメントの一端にかんでいた橋本の用心深さと、エスタブリッシュメントとは長らく無縁だった角栄の無用心さをよく示すエピソードです。

角栄も、若干のクリーニング装置的なものを、佐藤昭秘書と一群の政治資金団体とか、山田泰司秘書とユーレイ企業群のような形で作ってはいたのですが、五億円はそのいずれも通さなかったので、クリーニング装置としては働かなかったわけです。ヤバい政治資金の扱いをまかせていた榎本敏夫秘書自身が、最後の段階ではそういう装置として働くことが期待されていたのでしょうが、後述するように、榎本秘書は逮捕されるとたちまち知っていることをほとんどしゃべってしまったために、金脈秘書がつとめるべき最終防護壁としては、全く機能しなかったのです。

佐藤昭との関係を切れ！

さて、早坂秘書と麓秘書がもう一つ進言したことは、越山会の女王ともいわれた佐藤昭秘書との関係を切ることでした。

《麓と私が憂慮したのは、佐藤昭子の存在である。彼女は（略）数奇な運命をたどった末、角栄と結ばれた。田中との間に娘がひとりいる。（略）佐藤は田中の政治団体をすべて任せられ、越山会の女王と評されるようになった。（略）

「佐藤さんを政治の舞台から遠ざけてもらいたい」

こんどは私が口火を切った。

「敵方は当方の弱点を見逃さない。正面攻撃だけでなく、暗がりからも一発、撃ち込んでくる（略）」

麓と私は代わり番に言葉を続けた。角栄は黙りこくって聞いている。

「財務担当の代わりがいなければ、これまでどおりでも結構。ただし、事務所から引き払い、住居も当分の間、誰の目にもつかないようなところに移っていただきたい」
「ご指示があれば、二人して佐藤さんの新居を見つける。連絡がいつでもとれるような場所を探し出す。会いたい時は、いつでも行っていただきたい」（略）
それから四日後、麓と私は田中に呼ばれた。彼は両手を頭のうしろで組み合わせ、椅子に背中をあずけてすわっていた。
「このあいだの佐藤の話なあ。あれは、やっぱり、無理だ。できない。君たちにもわからない事情がいろいろあるんだ。仕方がない。まあ、君たちの父親がとんでもない荷物を背負い込んだと諦めて、一緒に走ってくれ」
万事休す。ここまで言われては、どうしようもない。》（『駕籠に乗る人・担ぐ人』）
――「きみたちにもわからない事情」とは、男と女の間の情の問題ということですかね。

立花　多分そうでしょう。男と女の間には余人には説明しがたいことがいろいろありますよね。もう一つは娘のことがあるんじゃないかと思います。『私の田中角栄日記』ではじめて明るみに出たことですが、佐藤昭の娘を角栄がとてもかわいがっていたという事実があります。
《娘の誕生――それは至福の瞬間だった。人生でもっとも大切なものが授けられたような気がした。
将来ある政治家に認知を求めるつもりはなかった。（略）

戸籍はどうあれ、娘は小さい時から田中を「お父ちゃま」と言ったり、「オヤジ」と呼んで育ってきた。田中も娘をかわいがった。外遊しても私にはハガキひとつ出さない田中が、娘には必ず手紙を書いた。

〈合宿はすみましたか。夏のうちに運動し太陽の光線でヒフを焼いておくと、へんとう腺も出なくなります。「ワシントン」は暑い。ニューヨーク、シカゴ、サンフランシスコを廻って六日にはかへります。元気にべんきょうして下さい。〉

差し出し人が「父より」と書かれていることもあれば、「Fより」となっていたこともあった。》（『私の田中角栄日記』）

このあたり、この本以前には全く知られていなかった事実です。佐藤昭と娘の間には、父親をめぐって、相当な衝突があった（家出や自殺未遂まであった）と聞きます。このあたりは、自分の娘に聞かせてやりたい思いで書いたものかもしれませんが、なんか読んでいて、角栄の人間性を思わず見直したくなる一節ですよね。こういう心のつながりが娘との間にあれば、角栄は佐藤昭との関係をそう簡単に切るわけにはいかなかったんだろうと思います。

金庫番としての佐藤昭の重要な役割

――女としての佐藤昭もさることながら、角栄としては、金庫番としての佐藤昭も大事だったんでしょうね。

立花　先のやりとりでわかるように、早坂たちも、そこのところは理解していたんです。早坂秘書はこう述べています。

《財務は政治家の心臓部に当たる。もっともデリケートで、厄介な部門だ。財務活動なしに政治家は手足を動かすこともできない。まして、大軍を動かすことなどは不可能である。だから、政治家は誰でも彼でも見境なしに、財布は預けない。（略）角栄は人間をたくさん見てきた。あるいは、少年時代から人間の諸悪を見過ぎてしまった。信用できるのは少ない。何もかも見せられる奴はいない。だから、佐藤昭子に財布を預けたのである。（略）そうした田中の心理と判断、佐藤との関係のありようは、麓も私も承知し、理解もしていた。平時なら口を差しはさむこともない。しかし、一年後に福田赳夫との〝関ヶ原〟が迫っていた。》（『駕籠に乗る人・担ぐ人』）

要するに、総裁選を前にして、佐藤昭問題がスキャンダルとして噴出することを恐れていたわけです。つまり、後に児玉隆也の「淋しき越山会の女王」として発表されるような記事が総裁選の前に出たら角栄の致命傷になるということですよ（実は文春の論文になる数年前にあれと同じ内容の記事が某女性週刊誌にのることになり、ゲラになったところで、田中側の圧力でストップがかけられたとも聞いています）。あの記事は、単に角栄の女性関係を暴いたというものではなく、そういう女性に政治資金を扱わせていることを問題にし、しかも、角栄の金脈ユーレイ企業として有名な「室町産業」がもともと彼女の会社であることまで暴いていました。佐藤昭は、角栄の主たる政治団体である「越山会」の会計責任者だっただけでなく、他の政治資金団体の事務も担当していました。角栄は総理総裁の座をめざしはじめるとともに、政治資金関係のそういう裏財務システムをいっせいに作りはじめていたわけです。早坂たちにいった「きみたちにもわからない事情」というのはそこまで含んでいたのかもしれません。

帳簿の中だけに存在した政治資金団体

これらの政治資金団体、名称はいろいろありましたが、実は実体は一つで、すべて佐藤昭が管理する帳簿の中に仮想的に存在していたにすぎないということを、佐藤昭自身が、『私の田中角栄日記』の中で、ロッキード事件で取り調べを受けたときの供述という形で、次のように明かしています。

《検事は「越山会」の台帳をいきなりパッと開いて聞いた。

「この三千万円は何のお金でしょうか。貯金通帳に入っていますが、台帳には載っていませんね」

十以上ある田中の政治団体の金銭出納帳、仕訳帳、銀行通帳などを、検事はこと細かに調べていたのだ。(略)一瞬、戸惑ったものの、すぐに答えた。

「それは確か、別の団体に入れる金を私が間違えて銀行の通帳に入金したものです。

すぐに返金しましたので、その団体から領収書が出ているはずですよ」

台帳の筆跡についても聞かれたので、私はこう言った。

「どの政治団体の台帳も、ほとんど全部、私の筆跡です。ですから、いろいろな団体の名義上の会計責任者を調べられても、答えることはできませんよ。私が全部お答えします」》

要するに、彼女が全部やっていたわけです。角栄はこの方面のことは全部彼女まかせだったから、彼女は角栄の「金庫番」と呼ばれていたわけです。どれほどまかされていたか、『私の田中角栄日記』には次のようにあります。

《のちに田中から聞いた話では、田中は検事から、

「あの佐藤さんというのは、しっかりした女性ですね」

と言われ、

「そうでしょう。あれはキツイけどしっかりしている。だから全部任せてあるんです」

と答えたという。》

ロッキード裁判で明らかにされた、角栄の検事調書には次のようにあります。

《越山会を始めとする私の政治団体を含め砂防会館、関係事務所の事務を取りしきっているのが佐藤昭君です。彼女は私と同郷の柏崎の生まれで昭和二十一年私が初めて衆議院選挙に立候補した際に、その事務を手伝ってくれ、昭和二十六年から越山会の事務を引き受け、今日に至っております。彼女は関西財政経済研究会の会計責任者と

なっておりますが、事実上は砂防会館や関係事務所の総括責任者と申しても過言ではありません。彼女は法律的にも制度的にも責任があるというわけではありませんが、勤務経歴が古く、生き字引のような存在なので、自然右のような立場となっておるものです。》

彼女は、文字通りの金庫番でもありました。田中事務所には、巨大な金庫があって、その金庫の鍵を彼女が持っていたのです。『私の田中角栄日記』には次のようにあります。

《事務所の鍵は私が全部持っている。私が出ていかなければ、田中も自分の部屋に入れないし、金庫も開かない。机の鍵などを併せると十数個もあって大きな革のキーホルダーに入れてある。

田中と言い争いをした時は、「この鍵をオヤジに返してらっしゃい!」といって、職員にそっくり投げつけたこともある。(略)田中の部屋の鍵は、必ず私が締めてから帰った。》(同前)

後に真紀子と佐藤昭の間に、すさまじいヘゲモニー争いが繰り広げられるんですが、その最大の争点がこの鍵の問題なんです。

田中事務所の鍵の所有権を巡る争い

後に述べるように、角栄が脳梗塞でひっくり返ってしまうと、真紀子は、早坂秘書と佐藤昭秘書のクビを切り、田中事務所（砂防会館を出て、近くのイトーピア・マンションに移っていた）を閉鎖してしまいます。そのとき、真紀子は、この鍵の返還を求めますが、佐藤昭は断固として拒否します。上杉隆『田中真紀子の恩讐』には、次のようにあります。

《閉鎖したイトーピア事務所の鍵の引き渡しを求めた真紀子に、佐藤は拒否の姿勢を貫いた。激昂した真紀子は公設第二秘書の工藤節子を目白に呼んで鍵の返還を求めた。工藤はこれを佐藤の許可がないとして拒否したため、公設秘書の任を解かれた。》

目白の私邸の事務所にあった山田泰司秘書の管理する金庫の中のものは、真紀子がすでに自分のものにしていました。前出『「疑惑」の相続人　田中真紀子』には次のようにあります。

《田中邸内の事務所には大型金庫があった。現金も入っていたが、それ以外に不動産の権利証書など角栄の資産に関する重要文書類が詰まっていた。いずれも山田が角栄から預かっていたものだった。

山田が新潟へ出張したときのことである。真紀子が来て、遠藤秘書に金庫の合鍵を出させ（鍵は山田と遠藤が所持していた）、なかをかきまわし、めぼしい角栄の書類をもち出してしまった。（略）

山田は角栄資産の内訳書をつくってすでに真紀子に渡していた。しかし、彼女は証書類そのものを「じかに握りしめないと満足できなかった」のにちがいない。》

山田泰司秘書は、後にこのときのことを次のように語っています。

《「ぼくと真紀子さんの仲が決定的になったのは、田中事務所の金庫にあった田中先生の財産関係のものを、彼女がぼくに事前の話し合いもなく無断で持ち出したからです。真紀子さんとしては将来自分のものになるべき財産を、たとえ秘書とはいえ他人に管理させておくことが不安で仕方なかったんでしょう。それにしても、合鍵を使ってぼくが出張している間に勝手に持ち出したのには呆然とした」》（前出・髙山文彦「田中真紀子『仮面』の裏側」）

真紀子は本当はこれと同じようにして、田中事務所にあるものすべてを自分の手におさめたかったのでしょうが、田中事務所には、常時、佐藤昭秘書以下、何名もの秘書が詰めていて、留守になることがなかったし、ここにあるように事務所の十数本の鍵は佐藤昭秘書がいつも身につけていたから奪うことができなかったわけです。そこで真紀子は、事務所を強制的に閉鎖させるという挙に出ます。

佐藤昭は『私の田中角栄日記』で次のように書いています。

《昭和六十年六月六日（木）快晴

龍ちゃんが事務所に飛び込んできて、「このイトーピアの事務所が閉鎖される」と。田中直紀氏が木曜クラブで発表したという。私たちには全く寝耳に水。田中の政治活動の拠点だったイトーピア事務所が閉鎖されれば、田中の復帰は不可能だと自ら宣言したも同然。何というバカなことをしたのか。腹の中が煮えくり返る。けれど、田中

が一番悪い。創政会を甘やかしたのも、娘をわがままにしたのも、すべて田中だ。田中を恨む。〉》

事務所の閉鎖は、ここにあるように全く唐突に、一九八五年六月六日、田中派（木曜クラブ）の事務所（砂防会館別館）で開かれていた木曜クラブの定例総会で、直紀からの一方的宣言という形で発表されたのです。

「義父のこれからの政治活動は議員会館と目白の事務所を拠点に行います。イトーピアの個人事務所は閉鎖させていただきます。長い間いろいろありがとうございました」の一言だけでした。集まった議員たちは、みな寝耳に水で、びっくり仰天というよりは、唖然としてしまったといいます。

大下英治『闘争！　角栄学校・下』には、次のようにあります。

《佐藤にとって、まさに寝耳に水であった。（略）

田中派の議員たちが次から次へと田中事務所に集まってきた。

「ママ、いったいどういうことなの」

「わたしにも、わからないの」

ロッキード事件の弁護団主任でもある原長栄越山会会長が、田中事務所に現れた。

佐藤は、原に詰め寄った。

「いったい、これは、どういうことなんですか！」

「真紀子さんの言われるようにしただけです。あとは、知りません」

佐藤は、唇を噛みしめた。

〈これまで三十三年間、田中と苦労をともにしてきたのに、事務所の閉鎖について、何も聞かされないなんて……〉

おまけに、自民党担当の記者クラブである平河クラブに、一枚の紙が貼り出された。

「佐藤昭子と早坂茂三は、田中家とは何の関係もありません」》

早坂茂三秘書への絶縁表明

早坂茂三秘書に対しては、実はその一ヶ月前にも、田中家から絶縁声明が出されていました。

角栄が二月二十七日に倒れてから、治療方針をめぐって、病院側（医師団）と田中家側が決定的に対立し、病院側と同じ立場に立つ早坂茂三に対して、真紀子がクビを通告した話は前に書きました。

早坂秘書にとっては二度目の絶縁通告ですが、今度は連絡・関係を断つという意味の絶縁ではなく、事務所を閉鎖するから、事務所にいる人間は全員引きはらえという物理的な退去命令でもありました。そう簡単には引越しもできないので、ぐずぐずしていると、真紀子は弁護士を使い、警察まで使って、なにがなんでも、事務所のメンバー全員を追い出そうとします。『私の田中角栄日記』には次のようにあります。

《〈昭和六十年六月十四日（金）にわか雨のち曇

原長栄弁護士の「田中家の意向で、事務所の接収に立ち会う」の言葉に早坂氏が激怒。「進駐軍ではあるまいし、今の言葉を取り消せ」と。〉

〈昭和六十年六月二十一日（金）曇のち雨

自宅にいたら、事務所から電話。警官五、六人が来ているとのこと。「イトーピア事務所に不法侵入者がいるから、すぐ行ってくれ」と田中家から麴町警察に電話があったのだという。今朝、今日中に事務所を空けるようにとの伝達があったというが、荷物の整理をしていたのは、何十年も田中の秘書として仕えてきた人ばかり。不法侵入者扱いに皆怒り狂って事務所を出た由。相手のペースに巻き込まれず、大人の対応をしようとする私の決心も揺らぐ。〉》

ちょっとここまでくるといくらなんでも、やりすぎという感じがするでしょう。

真紀子がなぜここまで激しいことをしたのか。おそらく、田中事務所にあるすべてのものを自分のものにしたかったからなのでしょう。鍵を渡せといっても渡さない佐藤昭ら事務所スタッフから事務所のすべてを取り上げるには、そういう強行手段しかないと考えたのでしょう。その顚末を早坂秘書は『鈍牛にも角がある』で次のように書いています。

《角栄が入院中、一度も会えなかった佐藤女史が激怒した。彼女と田中は積年の同志である。二人の間には可愛い娘もある。その関係は余人の介入を許さない。私は説得した。

「ご沙汰を受けるしかないよ。二人でお姫さまと取っ組み合いの喧嘩をするなんて、できない相談だ。オヤジが惨めになるだけじゃないか。一緒に鉛の熱湯を飲み込むしかない。我慢してくれ。頼む」

女史も最後には納得してくれた。

次に、事務所を引き渡すと決めた以上、こまかなことで争ったりせず、きれいさっぱり全部引き渡そうということで、次のようにします。

《私は田中ファミリーの弁護士と相談して、平河町事務所の明け渡しを二十二日と決めた。》

「面倒でも各部屋の調度品、その他一切を全部、克明に記録して目録を作ってほしい。雑巾一枚、ティッシュペーパー一箱に至るまで書き出してくれ。金庫の中、政治団体の帳簿、領収書、印鑑類しかり。頼む」

「そこまでやる必要があるの。冗談じゃないわよ」

女史はいきり立ち、スタッフの男性、女性たちも私にくってかかった。

「だけどね、ここはオヤジから預かった城だ。大将は身動きがとれない。何も喋れない。お姫さまが城を受け取りに来る。立つ鳥、跡を濁さず。きれいにして城を渡そうや」

結局、みんながやってくれた。明け渡しの当日、徹夜で作業が終わり、暁闇の五時、私はマスコミが来ていないのを確認して、連中を車でビルの地下から脱出させた。ソファで仮睡していた私を弁護士が訪ねて来た。約束した婿殿は案の定、姿を見せなかった。ファミリーの代理人に全目録を渡し、六時間かけて入念に点検、確認してもらった。瑕疵があってもいけない。終わって事務所の鍵十三箇を渡した。》（同前）

こうして真紀子は、ようやく田中事務所の鍵を全部手に入れるわけです。しかし、田中事務所の鍵を全部手に入れても、佐藤昭秘書と早坂茂三秘書の政治生命を断つことはできませんでした。その後、早坂茂三秘書は、独立の事務所をかまえ、政治評論家として、TVに、活字の世界に手広く活動していることはよく知られている通りです。政治評論家をしていれば、当然、二人が出会わざるをえない場面もあります。しかし、二人の間に全く和解は成立していないようです。一九九三年七月の総選挙で真紀子が初当選したとき、早坂秘書は東京のTVスタジオにいて、「マコちゃん、おめでとう」と、いろいろ話しかけるのですが、真紀子はわざと耳のイヤホンを外して、「エッ？　エッ？　何といってるの？　何も聞こえないわ」と、早坂のいっていることが一言も耳に入らないかのような芝居をつづけたという有名なエピソードがあります。

角栄周辺のすべてが壊れていく

話を戻すと、もちろんこの事務所の閉鎖は、病床にある角栄の意志とは無関係になされたものです。大下英治前掲書には、次のようにあります。

《佐藤は、翌日から、事務所を引き払う準備にかかった。田中の身内から電話が入った。
「事務所が閉められたとオヤジさんに話したら、ひどいショックを受けていました。おやつはおろか、夕食にまで手をつけようとはしなかったんですよ」》
この本は佐藤昭への綿密なインタビューをもとに書かれていますから、この通りのやりとりがあったのでしょう。そして、こういう連絡をしてくれることができる「田中の身内」といったら、田中利男秘書以外ありません。田中利男は、佐藤昭に連絡を取っていたばかりか、辻和子一家にも連絡を取っていました。角栄にいちばん会いたい、そして角栄も会いたいにちがいないこれらの人々は、真紀子が断固として角栄に会わせることをこばんだために、田中利男が連絡を取る以外、連絡の取りようがなかったわけです。先に述べた、角栄がメガネをかけないで読めるように大きな字で書いた佐藤昭の手紙を、角栄に読ませてやったというのも、田中利男だったと思われます。田中利男は、角栄が病院を退院してから下の世話までするほど献身的な看病をつづけたといいます。その間にどんどん絶望が深まっていったのでしょう（辻和子一家との連絡を取っていたことが真紀子にバレて、強くなじられるなど真紀子にいびられつづけたといいます）、八六年二月二十七日に（角栄が倒れてちょうど一年後にあたる日）、首つり自殺をとげています。そのとき真紀子が田中利男の遺族に言ったのは「（自殺と）私は関係ないのよ」の一言だけだったといいます。その妙な一言は、彼女の関係の自覚（いびりが原因）を示しているようにも思えます。

その日の日記に佐藤昭はこう記しています。

《〈昭和六十一年二月二十七日（木）晴のち快晴

田中が倒れてちょうど一年目。田中が倒れたという通報を受け取ったのと同じ時刻に、「田中の従兄弟の利男さんが自殺した」と小沢（一郎）自治大臣より連絡。昭和二十七年に私が議員会館に初出勤した時から、共々働いてきた間柄だけに信じられない。田中の周辺では、皆、音をたてて崩れていく気配。合掌。〉》

真紀子は、佐藤昭から事務所の鍵を奪っても、佐藤昭の政治力を奪うことはできませんでした。半年後に佐藤昭は自力で自分の事務所（「政経調査会」）を開き、そこを拠点に角栄の復帰を待つと宣言しました。この事務所は、平河町の旧田中派事務所近くのビルに六室（一八八平方メートル）もの部屋をかまえる立派な事務所で、会長に高鳥修衆院議員、理事に、斉藤滋与史、渡部恒三、小沢一郎、羽田孜、梶山静六ら十二人の議員が名をつらね、小渕恵三、橋本龍太郎もよく顔を出すという、創政会、非創政会の枠をこえた旧田中派政治サロンとして、その後も機能しつづけました。この事務所開きは、「毎日新聞」が写真入りで大きな記事にし、角栄はその新聞を熱心に読んでいたといいます。大下英治前掲書に次のようにあります。

《事務所開きの直後、ある人が目白の自宅でリハビリをつづける田中に面会に行ったとき、田中は新聞を読んでいた。その人が来たので、読んでいた新聞をそばに置いた。

まわりの者が、それらの新聞を片づけた。

田中は、その人と話し終わると、先ほどまで読んでいた新聞がなくなっていることに気づき、新聞を持ってくるよう頼んだ。それも、「毎日新聞を持ってこい」と催促した。ただちに持ってこられた毎日新聞を、田中は、感慨深げに読みつづけた。

面会した者が、田中の眼にしている記事をのぞきこんだ。そこには、佐藤昭子の事務所開きが、彼女の顔写真入りで報じられていた。

佐藤は、その人からその話を聞かされると、胸が熱くなった。》

「先代に仕える人たちの心情が理解できない」

早坂茂三秘書も、七月には自分の事務所を持って、独自の活動をはじめていました。『駕籠に乗る人・担ぐ人』には、そのときのことを淡々と次のように記しています。

《昭和六十年の七月九日、浪人となった私は、麴町のマンションに小さな事務所を開いた。（略）六月二十二日、平河町の田中角栄事務所を閉鎖した私は、四日後に五十五歳の誕生日を迎えた。いわゆる定年退職である。オヤジの意思とは関係なく、職を離れたことが心残りであった。しかし、田中は言葉を失い、会うこともままならずあっては、これまた、やむを得ない。》

淡々とこう書いてますが、本当の胸の内はこんなものではなかったことが、後に書いた『捨てる神に拾う神』の中の、二世議員についての次の文章でわかります。

《名前は伏せるが、父親は一代の英雄であった。ところが二代目になると、それまで門前市をなしていた人たちが、誰一人来なくなった。彼は賢い。頭が切れる。感性も鋭い。しかし、生まれたときから若旦那だった。周りがチヤホヤ、チヤホヤした。（略）

その結果、彼は人間の本当の心が見えなくなってしまった。苦労知らずだから惻隠の情がツユカケラもない。先代と親しい、あるいは、先代を補佐し、仕えた人たちの心情が理解できない。オレの前に来る人間は、全部だましに来るやつだ。おいしいことを言ってくるやつは、皆、親が残した財産を掠め取ろうとするやつだと思い込み、人間を信用しなくなった。

しかし、一寸の虫にも五分の魂がある。無償の行為、あるいは、それに近い純粋さで先代に仕えた人たちも、それなりにいる。先代が大好きで、親しくしていた人たちも多い。その人たちは誰彼を問わず先代に心服していた。家が斜めに傾いたのなら、何はさておき助けなければならない。みんながそう思っていた。

しかし、彼はそうした人たちの心情を、ついに理解できなかった。父親のスタッフに対して、「おまえたち、使用人の分際で何を言うか」と口走った。他人には「お父さんほど私は甘くない。誤解しないように……」という態度で、万端に当たった。

そうなると、善なる心を持っている人たちもなす術がない。何を言っても壁訴訟になるだけだ。言っても無駄である。先代はこうではなかった。違っていた。そう思えば、彼を支える気力、意志、心情はなくなる。当たり前のことだ。そして、彼の周りから誰もいなくなった。レアケースだが、この手の後継者もいる。》

ここでは、男性のある二世議員という想定になっていますが、これは、真紀子のことです。「彼」を「彼女」に置きかえれば、これは、真紀子に対する早坂の気持ちがストレートに表現されているといっていい文章です。

「人間の本当の心が見えない」、「惻隠の情がツユカケラもない」、「先代に仕えた人たちの心情が理解できない」、「〝おまえたち、使用人の分際で何を言うか〟の暴言を吐く」、「彼女を本気で支えようとする人が出てきてもその人たちを信頼しない」「おいしいことを言ってくる人間は、みな親がのこした財産をかすめとろうとする奴と思いこむ」「きびしく当たるので、彼女を支えようとする気力も意志も心情も皆の心から消え失せ、彼女の周りから誰もいなくなる」。これはすべて、真紀子に起こったことそのままです。

早坂秘書は、ここでは、真紀子をストレートに痛罵するようなことはしていませんが、その後折にふれ、それまで胸の内にしまっていた、真紀子の人間性を疑わせるようなエピソードを小出しに語っていくことになります。たとえば、次の話は、角栄が脳梗塞で倒れた直後、早坂が病室で角栄と会う誰も見ていない場面です。

《深夜、私はベッドのオヤジの手を握った。一切反応なし。開いた目がうつろだった。病状は絶望的だ。涙が溢れた。「オヤジさん、オヤジさん」と呼びかける私の背後から「純情ねえ」——お姫様の乾いた声が聞こえた。男ありき。私が仕えてきた政治家・田中角栄は、実の話、この日に死んだ。》(『政治家は「悪党」に限る』)

このとき、早坂秘書は、対外的には、角栄の症状は軽く、そう遠くない時期に社会復帰が可能だとさかんにいっていたのですが、同書の中で角栄は言語機能を完全に失っていただけでなく、「本当を言えば、判断機能も事実上、停止していた」ことを明らかにしています。真紀子の発言もそれをふまえてのことでしょうが(どうせ何をいっても角栄にはわからない)、唖然とする一言です。後に角栄を新潟三区に連れ帰って選挙民に会わせたときの一言、「目白の骨董品がきましたよ」を思い起こさせます。

オヤジの頭をフライパンでポカリ

真紀子は何かというと、父の介護をする中で福祉にめざめたというようなことを口にしますが、実際に、真紀子の介護っぷりをそば近くで目にしたことがある人には、いろいろ唖然とさせられることがあったようです。森省歩「田中真紀子『角栄遺伝子』の炸裂!」(「アサヒ芸能」二〇〇〇年八月十日号)には、こんなすごい話が紹介されています。

《角栄の「側近中の側近」と言われたある地元政界の大物が次のような〝衝撃事実〟を明らかにする。

「闘病と静養のために目白邸に引きこもったオヤジ(角栄)はすでにボケ症状も現れ

ていた。真紀子の看病もそれは容易なことではなかった。介護の極限の場面ではそりゃイライラして、ヒステリックになるときもあった。あるとき真紀子がダダをこねるオヤジの頭をフライパンでポカリとやり、『うるさい！』とどなったこともあった」

この人物によれば、それでも車イスの角栄は言葉にならない奇声とたどたどしい手ぶりで側近たちや真紀子に何らかの意思表示を繰り返していたという。

さらに、この人物が続けてこう話す。

「実は、脳卒中で倒れたオヤジは、運動不足のせいか、その後、持病の糖尿病までが極度に悪化してしまってね。あまり思い出したくないことだが、亡くなる直前には重度の糖尿病のために壊死してしまった両足の付け根から下をバッサリ切断するという大手術まで受けていたんだ」》

真紀子が角栄を目白邸に囲いこんでしまってから、角栄は外部との接触がほとんど断たれてしまいます。その本当の様子は、このような古くからの側近など、角栄に接することができたごく一部の人を通じてしか外部にもれ出ることはありませんでした。片岡甚松越後交通社長（後に真紀子によって越後交通から追放される）などは、「角さんは真紀子に座敷牢に閉じこめられてしまったようなものだ」とよくいってました。

そしてその最期の日々は、先の話の通りだとすれば、糖尿病の悪化で、両脚切断という事態にまで追いこまれていたわけで、凄絶としかいいようがないものでした。そして、その葬儀もまた、元総理にふさわしいとはいいかねるものでした。

角栄死去の報を聞いて、仕事先の秋田から急いで東京に戻り、夜十時ごろ角栄邸に入った早坂秘書は、そのときの様子を次のように記しています。

《八年ぶりに懐かしい目白の門をくぐった。

愛すべき婿さん直紀君に弔意を表した。だけど、母屋の玄関の方には明かりもなくて、ひっそりと静まり返っていた。私が直紀君と向かいあったのは事務所の三和土だった。事務所の玄関には弔花がびっしりと並んでいた。しかし、明かりはひとつもついておらず、人影もまったくない。いつも大勢の人々に囲まれていたオヤジが死んだにしては、余りにも寂しい風景のように思えた。

「オヤジの死に顔を見たい」と言ったら直紀君は「申し訳ありませんが、どなたにもご遠慮いただいております」。「それじゃあ分かった。お母さんもさぞ気を落としているだろうから大事にしてあげてください」——そう言って私は表へ出た。》（『政治家は「悪党」に限る』）

佐藤昭は『私の田中角栄日記』に次のように記しています。

《日頃からオヤジの棺桶を担ぐのは俺達だと言っていた、田中派の初年兵を自負するイッちゃんや梶さん達も、とうとう田中に面会もできず、死に顔も見られず。細川総理、土井衆議院議長、河野自民党総裁だけの死後対面だった。政界の規律からか田中家の意向か知らないが、長年オヤジを慕って来た人達の処遇に田中はどんな気持ちだったか。死者は語らない。残された人達の寂しい気持ちは、察するに余りある。》

二人ともはっきりそうとは書いていませんが、すべては真紀子の差し金にちがいないという思いがこめられているような文章です。

VII

角栄が持っていた四つの金庫

佐藤昭の金庫に話を戻しますが、ここで注意すべきは、佐藤昭だけが、角栄の金庫番ではなかったということです。

角栄のカネについては、また後に述べますが、とりあえず知っておいてもらいたいのは、田中の使った政治資金のうち、佐藤昭がその流れを知っていたのは、一部にすぎないということです。角栄のカネの流れの全容については、ぼくの『巨悪vs言論』の次のくだり（オリジナルに若干加筆）を読んでもらうといいと思うので、まず、それを紹介しておきます。

《総裁時代、田中は四つの金庫を持っていた（実はここに記した四つの金庫以外に第五の金庫ともいうべき金庫があったことについては後述）。一つは、自民党本部の金庫。

これは経理局長と幹事長が管理していた。もう一つは砂防会館の田中事務所にある金庫。これは佐藤昭が管理していた。次に目白の田中邸の事務所棟にある金庫。これは、金脈秘書の山田泰司が管理していた。もう一つは、田中邸の私邸部分にある金庫である。これは厳密にいうと二つある。一つは三階建ての金庫室で（後述）、もう一つは、玄関近くの座敷にあった金庫である。いずれも田中はな夫人と田中自身が管理していた。この四つの金庫の中にある金は、それぞれに全く性質がちがっていた。自民党本部の金庫にある金は党の資金であって、田中が党総裁として公的立場で使う金である。砂防会館の田中事務所の金は政治家田中の金、つまり田中のオモテの政治資金である。田中邸の事務棟の金庫の金は、もっぱら山田秘書が管理、運用する金脈ユーレイ会社の資金でいわば、ウラ政治資金といっていいだろう。そして私邸部分の金庫の金は、田中個人の金である。あるいはウラ政治資金のさらにウラにある金といってよい。

政治家連中に配られる金はもっぱら砂防の田中事務所の金だった。この金は田中が自分で渡すこともあれば、佐藤昭が御名代として渡すこともあったし、ロッキード裁判の調書にあるように榎本がメッセンジャーをつとめてどこかに届けることもあった。》

佐藤昭が、角栄の御名代として金配りをやっていたことは、彼女自身が「政界」（二〇〇一年四月号）のインタビューで次のように述べています。

《――田中さんが、所属の議員などに手当てを配るときは、佐藤さんが判断したのですか。

佐藤　総理のときは、「おまえは、おれの名代だ。全部、任せるよ」とわたしに任せきりでしたね。盆、暮れの手当てのときは、木曜クラブ（田中派）の会長だった西村（英一）さんと並んで、

「これは、総理からです」

「これは、木曜クラブからだ」

と手渡した。でも、木曜クラブには資金がないんですよ。額が少なければ、西村さんに恥をかかせてしまう。ですから、西村さんの顔を立てて、越山会から木曜クラブに援助したんです。》

角栄がお中元、お歳暮（餅代）として派閥のメンバーに配っていた金は、時期によって多少のちがいはありますが、ならすと一人二百万円以上になっていましたから、メンバー百二十人として、季節が近づくと最低でも二億四千万円は必要になったと思われます。

事務所の解散と「お中元」の関係

実は真紀子がなぜ六月六日に事務所の解散を宣言したかなのですが、これはお中元の時期が近づいてきており、例年通り、今年もまた金を配るのかどうかの決断が迫られていたからではないかと思うのです。角栄が倒れて、それまで角栄が走らせていたマネー

メイキングマシーンを全体的に統轄できる者が誰もいなくなったとき、その決断を迫られた真紀子としては、事務所閉鎖↓お中元・お歳暮の現金配り廃止という道以外選択の余地がなかったと思うのです。

彼女はもともと父が金脈問題で倒れたこともあって、かねてから金権政治に批判的でした。父がいなくなって、その金権政治を引き継ぐかといえば、そのつもりはなかっただろうし、引き継ぐとすれば、金脈マシーン全体を引き継がなければならないのに、それは自分の能力にあまると思ったでしょう。それに、そうなると、いやでも佐藤昭と関係を持たなければなりません。しかも、佐藤昭のお世話になる（お中元お歳暮のような経常支出的なカネは、佐藤昭が管理する政治資金団体を通じて集めていた）という形の関係を持たなければならないわけですが、真紀子としては、そんなことは金輪際したくなかったでしょう。それに、角栄が倒れて、ほんの二ヶ月の間にカネがすさまじい勢いで流れ出す一方なので、真紀子としては、このままいったら、どうなるのか恐れおののいていたということがあったと思われます。当座の病院に対する支払いが巨額についたのもさることながら、角栄の近い将来の再起は望みがたいという病状の深刻さを知ると、まず、これからの長期にわたる闘病生活をどうするか、ファミリー全体の生活をどうするか、目白の事務所をどうするかといった問題があり、これまでと同じように、年二回も数億円のカネを用意して議員たちに配ってしまうなどということはとてもできないと判断したのでしょう。

それに真紀子はもともとケチに生まれついていて、使用人のおカネの使い方についても、一円単位でうるさく、必要品のちょっとした買物にも、すぐ「高すぎる」と文句をつけ、使用人が立て替え払いをしたものについても、なかなか精算をしなかったり、書生が友人とポケットマネーで居酒屋で酒を飲んだ場合ですら、「そのおカネはもともと私のおカネなのよ」（給料として支払ったらその人のものという常識は通じない）と、文句をつけたというのですから、オヤジのごときカネづかい（人に何百万もポンポンくれてやる）は想像するだに恐ろしいことだったでしょう。早坂秘書と対立した最初のきっかけも、病院に毎日多数やってくる見舞客のために、早坂が一人前三千円のスシを相当数いつも切らさないように取っていたので、その支払いがたちまち月数百万円になり、スシの値段が高すぎるし、取る数も多すぎると文句をつけたことにあるといわれます。さまざまな支払いの増加に対応するためか、目白私邸の土地の一部が、この年の四月中に二億五千万円の抵当に入れられています。資産の切り売りをはじめなければならない状況に追いこまれていたのでしょう。これまで通り、政治家にカネを配っていたら全財産を失うことになると真紀子は恐怖したのではないかと思われます。

巨大な土蔵を包み込んだ作りの田中邸

角栄の四つの金庫に話を戻します。

≪田中自身は、私邸で政治資金を配布することもないではなかったが、これはきわめて例外的だった。資金は原則として砂防の田中事務所で配ったのである。政治資金を総合的に管理統轄しているのが佐藤昭だったからだ。佐藤と榎本が関与するのは、この事務所のカネだけだった（これについては、後に必ずしもそうではないことがわかる。それについては後述）。田中はすべての金庫のカネにアプローチできたが、他の人はどんな秘書でも、一つの金庫にしかアプローチできなかった。榎本は田中邸に行っても、もっぱら事務棟におり、私邸部分に入ることはめったになかった。政治家でも、相当の関係でなければ、私邸部分に入ることはできない。

例の五億円の引き渡しの連絡が伊藤からあるたびに榎本はどこに搬入するかを田中にたずねた。田中は四度とも私邸の奥座敷に搬入するように命じた。それを命じた時点で、田中は例の五億円をどういう性格の資金とするか、どの金庫に入れる資金とするかを決定したのである。一般的政治資金にするなら、砂防に運んで、佐藤昭に預かってもらえといっただろう。≫（『巨悪vs言論』）

ここで若干の解説を付け加えておくと、はじめのほうに出てくる「三階建ての金庫室」とは次のようなものです。

≪丸紅ルート一七八回公判で、田中邸の書生たちが、田中邸のお中元、お歳暮等のもらいものの処理の仕方について証言した。シーズンになると、一日に二、三十個のもらいものがあるそうで、全体では膨大な量になる。もちろん、一家で処理しきれる量ではないから、どんどん人にやったり、まとめて福祉施設にでも贈ればよいのに、ためこむのである。そのため、お中元、お歳暮の季節、書生たちはもらいものの記録や保管に忙殺されることになる。

どこにためこむか。田中邸にはバカバカしいほど大きな二階建ての物置がある。ワンフロアが間口二間半に、奥行きが十間もある。つまり五十畳敷きの広さなのである。ここに運び込まれるのは安物だそうで、高価なもらいもの（美術品など）は、田中邸内にある金庫室に運びこまれる。

田中邸の私邸部分は、普通の家という概念がとてもあてはまらないほど、大きい。十畳、八畳といった部屋だけでワンフロアに十室以上もあり、廊下を広々とつくってあるので、廊下部分だけで何十畳敷きにもなる。

この邸は実に不思議な構造になっていて、奥座敷の奥のいちばん奥の部分に、とてつもなく巨大な金庫室（金庫がある部屋ではなく、部屋そのものが金庫になっている）がある。これがなんと三階建てなのである。ワンフロアが十畳敷き以上ある三層構造になっている。こんなものが邸宅の一部としてビルトインされているのだ。

この金庫室に入れるのは、田中本人と、田中はな夫人だけである。中にしまうものを運んできた書生も、トビラのところまで運ぶだけで、中には入れない。トビラが開くときに、中の様子をチラリとうかがうのがせいぜいという。

書生だけではない。山田泰司、遠藤昭司といった金脈秘書も、榎本敏夫のような側

近の秘書も、この三階建て金庫室の中はのぞいたことがない。》（同前）

要するに、この三階建て金庫室というのは土蔵なのです。あの田中邸は、三階建ての巨大な土蔵を一つ丸々包み込んだ構造に設計されているのです（空撮の写真をそう思って見ると、それがわかる）。この風変わりな建物は、もともと土建会社の社長で、たいていの建造物の図面を自分で引ける田中が設計したものにちがいありません。

四度にわけて田中邸に運びこまれたロッキードの五億円が、いずれも奥座敷に運びこまれたというのは、この金庫室のすぐ前まで運びこまれたということです。その後、その五億円がどう使われたか、榎本は具体的にはわからないとしましたが、ロッキード事件の取り調べ段階の供述では、かなりのことをしゃべっていました。

《表向き、あの五億円の使途はついに解明されなかったことになっている。少なくとも法廷では、使途についての立証はなかった。

一方、「幻の榎本調書」といわれるものがある。榎本の自供調書十一通のうちの一通、八月十日付のものに、九丁分内容が削除されたまま証拠採用された調書がある。検察側の証拠申請の段階から削除されていた。前後関係からみて、榎本が約二十人の国会議員に資金を配って歩いたことを告白したくだりであるとされる。

その前後、榎本調書には、

「田中先生がこの五億円の金をどのように処理されたかは知りませんが、この五億円が参院選挙に対する政治活動費として献金された性格から推して、おそらくいったん

広大な敷地の田中角栄邸（東京都文京区目白台）。
この中に〝蔵〟のような金庫があったという

は党を通過し、その全部ないし大部分は同選挙に立候補予定の候補者ないし、応援にあたる自民党議員の政治活動に使われたことは間違いないと考えます」

「佐藤（昭）と相談して四十七年暮れの衆院選、四十九年夏の参院選に際して、田中先生から代議士などに渡された金の集計表、越山会など政治資金団体の三千万円以上の領収書類を処分した。四十九年の参院選に田中先生から代議士などに配った金の中に、問題の五億円がミックスされていないとも限らず、まさか越山会まで捜索されることはないと思うが、もし提出を求められるに至った場合、先生方にご迷惑をかけることになるので処分しました」

などといったくだりがある。このほか、具体的な金の配り方、金を受け取る代議士の対応などについての供述もあり、削除された九丁はどう考えても、金の配布先そのものなのである。そして、この調書には、榎本が佐藤昭と相談して証拠隠滅した資金配布先の集計表が、記憶にもとづいて復元され添付されていたという。》（同前）

空っぽだった自民党の金庫

もう一つの金庫である自民党の金庫については、次のようなすごい話があります。四つの金庫がどれだけ分離独立されていたか、どの程度ミックスしていたかということなんですが、

≪では、そのミックスの恐れのほうはどうか。これは一般論としては大いにある。四つの金庫はそれぞれ独立の性格を持つとはいえ、同時に密接な関係にある。いずれかの金庫の金ぐりが悪くなれば、別の金庫から融通するということは、日常的に行われていただろうからである。（略）

この当時、もっぱらミックスしていたのは、自民党本部の資金と、砂防の田中事務所の資金である。田中の金脈退陣後、政権を引きついだ三木内閣の中枢にいた人間が証言する。

「三木が引きついだとき、党の金庫の中は空っぽ。残っていたのは、銀行から手形貸し付けで借金した証文だけ。その額がなんと百億円ですよ。百億円。あの参院選がすごい金権選挙だったのは知っているが、百億というのはいくらなんでも使いすぎだというので、三木がその使途を調べようとした。当時の経理担当者にただすと、㋚という伝票がたくさん出てきた。これはなんだと聞くと、砂防に持っていった金の意味だという。要するに田中は自民党の名前で財界から借金して、それをどんどん砂防会館に運びこんで、自分の政治資金であるかのごとくバラまいていたわけだ。

受け取る側は、田中の個人的資金だと思って有り難がり、田中に恩義を感じたようだが、実は党の金だったんだ。三木はその説明を聞いてしばらく呆然としていたが、結局、その話は自分の腹の中に全部おさめてしまった」

田中が参院選で百億以上の金を使ったという話は、榎本調書の内容とも一致する。≫

（同前）

すごい話でしょう。百億ですよ。七四年参院選というのは、田中があまりに無茶苦茶な金権選挙をやったものだから、ほんとうにお金がジャブジャブという感じで流れ出たんですが、その原資の相当部分がこれだったわけです。要するに、党資金の流用です。それももとはといえば銀行から証文一枚で引っぱりだしてきた借金なのです。で、この借金を返すのかといったら、形式的には返すけれど、事実上、返さないんです。どういうことかというと、財界から政治献金を集めて、それで相殺するんです。どこがどれだけ献金するかは、国民協会が割り振りをする。国民協会は、鉄鋼連盟、石油連盟、自動車連盟など各産業団体別に割り振りし、各産業団体が個別企業に割り振りするという形で、結局は、オール財界が政治献金を集めて、自民党の借金を返してやるわけです。七四年にはこの借金返しもあって財界から国民協会などを通じて二百六十億円が自民党に寄付されていました。百億円くらい簡単に返せるわけです。

国民協会を中心として各業界から政治献金を集め、それを自民党に寄付するという政治資金のシステムは前からありましたが、それは基本的には、政治献金を集めることが先行し、集めてから寄付先を考えるという手順でやってきたわけです。しかしこのあたりから、銀行からまず手形貸付で借金してしまい、その借金をあとから政治献金で尻ぬぐいするというようにシステムが変わってしまったわけです。それまでも自民党は、何らかの理由で手元不如意のとき、銀行から手形貸付による借金をして急場をしのぐとい

ロッキード事件で注目を浴びた榎本敏夫

角栄の側に立つ早坂茂三

「ハチの一刺し」の榎本三恵子

金庫番の一人でもあった山田泰司

うことがあるにはあったのですが、これほど巨額の事前の借金はちょっと例がないことでした。

佐藤昭も、自分を通過するお金が田中の政治資金のすべてではなく、別の流れがあることに気がついていていました。

《もちろん、私の知らないところで動いていた金もあったろうことは、否定はしない。総裁選のみならず、選挙となれば出所不明の金が動くのも日本の風土なのだ。

また、幹事長の決裁ひとつで自由になる党の国会対策費などが、どのように使われていたかは、私は詮索しない。

何十年にもわたって、田中のみならず、与野党ふくめ様々の政治家の政治生活というものを至近距離で見てきた私は、きれいごとだけではない実態のあることも承知している。》(『私の田中角栄日記』)

つまり、角栄の四つの金庫のうち、佐藤昭が知っているのは、自分のあずかる一つの金庫だけで、党の金庫からの流れも(それとは知らずに党の金庫から自分の金庫に流れこんでいた流れも相当あったわけですが)、目白の私邸の二つの金庫からの流れについても全く知らなかったわけです。

同じことが、他の金脈秘書についてもいえます。みんな自分のあずかる金庫の金の流れは知っているけど、全体は知らないのです。実は、ぼくの最初の「田中角栄研究」の中ですでに書いていることですが、角栄の幾つかの政治資金団体の金集めをいろいろ取材してみると、おかしな話がたくさん出てきたので、最後の段階で、ぼくが榎本敏夫秘書に直接電話を入れて、疑問点を問いただすということをしました。そのとき、田中の政治資金集めは全体としてどういうシステムになっているのかと、包括的な質問をしたところ、彼はこう答えたのです。

「さあ、誰に聞いてもよくわからないのではないでしょうか。みんな一部しか知りませんから」

これはいまから考えると、実に意味深な答えです。一般には、角栄の金の流れは佐藤昭がみんな知っていると思われていました。しかし、榎本秘書は、佐藤昭秘書も知らない金の流れがあることを知っており、いずれにしても全体を知る人は田中以外誰もいないことを知っていたからこそこう答えたわけです。

越山会の厚い扉のついた旧式金庫

では、佐藤昭秘書があずかっていた越山会の金庫はどのようなものだったかというと、こうです。

《だいいち越山会の金庫は厚い扉のついた旧式なもので、どんなにつめこんだところで、十億円にも届かない。残念ながら、それが満杯になることなどなかった。》(同前)

この表現からすると、十億円に近い数億までは入ったようです。また数億は入らないとお中元お歳暮の金配りにも対応できないわけです。

佐藤昭秘書は、この金庫の大きさをもっぱらの根拠として、百億円の総裁選といわれた、七二年総裁選で使ったカネもそんなに多くなかったといっています。しかし、その程度の金庫でも、何回転かさせれば百億に届く（実際、金配りは何回にもわけて行われたことは後述）のですから、金庫の大きさを根拠にするだけでは、百億円総裁選を否定できません（もっとも私自身も百億円は多すぎると思っていることは後述）。

《後に田中が金脈だ、金権だといって叩きに叩かれた時、常にこの時の総裁選の話が持ちだされ、話に尾ひれがどんどんついて、遂には百億円戦争とまでいわれてしまった。

「百億なんて膨大な金、積み上げたらどれくらいになるんだよ。そんなもの置く場所があるかい。お前が一番よく知っているじゃないか」と田中は言った。

それはその通りで、巷間言われたような金は飛び交っていない。総裁選挙というのは、どんなきれいごとをいったって、権力闘争に間違いはないわけだから、戦争のための軍資金はいる。けれど、それは巷間いわれているものの十分の一か、何十分の一の単位である。資金の流れは〝金庫番〟と言われた私が全部みていたわけだから、これは断言できる。》（同前）

「総裁選挙は権力闘争だから、どんなきれいごとをいったって軍資金はいる」というくだり、なるほどと思って読みました。ここまでストレートに、総裁選挙は実弾をぶっ放しあう権力闘争であることを当事者が肯定したことはありません。

問題はその額です。「巷間いわれているものの十分の一」までは、彼女も認めているわけです。

この記述も非常に興味深いものです。というのは、かねてから田中の配るカネの額はオモテ（政治資金団体の帳簿にのせて報告される金額）の十倍といわれていたからです。そして、彼女が扱っていたのは基本的に政治資金団体の帳簿にのるカネで、後で述べるように、総裁公選の運動期間中（昭和四十六年十月〜四十七年七月）に、政治資金団体から出たカネは約八億円です。それを十倍すると八十億になるので、そのあたりが田中が本当に使ったおカネかなとぼくは推測していました。巷間いわれていたのは、三十億から百億でした。

——帳簿の十倍というのは、何か根拠があるんですか。

立花　たとえば、四十七年三月のバラまき（いわゆる「三月攻勢」）があまりに露骨だったので、「読売新聞」が一面トップで「ポスト佐藤—黒いうわさ—派閥越し個人買収」という大きな記事をのせるんですが、その記事によると一人平均二百万円が百人以上に渡り、ある中間派の派閥ボスに五千万円、計四億五千万円がまかれた、とされています。この期間の政治資金団体からの支出がちょうど四千万円くらいで、まさに十分の一になっているわけです。

——そういう新聞報道、どれくらい信用できるものなんですか。

立花　これが意外に信用できるんです。大新聞の場合、記者のいい加減な当て推量でそんなことを書くわけにはいきません。政治家からちゃんと情報を取って書いています。いい加減な原稿を記者が書いたら、必ずデスクから、どういう情報をもとにそう書いたのか問いつめられます。記者がどう答えてもデスクはデスクで、それをうのみにせず、別のところでウラ取りをします（自分自身でか、他の記者を使って）。そういう点、大新聞の情報システムはしっかりしています。いい加減なことを書くと、その新聞は政界で信用を失い、影響力を失ってしまいます。だから書いてあることが百パーセント正しいということもないだろうけれど、全くの外れということもありません。

政界の金の話はいずれバレる

――しかし政治家はそういうカネの話を新聞記者にもらすものですか。

立花　それはその記者がどれだけその政治家に食いこんでいるかによります。いったん食いこんだら、相当の内輪話を聞くことができます。派閥の親分が盆暮の手当て（いわゆるお中元お歳暮）として家の子郎党に幾ら配ったかなんて、政界では、アッという間に情報が広まって、新聞記者はもちろん、対立派閥の政治家だって知ってしまいます。田中派のカネは実際の流れと帳簿上のカネの流れが十対一なんて話は昔からよく知られているんです。

お中元、お歳暮にくらべると、総裁選の票集めで幾ら配ったかは少し秘密性が高い情報になるものの、これもそんなにたたないうちにバレます。受け取る人間が何人もいるわけだし、みんなその手の情報をほしがってお互いに聞きまくるから、いずれバレるんです。政界のカネの話は意外に秘密にしておけないものなんです。だいたい、政治家が他の政治家からカネをもらうこと自体は違法じゃなかった（政治資金規正がきびしくなかった）から、みんなそんなに隠さなかったし、派閥の親分も、たくさん配ってるところは、それがバレても、自分のところは景気がいいぞという宣伝になるから、別に怒ることもなかったわけです。まあ、どういう性格のカネにしろ、多数に配ったら、その話は政界では必ずバレると思っていい。バレにくいのは、個人から個人への買収的カネの流れです。そういうものは、いまでもほとんど表に出ないんでしょうが、食いこみが深い新聞記者は、そういう話も相当つかんでいました。

たとえば、「読売新聞」の渡邉恒雄は、大野伴睦に食いこんでいた記者として有名ですが、回顧録の中で、保守合同についてこんな内幕を語っています。

《五月十五日の三木・大野会談（三木武吉、大野伴睦会談。保守合同はこの会談が端緒になった）は、しばらく報道されなかったから、正力さん（松太郎。衆議院議員。北海道開発庁長官。読売新聞社長。当時、総裁選に出るつもりだった）や藤山愛一郎の二人が斡旋した説が出たんだな。（略）

正力さんなんか、後にパンフレットをつくって、秘書から僕に渡して、「これを各新聞社にバラまけ」と言うんだよ。「保守合同をやったのは正力松太郎だ。工作資金として三木武吉に二〇〇〇万円（当時の二千万円は今の四億円に匹敵する。大卒新入社員の平均給与から概算）渡した」と書かれたパンフレットをね。（略）

実際二〇〇〇万円は、三木武吉に渡し、「二人で会談しろ」と言ったんでしょうが、その前に話はもうできていたんだ。（略）

正力さんの金については後日談がある。これは大野伴睦に聞いたんだけれど、「三木は正力からもらった二〇〇〇万円のうち、一〇〇〇万円をおれにくれたんで、すぐ幹事長である石井の家に持っていったんだ。そうしたら石井がそれを党に入れてないんだよ」とね。

それで、大野伴睦は緒方や松野鶴平たちがいる幹部会で、この金銭授受の話をばらしたらしい。「ところで石井君、あの一〇〇〇万円どうしたのかな」と言ってね。だけど大野伴睦も後で、「石井君のところに行って、『一〇〇〇万円のうちの一〇〇〇万円はおれに寄こせ』と言って、一〇〇〇万円はせしめたよ」だって。（笑）》（『渡邉恒雄回顧録』）

昭和三十年（一九五五）の保守合同で自民党ができて、初代の総裁鳩山一郎（当時首相）は、事実上無投票で決まるんですが、次の岸信介、石橋湛山、石井光次郎の三人で争った総裁選（昭和三十一年）がすさまじい金権選挙になったため、これが自民党総裁選の原型になってしまうわけです。第一回投票で、岸が一位になりながら（岸二二三票、石橋一五一票、石井一三七票）、決選投票で、二、三位連合を組んだ石橋に敗れる（石橋二五八票、岸二五一票）という一大番狂わせが起きた。いちばんカネを使った岸が負けた（軍資金は岸三億、石橋一億五千万、石井八千万）わけだから、カネがすべてを決したわけではないけれど、石橋も、石井もそれなりにカネを使ったから、二、三位に食いこめたわけで、三人はその他の候補者とは段ちがいのカネを使ってここまでいけたわけです。この総裁選から、自民党の権力抗争にカネはつきものになり、その相場もやがてどんどん上がっていくわけです。正力は、この三人とはケタちがいに少ないカネしか使わなかったから、総裁選の本番がはじまるはるか以前のところで落伍してしまったわけです。

親分から金をもらい、子分に金をやる

正力のカネの使い方でこんな話があります。当時、正力にくっついて動いていたのが、中曽根康弘、桜内義雄、稲葉修、安藤覚の四人でした。

《中曽根さんの当時の判断も、岸、石橋、石井の三人ともそのうちクタクタになる。その間隙を縫って正力さんが立候補すればいけると考えていたようだよ。

これはだれにも言ったことがないけれど、やはり正力さんと中曽根さんの間には、お金が動いていたんだよ。ただし、正力さんが中曽根さんに渡した額は、わずか二〇万円だった（笑）。これでは会合代にもならない。でも、それを後に聞いた安藤が怒

るんです。「中曽根はけしからん。正力からの二〇万円の半分はおれに渡すべきだ。しかし五万円しかよこさない」と。四人いたんですけれどね。（笑）
しかしなにより、一〇〇〇万単位で金が動いているのに、二〇万円だよ。岸さんが三億円使っているときにね。まあ、正力さんにはそんな金はなかったんだろうけどね。》（同前）
こういう、今から思うと牧歌的としかいいようがないレベルのカネの動きもあったわけですが、とにかく上から下まで、政治にカネはつきものだったんです。そういう世界をずっと現場で見てきた渡邉恒雄は、こう喝破しています。
《道徳的には悪いが実際、政治家で大成する秘訣は、親分から金をもらうこと、子分に金をやること、これなんだ。
それを、親分から金をもらわない、子分に金をやらない、これは全部駄目になる。正力さんがそうだったし、宇都宮徳馬が、ついにひとつの大臣にもなれなかったのも、そのせいだ。（略）
正力さんはいま言ったように、二〇万円しか出さない。だから、子分が四人できたと思ったら、そんなものは十日やそこらで解散だ。考えてみれば、正力さんにとって、一保守合同のときに二〇〇〇万円を三木武吉に持っていったことは大変な出来事で、一生涯で最大の金じゃなかったのかな。それだからこそ、パンフレットをつくった。物に書いて残したかったんですよ。

政治家になったら、親分から金をもらえ。もらって自力で金を集められるようになったら、子分に金をバラまけ。当時の政界ではこれが鉄則だった。これが政治腐敗の原因なのだが、それをしない人は絶対に親分になれない。政治資金規正法が強化され、新聞もはげしく金権政治批判を書いたから、最近それほどひどくなくなったのは結構だが、まだそうしたしきたりが、完全になくなったとは思えないけどね。》(同前)

――ずいぶん露骨な表現ですね。

立花　露骨だけど、これがほんとに自民党政治の一つの伝統だったんです。そして角栄はその伝統にのっとって、鉄則通りのことをやって親分にのしあがっていったわけです。渡邉恒雄がいうように、たしかに、政治資金規正法が強化されて以後、だいぶよくなった。政治資金の規正以外に政党助成法で、年間三百十七億三千百万円(二〇〇二年)もの金が政党に流れこみ、昔ほど政治家個人のカネ集めが必要でなくなったことと、総裁選に予備選が導入されて、本選挙の実弾合戦がひかえられていることが大きい。だけど、こういう政治体質は、まだ消えてなくなったわけじゃない。鈴木宗男なんか、ついこの間まであいかわらず古典的なカネ配りによる子分集めをやっていたわけですから。

日本に昔からある「金権政治」

――こういう金権政治は、やはり岸信介からはじまるものなんですか。

立花　明治、大正の昔からあります。権力者（役人）がワイロを取って、贈賄者に有利なはからいをしてやるという古典的なワイロ政治なら、江戸時代、あるいはもっと昔からありますが、明治二十三年に国会が開かれて、選挙で選ばれた議員が政党を作り、国会で国事を審議するようになると、新しいタイプの金権政治がはじまります。選挙における買収、政党内部の権力争いのための買収、それに、政府が野党の反対をおさえるための野党指導者の買収、この三つのタイプの買収が、日本の近代政治では最初から横行していました。

そのうち財閥が自己に有利な政策を求めて政治家を買収するという新しいタイプの買収が加わり、大正、昭和前期を通じて政党政治の腐敗はどんどん深刻化していきます。昭和前期に横行したテロには政治腐敗に対する抗議の意味がかなりあったくらいで、当時の政治腐敗はひどいものでした。戦後の保守政治家の古手はみんなそういう伝統の中で育った人たちだから、戦後の政権争いにおいても、自然に買収という手段がおおっぴらに使われるようになったわけです。政治腐敗における戦前、戦後の接点を考える上で重要なのは、やはり岸でしょう。岸は戦前から金権政治のただ中にいました。当時から、カネを集めるのも、カネを使うのも派手にやっていたわけです。だから、戦後、カネを使って自分の政権を獲得することに何のちゅうちょもなかったわけです。また、そのカネを財界が集めてくれました。渡邉恒雄は、こんなことを述べています。

《岸さんは、やはり金権政治の元祖ですからね。（略）

元時事新報の政治部長で、後に産経新聞に入った吉本重義が『岸信介傳』という本を書いているんですが、そこで、岸さんの言葉として、「政治は力であり、金だ。力ある者のみが競争者をけ落とし、その主導権を確立することが出来る。そうすることによってのみ自分も保守統一を遂行できるのだ」と書いている。そして「これは当時の岸の信念であった」と記していますよ。（略）

岸さんの権力づくりは、戦時中、軍が臨時軍事費という名の陸軍機密費を使って政党を買収し、親軍派をたくさんつくり、それで大政翼賛会までつくった感覚、これと同じじゃなかったのかな。金で政党はどうにでもなると、岸さんは考えていたと思いますよ。

しかも財界も岸さんには、金を出した。戦前、商工大臣をやっていた関係でね。（略）このような金権政治は、明治、大正、昭和を通じて大なり小なりあったんです。金は政権獲得と政局安定のコストとして、非道徳であっても許される——というのが、岸信介的思想で、三時代の大政治家といわれる人物で、まったくこの例外であった人はほとんどいないのが現実だったんじゃないかな。》（同前）

田中角栄は金権政治の完成者

——すると、金権政治の元祖は角栄ではない。

立花　元祖ではなくて、むしろその完成者といったほうがいいんじゃないですか。早坂茂三秘書は、『鈍牛にも角がある』の中で、それを「芸術的」とまで表現しています。
《田中政治は金権政治のレッテルを貼られた。それはそれでよい。私も否定しない。（略）
日本は議会制民主主義というが、本当のところマネークラシーである。このシステムを戦後、芸術的にまで完成させたのが田中角栄であった。私はそう思っている。
田中は間違いなく金権政治家の側面を持っていたが、角栄は拝金主義者ではなく、守銭奴でもなかった。ストックではなくフローに専念した。公共事業の口利き料や大手建設業者の闇献金、大がかりな株の売買、土地ころがしで得たカネを徹底して散じた。
「カネなんてオレの目の前を通り過ぎていくだけだ」
と私に笑って言ったことがある。田中にとってカネは手段であって目的ではなかった。学歴もバックもない人物が徒手空拳で地の底から這い上がり、政治を動かすために活用した武器である。（略）
田中角栄は「実弾」を鉄砲として使い、一国一城の主である衆参両院議員を「軍団」として有無を言わせず再組織し、「数の力」で政権の座へ駈け上がった。ロッキードの縛についた後、更に軍団の力を強め、他派を畏怖させて、政権党＝自民党を動かす戦略的主導権を持ち続けた。数としては閣僚経験者も新人議員も平等に扱った。

一視同仁。平和な時代の権力闘争の革命的な戦術転換だ。これが金権政治なるものの本質である。》

要するに、田中政治が金権政治（マネークラシー）であったことを、はっきり認めているわけです。角栄はカネを実弾とする実弾射撃であそこまでのしあがったことを素直に認め、実弾は実弾だけど鉄砲の実弾じゃないんだからいいじゃないかと開き直っているわけです。

――早坂のいう、角栄は守銭奴ではなく、徹底して人にカネを配ったんだからいいんじゃないかとか、学歴もバックもない角栄のような人間には、それしか武器がなかったんだから仕方ないじゃないかという、角栄の金権政治擁護論は昔からありましたね。

立花　角栄のカネがもっぱら人に流すフローマネーに徹していたというのは、ある意味で真実ではありますよね。彼を通過していったお金の総量はすさまじい金額になります。おそらく今の貨幣価値で一千億円単位になるんじゃないですか。角栄からお金を受け取ったことがある人間は、おそらくいまでも自民党政治家の半分以上になるでしょう。そういう後ろめたさがあるから、自民党で真紀子批判、真紀子処分をしようということになるとみんな腰がひけちゃうわけですよ。真紀子から、あんたがうちのオヤジからカネをもらっていたことちゃんと知ってるわよみたいな顔でにらまれると、へなへなになっちゃう人が多いんじゃないですか。秘書問題でできた調査委員会や、党規委員会にならんでいる、ちょっと年をとった連中の多くがそうだと思いますよ。角栄は派閥をこえて金を配っていたから、驚くほど多くの人がもらっているんです。

角栄がもっぱら熱中していたのは、お金のフローのほうだというのは、それなりに真実ですが、一方で、角栄はストックのほうもちゃんとやっていたというのが、もう一面の真実です。ストックもちゃんとやっていなければ、目白の一等地にあんなとてつもない豪邸をかまえられないし、娘の代になって、近くにあんな大きなマンションを作れるような資産も残してやれなかっただろうし、信濃川河川敷の、あんな広大な土地を自分の会社の所有地にしてしまうということもできなかったでしょう。

そのストックも、まっとうな手段で得た、まっとうなお金で作ったものであれば、誰も文句はいわないですよ。だけど、彼の場合、怪しげな手段を使い、しかも税金を払わないお金で作ったストックだったから問題なんです。真紀子が、それに何の疑問も持たずに、受け継いだだけでなく、さらに怪しげな仕掛けを作って払うべき税金を圧縮したり、それがバレて追徴課税されたりしているから問題なんです。

政治というのは、結局、一言で要約すると、税金として集めたお金をどう使うかの問題ですから、税金逃れは政治家として、いちばんやってはいけないことなのに、彼の場合、税金逃れを徹底的にやるだけでなく、税金の出のほうの流れに首を突っこんで自分でもうまい汁をどんどん吸ってしまうというもうひとつの政治家としてやってはいけないことを壮大な規模でやってきたわけです。そしてそれによって、とてつもなく強大な政治権力を築きあげた。そのような男が、総理大臣以上の超権力者となって日本の政治を十年以上にわたって支配しつづけた。それによって角栄が日本の政治に流した害毒の大きさは、「学歴もバックもない男が徒手空拳ではいあがるためにはこれしかなかった」という開き直りでごまかすことができるレベルの問題じゃないと思いますよ。

角栄の前も後も金権政治はあった。それはその通りなんですが、彼がやったことは、ケタちがいなんです。スピード違反は多かれ少なかれ誰でもやっているというのは事実だし、事実、警察だって、十キロ二十キロオーバーなら何もいいません。しかし、五十キロ制限のところを五百キロでぶっとばすやつがいたら何が何でも捕まえようとするでしょう。角栄はそれくらいケタちがいのことをやってきたんです。「オレにはこれしかなかった」の開き直りが許されるのは、十キロオーバー、二十キロオーバーのチンケな違反者であって、五百キロオーバーの大違反者は、反則キップじゃすまされず、本裁判で実刑を食って当然ですよ。

彼は一種のオカネ中毒症

――それくらい差がありましたか。

立花　ケタがちがったんです。彼は一種のオカネ中毒症にかかっていたんだと思います。オカネは誰でももらえばありがたがるけど、どんなオカネでも、ケタを一つあげると、ありがたがり方がまったくちがってくる。だから彼は、葬式の香典でも、何かのご祝儀でも、いつでも必ず相場の十倍以上出したんです。二倍、三倍なら、もらう人も、ちょっと豪気だなと思う程度だけど、十倍以上だと、目をむくわけです。相手の目をむかせるところまでやると、その効果は、絶大なものがある。そういう効果を何度も体験するうちに、自分が人に渡す金は一般相場の十倍という「自分の相場」を切り下げることができなくなってしまう。麻薬中毒の患者は、ヤクの効果を維持するために、服用量を上げる必要こそあれ、下げることは絶対にできなくなる。それと同じようなことが角栄のオカネについても起きたんだろうと思います。

渡邉恒雄が回顧録の中で角栄のお金の渡し方がどれほどケタちがいだったかという話を、次のように語っています。

《角さんの金の渡し方の話は、よく覚えているよ。これは朝日新聞の三浦甲子二に聞いたんだけれど、参院選に出た宮田輝が、田中邸から出るときに紙袋を抱えて出てきた。そこに三浦が玄関でバッタリ会ったんだ。そうしたら宮田輝はびっくりして、それを落っことしちゃった。見るとそれは、札束なんだよ。三〇〇〇万円くらいあったらしいんだけれど、札束の山。宮田輝は、それを拾ってまた袋に入れて、慌てて出ていったというんだ。

さすがの三浦も、「角さんはやることがでかいな。僕らが普通聞いていた単位とはだいぶ違う」と言っていたよ。

それからこれも僕が直接見たわけではないけれども、日経の記者が角さんが連載した「私の履歴書」を本にして、田中邸に行ったら、かなりの部数を買ってくれる話になったらしいんだ。そのとき角さんは、大金庫を開けて、二〇〇万円ほどポーンと出した。もちろんこれは正当な本の購入代金だ。だから記者が、領収書を出そうとしたら、「そんなものはいらん」と言う。それでチラッと大金庫の中に目をやると、札束がギッシリ詰まっていたというんだ。そんな話をよく聞きましたよ。とにかく角さんは現金を、それも多額な現金をつねに持っていたんだよ。

——あくまで現金だったのですね。

渡邉　政治資金は現金でないと効果がなかったんだな。（略）まあ角さんは、全部現金で資金を入手し、現金で出していたのはよく聞いていたよ。

——献金も現金でもらうのですか。

渡邉　現金でもらって現金で渡す。だから跡がつかない。》（『渡邉恒雄回顧録』）

——宮田輝が出馬したのは、七四年参院選で、二十八年前だから、今なら、最低でもその十倍、三億くらいもらったということでしょうね。すごいですね。

立花　いまの話でもうひとつ注目すべきは、場所が目白の田中邸だったということです。ルーティーンの政治資金（お中元お歳暮）なら、先に述べたように、平河町の田中事務所で、佐藤昭が御名代として渡すことがあっても、こういう特別に大きいものは、目白の私邸で角栄が自ら渡していたということです。これも先に述べたような、佐藤昭が知らない金の流れの一つの例になります。

もうひとつ、先の早坂秘書の記述で注目すべきは、角栄の金の作り方として、「公共事業の口利き料」「大手建設業者の闇献金」「大がかりな株の売買」「土地ころがし」と、四つの主要な手段をはっきりあげていることです。

公共事業の口利き料二パーセント

早坂秘書は、角栄が生きている間は、角栄の金権政治をあからさまに肯定することもなかったし、まして、金の作り方の具体的な話などこれっぱかりもしたことがなかったんですが、角栄が亡くなってからは、金の作り方、金の使い方の両面にわたって、角栄の金権政治の裏側を少しずつ語りだしています。この金の作り方にしても、『政治家は「悪党」に限る』の中では、もっとはっきり、次のように述べています。

《オヤジのカネの集め方は集金能力の乏しい人間からすれば、すさまじい錬金術に見えたと思う。基準はともかく常識を超える行為だった。

ゼネコンからは黙っていても献金がくる。公共事業でどんどん口をきいて、出来高払いで平均二パーセントの口銭が入ってくるんです。あるいはインサイダー情報で田中株といわれる相場を張る。あるいは土地も動かす。これについてオヤジは自分自身で後ろめたいことをしている、という意識はほとんどなかったと思う。》

佐藤昭秘書は、早坂秘書のいう二パーセントの公共事業口利き料について、自分は角栄のカネの流れを全部知っているが、そんなものはなかったと否定していますが（大下英治『宰相・田中角栄と歩んだ女《ひと》』）、これは地元新潟の土建業者を取材してみればすぐにわかる、よく知られたシステムなのです。佐藤昭秘書は、自分では、角栄のカネの流れを全部知っているつもりになっていましたが、実はそうではないのです。

後述するように、角栄のカネの流れは、ヤバさに応じて仕分けされた幾つかの流れがあり、もっともヤバいものは、佐藤昭秘書のコントロールの外に置かれていたのです。そしてこの、公共事業で口を利いて口銭を取るというシステムは、事実上のあっせん収賄行為ですから、佐藤昭秘書にはさわらせなかったのだと思われます。

公共事業の口利き料平均二パーセントの口銭とはっきり数字まで出しているところがすごいですね。これは業界ではずっといわれていたことなんです。最近の一連の秘書の口利き疑惑事件でも、みんな口利きをしたら数パーセントの口銭を取るという形になっているでしょう。要するに、同じパターンが、自民党内に広く伝わり、システム化していたということです。

口銭の取り方は、いろいろ巧妙に工夫されていて、裸のキャッシュをもらうというようなヤバいことは避けて、簡単に贈収賄罪にひっかからないようになっていました。たとえば、角栄のやっていたことでいえば、自分でも土建会社を一つ（長鉄工業）持っていて、工事の下請け業者に入れてもらう。しかし、請けた仕事を自分では何もやらずに、他の業者（本来の下請け業者）に丸投げしてしまう（その差額が口銭になる）。あるいは、土建業者が必ず必要とする、砂利、コンクリートなどの建築資材を扱う会社を一つ持っていて、そういう資材の売買過程に一枚加わる形にさせてもらう。あるいは土地ころがし、株ころがしの形をとってもいいわけです。こういう形にすれば、ビジネスの体裁を取って、口銭稼ぎができるわけです。角栄のユーレイ会社の営業目的を見ると、「株式の保有売買」「不動産売買」あるいは、「砂利、コンクリートなどの建築資材の売買」といった口銭稼ぎにピッタリの項目がならんでいるのはそのためなんです。

総裁選に使った総額は八十億

――それやこれや、いろんな手段でかき集めた実弾を、七二年総裁選で、ぶっ放した。その総量が八十億に達していただろうと。

立花　それはぼくの見積もりですが、他にもいろんな見積もりがあります。ほんとのところは角栄にしかわからないことでしょうが、当時よくいわれたことは、最終的なコストが角栄にとって一票二千万についたということです。第一回投票一五六票に二千万をかければ、三十一億になりますし、決選投票の二八二票にかければ五十七億になります。その間あたりかもしれません。

面白いのは第一回投票が一五六票と出たとき、角栄が驚きのあまり、椅子から三十センチも飛び上がったと自分でいっていることです。何でそんなに驚いたのかというと、票数の少なさに対してです。福田赳夫一五〇票で、六票差ですから、わずか三人が動いただけで同数になるところでした。佐藤昭は『私の田中角栄日記』にこう書いています。

《「えっ、たった六票差……そんなバカな」と思わず口に出ると同時に、私の両の目から涙がとめどなく流れてきた。自分でも驚くほどそれが止まらない。慌てた職員がおしぼりを持ってくる。

「ママよかったですね」「おめでとう」。皆、私が嬉し涙を流している、と思ったらしい。だが、私の思いは全く逆だった。》

彼女もまた、票の少なさに驚いたのです。

《本当に危うかった。直前の出陣式には一九二人も出席していた。悪くても一八〇票は行く筈だった。改めて政治の世界の冷酷さを思い知らされたようで、政権の先行きにいい知れぬ不安を覚えた。》（同前）

涙がそれほど出たということは、実弾射撃の量からいってもっと票が出ることに確信を持っていたということでしょう。しかし、実弾射撃をしていたのは、田中派だけではありません。福田派もやっていました。総裁選少し前の時点で、「なあに、角サンの方は早撃ちで、そろそろタマの切れる頃なんだ。そこを見計らって、福田派の金庫が開くというわけさ」（「週刊文春」一九七二年六月二十六日号）という声があったくらいで、終盤戦福田側からの猛烈な切りくずし工作が行われていました。それが相当功を奏した（双方からカネをもらって、結局福田に投票したのがかなりいた）ということがこのスレスレの票数に現れているわけです。「政治の世界の冷酷さ」とは、そういうことです。

いずれにしても田中側の実弾射撃が、政治資金団体からの帳簿上の支出、八億にとどまったということはありません。この時期、後に述べるように、角栄はあらゆる手段をつくして、数十億の資金をちゃんと手当てしていたんです。佐藤昭が「悪くても一八〇票は行く筈だった」といい、角栄が椅子から三十センチも飛び上がったというのは、当時の相場二千万を受け取ったやつが少なくとも百八十人はいた（三十六億はバラまいた）ということなのではないかと思います。

いずれにしろ、佐藤昭が、総裁選の資金は巷間いわれているものの十分の一以下だといい、カネの流れは金庫番の私が全部見ていたから断言できるといわれても、それはとても信用できません。

第一に、先に述べたように、彼女は他の金庫の流れを見ていないからです。特に重要なのは私邸の金庫です。ロッキードの五億円が私邸の金庫に運ばれたことでもわかるように、いちばんヤバい金は、私邸の金庫に入ったと考えられます。

実はあった五つ目の金庫

ここで、角栄の金庫には、先の四つの金庫以外に、もう一つの金庫があったということを述べておきます。

ロッキード事件の榎本アリバイの証明過程で、山田泰司秘書関連の面白い新事実が明らかにされました。山田泰司秘書には、目白の田中事務所の金庫以外に管理する金庫がもう一つあったのです。それは、大手町の三和銀行東京営業部の金庫でした。榎本秘書が四回の授受に使った車は目白私邸の笠原運転手の車で、笠原運転手が死ぬ前に残していた笠原メモには、第一回目の授受のあと、大手町の三和銀行に行ったように解される記述がありました。田中側は、笠原メモの信用性をつきくずすために、山田泰司を弁護側証人に立てて、それは笠原車に榎本が乗ったときではなく、自分が乗ったときのことを混同しているのだろうとして、自分は三和銀行に預金口座を持っていたから、笠原車でたびたび三和銀行に行ったことがあると述べたのです。その証言について、ぼくの「ロッキード裁判傍聴記」(『ロッキード裁判とその時代』朝日文庫)では、次のように書いています。

《山田によると、三和銀行東京営業部には、山田が役員を務める会社の普通預金の口座があったので、金の出し入れに笠原の車で何度も行ったことがあるという。「日に二回行くこともあり、週に何回も行った」という。

証言はそれだけで、笠原は何か勘ちがいしていたのだといいたいらしい。私が面白いと思ったのは、山田が役員を務める会社の口座が三和銀行東京営業部にあったということである。「山田が役員を務める会社」というのは、田中の金脈ユーレイ会社以外にないのである。室町産業か東京ニューハウスのどちらかにまちがいない。目白の田中邸に近いところにも、銀行はいくらでもあるのに、その普通預金の口座をわざわざ大手町の三和銀行東京営業部に置くとは尋常ではない。「日に何回も、週に何回も」金の出し入れがあったというのである。それだけ激しく金を動かす普通預金口座であってみれば、いよいよもって邸に近いところがよいはずなのに、大手町の東京営業部なのである。その辺にある銀行の支店では、よほど目立つような金の動かし方をしていたのだろう。しかし、不思議なのは、金の激しい出し入れがあったという点である。そのころ私は、室町産業と東京ニューハウスの会計帳簿を入手してその分析をしていたところなのだが、それで見るかぎり、それほど激しい金の動きはないのである。ときどき大きな金が動くが、しょっちゅう金が動いているわけではない。これは、ユーレイ会社の会計帳簿にもあらわれない、われわれのまだ全く知らない複雑怪奇な金の流れが、田中の裏金の流れの中にはあるということを示すものだ。

山田証人のあとに、三和銀行の天野七郎・元営業部業務課長が弁護側証人として登場する。やはり笠原メモの関連である。通帳に記入されない金の動きはないなどという当たり前のことを証言。笠原メモにある日付の日に田中系の口座に金の動きがなかったことを証明しようというわけだ。もっとも、貸金庫に現金を入れられたら銀行側にはわからないとも証言。また、検事の反対尋問で、越山会の口座もまた三和の東京営業部に置かれていたことが明らかにされた。》

山田泰司秘書の基本的仕事は、第一に、毎朝田中邸におしよせる陳情客の受付をして、用件を聞き内容を簡単なメモにして田中に渡すという前処理。第二に、地元新潟の市町村をすみずみまでまわって公共事業の要望を聞き、重要度、緊急性のランク付けをする「越山会査定」。そして第三に、いくつもの金脈ユーレイ会社をあやつって、角栄のウラ金を作ること（主として不動産取引）と、できたウラ金を管理するという仕事です。

この頃、ここに書いたように、私たちははじめて金脈ユーレイ会社の帳簿を手に入れて、それを詳細に分析しているところでした。――その内容は、当時、「週刊朝日」に連載中だった『田中角栄新金脈研究』の「不覚!! 東京都に提出されていた二十億円株ころがしの黒い報告書」（「東京ニューハウス」決算書）、「『田中新金脈』崩壊のカギを握るM子さんの重大証言」（「室町産業」決算書）などにのせられていますが、このとき私たちは、決算書だけでなく、現金出納帳などの原始帳簿も見ているのです。これが驚くべきことには、正規の会計帳簿のたぐいでは全くなくて、昔ながらの大福帳としかいいようがないものでした。

そして、それを見ると、どう考えても、一日に二回行くこともあり、週に数回行く必要があったとは考えられないのです。ですから、これは、先の三和銀行の業務課長の証言と照らしあわせて考えると、口座からの金の出し入れのために行っていたのではなく、貸金庫の利用のために行っていたとしか考えられません。山田秘書があずかっていたのは、ほとんどが純粋ウラ金ですから、いったん預金口座に入れて、そこから出したり入れたりすべきものではありません（そんなことをしたら、税務調査や犯罪捜査の過程で、ぜんぶ足がついてしまいます）。キャッシュのまま、あるいは換金性の高い債券などに変えて貸金庫にしまっておき、いざ必要というときに引き出して使うようにしていたのではないでしょうか。先の渡邉恒雄の回顧録にあったように、政治資金は、「現金でもらって現金で渡し」、「跡を残さず」が鉄則なのです。

VIII

明らかになった驚くべきカネの流れ

先の私の文章では、田中は政治資金の配布をもっぱら田中事務所でやり、私邸でやらなかったのではないかと推測していましたが、そうではないということが最近はっきりわかってきました。

この一年余の間に、これまでずっと闇の中に隠されてきた、驚くべき金の流れが二件も明るみに出ましたが、それはいずれも目白の私邸に運びこまれたものでした。

一つは、新潟の柏崎原発の用地売却代金の四億円です。この土地は一時、角栄のユーレイ会社として有名な室町産業に買占められ、国会でも追及の的になったことがある土地なのですが、問題になると、登記が「錯誤による抹消」という妙な手続きによって取消され、土地は原所有者の木村博保氏（地元越山会幹部）の手に戻った形になっていました。しかし、実はそれは形式だけのことで、原発用地が実際に東京電力によって買い取られたあと、売却代金のほとんど（税金分などを差し引いた約四億円）は、角栄のもとに、木村博保氏と、本間幸一秘書の手によって現金のまま運ばれていたんです。

その詳細が記された、森省歩「田中角栄の元側近　36年目の衝撃証言『私は原発用地売却代金4億円を目白へ運んだ』」（「現代」二〇〇二年五月号）という記事を読むと、あまりにも赤裸々な事実が書かれているので、びっくりしてしまいます。

《〈昭和46年秋のその日、私は本間秘書とともに新潟市内にある第四銀行本店に出向いた。銀行の窓口が開く朝の9時すぎだったと思う。カウンターで通帳と印鑑を提示すると、本間秘書からの事前連絡で銀行側も承知していたらしく、すぐに応接室に通された。現金を運ぶためのボストンバッグと紙袋は本間秘書が用意していた。目の前に積み上げられた4億円からの闇ガネ。予定されたこととはいえ、私は軽いめまいを覚えた。銀行の一室で私と本間秘書は無言のまま1万円札の塊を手際よく手提げに詰め込むと、タクシーを拾って新潟駅に向かった。〉

都合4億円という大金である。二人で手分けしても、一人2億円は下らない。木村氏はそのときのズシリとした札束の重み、手の感触をいまだに鮮明に思い出すことができるという。（略）》

二人は上野駅からタクシーで目白の角栄邸に向かいます。

《〈庭を抜け、玄関に入ると、山田秘書の顔が見えた。すでに午後3時は回っていたと思う。早朝から陳情客でごった返す待合室には山田秘書以外の人影はなかった。私たちを認めた山田秘書は視線で「オヤジ、待ってるぞ」と促し、応接室のある方向に顎をしゃくった。（略）〉

角栄は永田町にも出かけず、たった一人で待っていた。午後、角栄が邸にいることは珍しい。角栄はこの一件がよほど気がかりだったのだろう。

角栄は二人の顔を認めると、

「オッ、来たか。ご苦労、ご苦労」

と大仰に手招きして見せた。

「まあ、とにかく入れ、入れ」（略）

角栄はテーブルの上の二つの荷物にチラッと目を遣ってから、

「まっ、これも右から左だな」

と言って手首を左右に振った。

右から左とは、このカネが総理・総裁就任へ向けた政界工作資金に使われることを意味している。（略）

身軽になった木村氏と本間秘書は角栄に一礼して応接室を出た。この間、わずか一〇分。角栄は面会時間がきわめて短いことでも有名だった。》（同前）

こうして、あっという間に四億円という大金がいとも無造作に、授受されたわけです。

このお金の使途について、木村博保氏はこう述べています。

《〈目白邸の押し入れの柳行李には、常時、1億円以上の現金があった。選挙が近づくと、田中先生はこの柳行李を応接室に運び入れ、輪ゴムで100万円ずつにまとめた札束をわしづかみにして、挨拶に出向いた弟子たちに配ったものだ。総理・総裁のための多数派工作ともなれば、それこそケタ違いのカネが必要になる。だから、越後の地から初めての総理・総裁を出すべく、私たちも粉骨砕身して頑張った。〉》(同前)

木村博保氏は、地元越山会の三羽烏の一人として、最低でも週に一回は上京して田中のもとを訪れ、指令を受けるくらいの角栄の腹心だったから、こんなことまで知っているわけです。

この四億円にしても、「カネがないから早く持ってこい」の角栄からの電話によって持参するわけですが、その電話を受けて、

《〈(略)総理・総裁の椅子を目前にして、田中先生もいろいろ大変なんだなと思った。〉》(同前)

と述懐しています。

実際、この昭和四十六年秋という時期は、角栄が四十七年総裁選に向けて多数派工作を本格的にはじめた最初の時期で、札束が右から左へ動いていく、金がいくらあっても足りない時期だったわけです。

こういう金の流れを佐藤昭が把握していたかというと、いなかったと思います。佐藤昭が基本的に扱っていたのは、基本的にはオモテ金(実質ウラ金、形式上オモテ金も含

めて）であり、バレたら即犯罪に直結するようなヤバい金ではなかったのです。彼女は自分の扱った金についてこういっています。

《その後、ロッキード事件が起こり、越山会の帳簿から預金通帳まですべて当局に押収された。几帳面な私は旧い通帳までとっておいたから、帳簿も通帳も百冊をこえる山のようなものであった。それらをすべて細かくチェックされた上で、私は検察の取調べをうけた。それで何ひとつ問題となるところはなかったのである。これは胸を張って言えることだ。だから、越山会の金庫番といわれたにもかかわらず、私は何のとがも受けなかった。》（『私の田中角栄日記』）

これは逆に考えれば、角栄は、おとがめを受けるような金は彼女に扱わせなかったということなのだろうと思います。おとがめを受けるような金は、ロッキード事件の榎本秘書とか、目白の私邸にいた山田泰司秘書に扱わせたものと思われます（この二人はともに角栄のカネがらみで刑事事件の被告人になった）。そのあたりにも、角栄の佐藤昭に対する愛情があらわれているんだと思います。

不動産取引ユーレイ企業

角栄は、大きな政治資金を作りたいときは、基本的に不動産取引を利用しました。山田泰司秘書は、複数の不動産取引用ユーレイ企業を統轄し、不動産取引の法的資格まで持っていましたから、そういう仕事を一手に引き受けていました。先の木村博保氏の手記で、四億円受け取りの場面にいたのが山田泰司秘書ですが、実はこの手記のもう少し前のほうに、原発用地を室町産業に買い取ってもらう場面が出てきて、そこを読むともっとはっきり、山田秘書の役割がわかります。

《角栄はすぐ、

「じゃあ、オレが買ってやろうか」

と例のダミ声で応じた。（略）

〈（略）先生は江戸家老と言われた山田泰司秘書を代理人として別室から呼ぶと、その場でさっさと契約書を作成させた。（略）〉》（前出・森省歩論文）

要するに、室町産業というのは、角栄自身のことで、山田泰司秘書は、その事務手続き一切を引き受けており、すぐその場で土地売買契約を作ることができる人なんです。そういうことがいつでもできるように、角栄は山田泰司秘書にいつでも自分の実印をあずけていました。実印をあずけるくらい角栄の信頼が厚かったということです。山田泰司秘書について、早坂秘書は『駕籠に乗る人・担ぐ人』で、次のように述べています。

《山田は、選挙区の差配をする本間幸一が〝国家老〟と呼ばれていたのに対置されて、〝江戸家老〟と称されていた。彼は謹厳実直が洋服を着ているような人物であり、選挙区内外の陳情を処理し、角栄の関係会社の経営を統括、四十年近く親方を補佐してきた。田中の信頼も厚い。しかも、選挙区以外のことで政治にタッチすることを避け、

裏方に徹してきた。親方の尻の穴まで見ているのに、口をつぐんだきり、一切、発しなかった。》

田中系ユーレイ企業の中でも、室町産業とならんで最も有名なものに、新星企業があります。これは一時は、金脈事件で有名な鳥屋野潟の所有者であり、また二人の息子を作った辻和子の屋敷の所有者であり、田中真紀子、直紀夫妻が、結婚後ずっと住んでいた文京区関口台の邸宅の所有者でもあった会社です。角栄に最も近い立場にあったユーレイ企業で、山田泰司秘書はその代表取締役をしていました。角栄は四十七年総裁公選に際し、最終的にこの会社を丸ごと国際興業社長の小佐野賢治に売りとばすことによって資金作りを行うわけです。しかし、新星企業は怪しげな金儲けだけでなく、角栄の分身の役割も果たしていたために、売りとばすに当たって一連の資産整理を行わなければなりませんでした。

この整理過程が大変複雑なものであったため、山田泰司秘書は事務的な手続きを誤ってしまいます。それが角栄が金脈退陣した翌昭和五十年十月に、山田泰司秘書の宅建業法違反事件として起訴され、正式の裁判になります。これは表面的には、宅建業法違反の事例がならんだだけのつまらない形式犯罪なのですが、この裁判で明るみに出された細かな事実一つ一つの裏側を読み解いていくと、実は、田中金脈の最重要ポイントである四十七年総裁選に向けての資金作りが読みとれてくるんです。それに気がついて「朝日ジャーナル」に四回連載で書いたのが、「〃田中金脈〃裁判傍聴記」です。これは、その後『田中角栄研究全記録』（講談社文庫）におさめられましたから、今でも読めるんですが、その最も重要なエッセンス的部分が、「田中政権実現までの多数派工作と金の動き」というチャートです。これは小林峻一さんの労作で、いろんな資料を付き合わせながらものすごく苦労して作ったものです。

この事件は、翌年ロッキード事件という超弩級の事件が起きたため、今ではすっかり忘れ去られていますが、田中金脈の実態を考える上では、最も重要な事件なんです。

田中金脈問題の積極論と消極論

角栄が金脈退陣したあと、金脈問題を立件するかどうか、立件するとして、どの範囲内におさめるか（特に脱税事件として立件するかどうか）をめぐって、検察内部で積極論と消極論が対立しました。最も積極的にいけば、脱税で正式起訴、最も消極的にいけば、単純な形式犯罪として略式起訴で正式裁判もなし（交通違反の切符切りと同じ扱い。罰金を払って終わり）という形になるところでした。しかし一応、宅建業法違反という形式犯罪ではあるが（一部背任罪もあった）正式裁判をするというところまでいったわけです。しかも被告人が角栄のウラ金作りの面で分身的役割を果たしていた山田泰司秘書でした。

「たとえシッポにしろ、金脈の一角にとりついたことを評価して下さい」

と当時の伊藤栄樹東京地検次席検事（後に検事総長）が、処分発表にあたってコメントしました。当時はもっと期待が大きかっただけに、なんだこれしかできなかったのかという失望感のほうが大きかったのですが、今から思うと、よくぞここまでやったなという思いがするくらい思いがけない事実を明るみに出しています。裁判にかけられた十七件の宅建業法違反の具体的事例は、一見どうということもない事例ばかりならんでいるのですが、これを詳細に分析していくと、角栄があの総裁公選の資金をどのように調達したかが、わかってくるのです。そこまで読み解くと、あの事件は、検察もここまでやったかと評価できる面があるのです。

特に、新星企業を角栄が小佐野に売った日が、昭和四十七年五月二十九日（総裁選三十七日前）とはっきり特定でき、そのとき、新星企業がどういう物件を持っていたかで、売り渡し金額がある程度推測がつくようになったことが大きいのです。具体的にいうと、そのとき新星企業は約二十億円の物件をかかえたまま売られたわけです（進行中だった地上げの仕掛け物件を算入すると四十億円をこえる）。ということは、最低でも二十億円では売れただろう（地上げ進行中のものを入れると四十億以上。本当はさらにそれにプレミアムがつけられただろう）と考えられるわけです。

要するに、こういうことです。角栄は長年にわたって、新星企業の保有不動産という形で、政治資金の蓄積をつづけてきた、四十七年総裁選に向けて、それを次々と切り売りして現金化していったが、決戦の日が近づくにつれて、それではとても間に合わなく

田中政権実現までの多数派工作と金の動き（表面に現われたもののみ）

〈注1〉棒グラフは、田中派五後援会から組織活動費、調査費、研究費、寄付金として支出された金額の合計高を示す。ただし、多数派工作資金でないことが明らかな研究費および寄付金は削除し、また十万円以下の寄付金も除いてある。自治省（現・総務省）に届け出のあった各後援会収支報告書より作成した。

〈注2〉太線枠囲いで示したものは、資金繰りに密接な関係のあった不動産および法人の売買である。

〈注3〉多数派工作欄は、主として『朝日新聞』『文藝春秋』『小説吉田学校――角福火山』（戸川猪佐武著）および週刊誌を参考にして作成した。

	多数派工作
10・19	「政党政治研究会」創立総会。代表世話人木村武雄氏。佐藤、大平、中曾根派中心に一六二人連名、六九人出席。"政権を官僚から党人の手に"を旗印に、田中系多数派工作開始。
10・27	「二七会」発足。中間五派（椎名、水田・村上、石井、園田、船田）の幹部会合、月一回会合し、当面の問題で一致協力することを申し合わせる。野党提出の福田外相不信任案採択に衆院自民党員一二人欠席。
10・29	「参院をよくする会」創立総会。三木派、旧河野派など二三人出席。
11・11	「参院をよくする会」初の懇談会。正式参加者三一人。出席者二五人。
11・24	沖縄返還協定衆院通過。
11・25	三木武夫氏「政党政治研究会」に招かれて講演。
12・8	「党近代化推進懇話会」準備会。三木、大平、中曾根派中心に自民一～三年生議員二三人出席。このころ、田中、三木、大平、中曾根各派間会合が毎夜のように行われる。
12・27	村上派と水田グループが合体して、水田派発足。親田中色濃厚。
12・28	橋本登美三郎氏、二年生以上の田中系参院議員三〇人を招く。二二人参集。

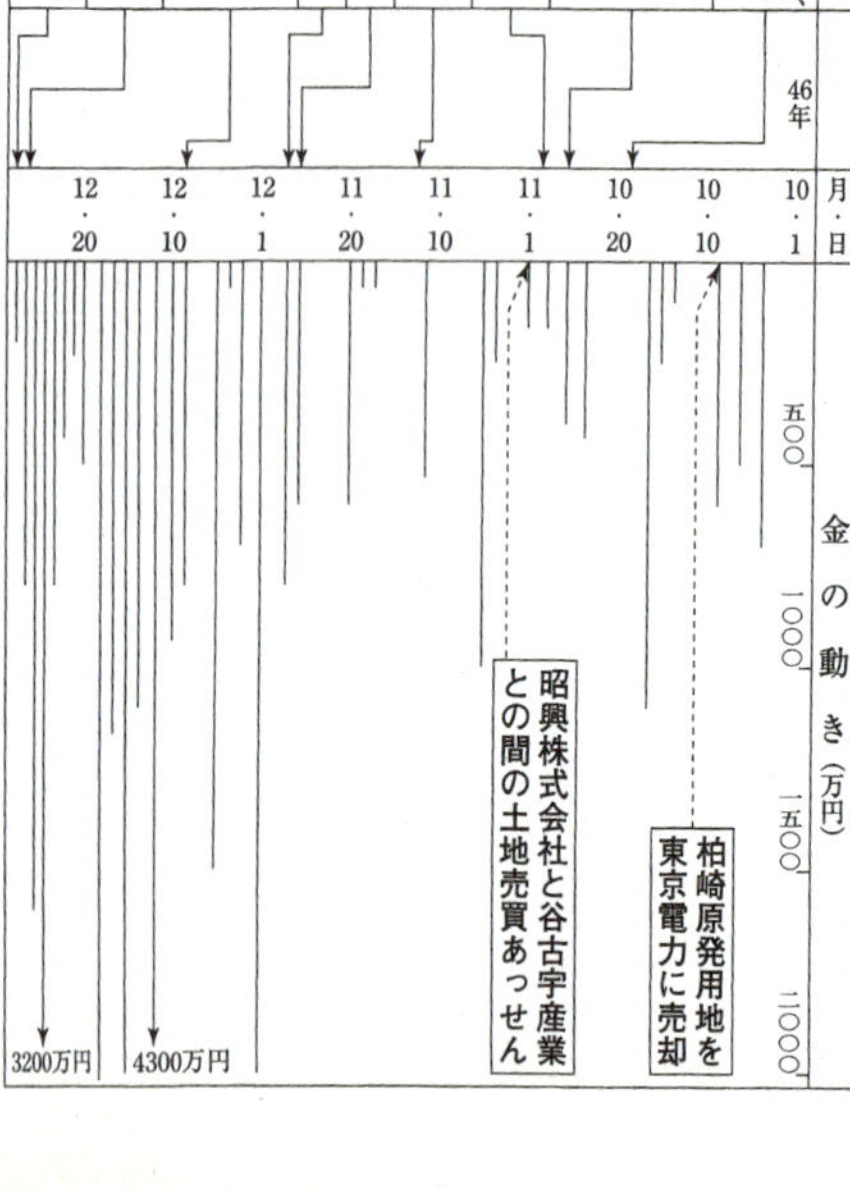

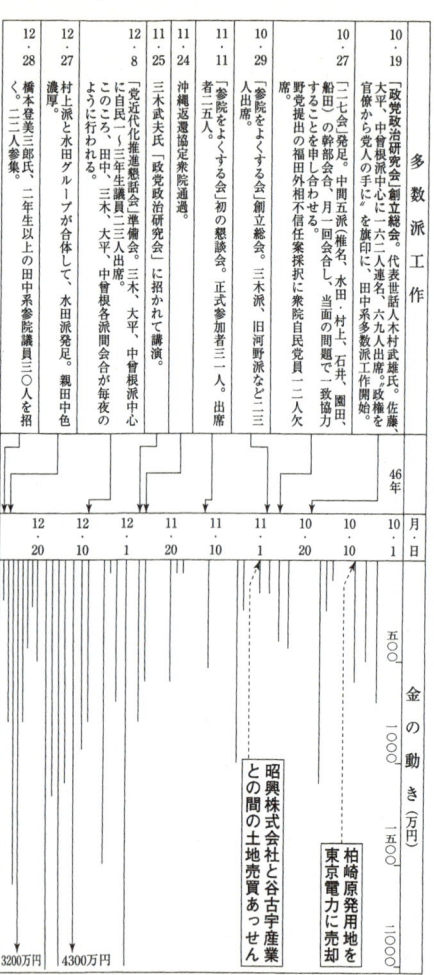

多数派工作

47年

- 1・1　佐藤首相、年頭所信表明で後継者は話し合いで選ぶことを示唆。
- 1・6〜7　サンクレメンテ日米首脳会談、福田外相、田中通産相ともに同行。佐藤首相、ニクソン大統領に福田氏を後継者として紹介。
- 1・8　沖縄返還期日は五月一五日に確定。後継者争い本格化。この段階では福田氏優位。
- 1・9　田中氏、〝角福提携〟のうわさを強く否定。田中、大平、中曾根三派密かに初会合し、〝三派連合〟スタート。
- 2・24　参院木曜研究会（佐藤派）約二〇人会合、田中氏、橋本登美三郎氏（同会会長）、二階堂進氏も同席。
- 2・25　四次防問題落着。田中支持勢力の〝三月攻勢〟開始。
- 3・1　「二七会」（中間派連合）、後継総裁問題での一致協力を確認。月一回の会合を二、三回にふやすことを約す。石田博英氏（三木派）同席。
- 3・2　参院木曜研究会（佐藤派）三〇人弱会合。田中、橋本、二階堂の三氏も出席。
- 3・7　自民党一年生議員二九人、田中氏議員勤続二五年表彰の祝賀会を開催。このころより田中氏リードの形勢。
- 3・9　田中、大平、中曾根三派連合の若手クラスと幹部クラスが別個に会合。
- 3・14　佐藤首相「委員会審議を急げ」と号令。このころ、委員会出席率は極端に低下、赤坂、築地では連夜の派閥会合。
- 3・15　中曾根派、総会で中曾根出馬を再確認。他派からの一本釣り防衛策だとの観測がもっぱら。中旬ごろ、田中、中曾根両氏間で、決選投票では中曾根派が田中支持にまわるとの密約が成立したといわれる。
- 3・20　『読売新聞』朝刊「多数派工作に実弾（買収資金）が飛びはじめた」と具体的数字をあげて大きく報道。
- 3・24　重宗前参院議長の呼びかけで参院主流派会合。このころ、田中系が主流派「清風クラブ」約八〇人の過半をおさえたとのうわさしきり。
- 4・13　三木武夫氏訪中。帰国後の記者会見で「早期国交正常化が必要だが、佐藤亜流政権ではムリ」と語り、福田氏不支持を示唆。

月・日：1・1　1・10　1・20　2・1　2・10　2・20　3・1　3・10　3・20　4・1　4・10　4・20

金の動き（万円）

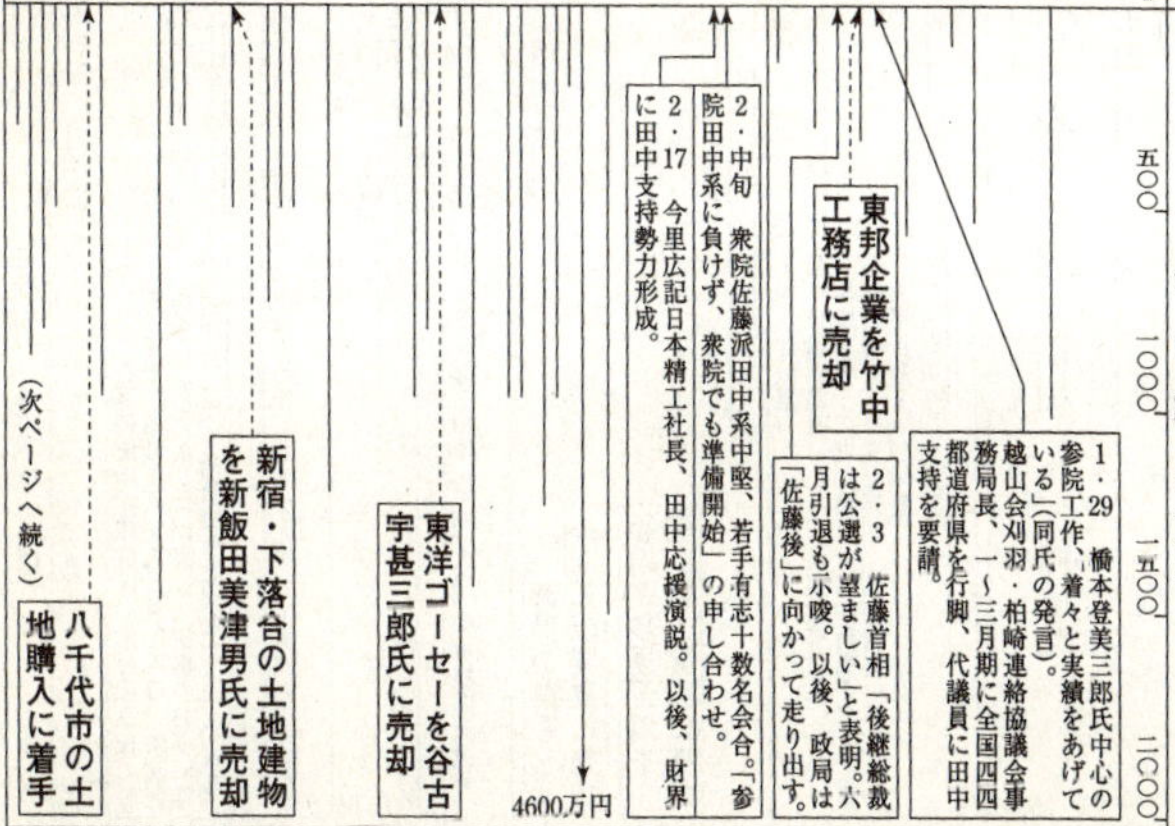

（次ページへ続く）

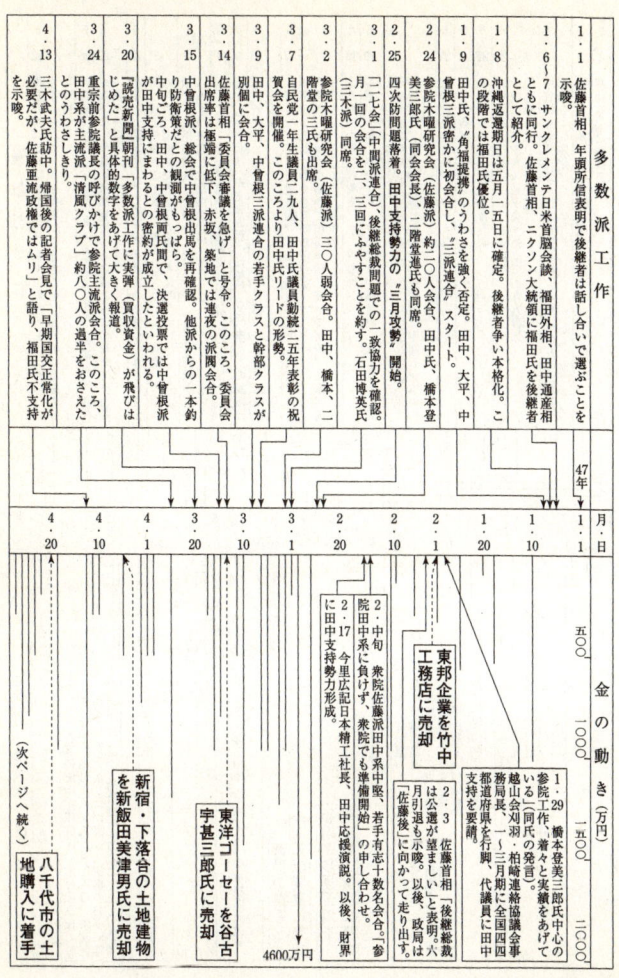

多数派工作

- 5・12 佐藤首相、同派幹部を呼び、派内の多数派工作に苦言。田中系は首相に〝角福調整〟の意思なし、福田派は意思ありと受けとる。
- 5・15 沖縄祖国復帰し、佐藤内閣の政治使命完結。〝角福対決〟激化。
- 5・25 中間五派、後継総裁問題につき各派ともこの日までに会長一任を決定。
- 5・28 福田派、多数派工作に始動。首相調整の情勢づくりをめざす。
- 5・31 田中氏五四歳の誕生祝い（誕生日五月四日）。衆院一年生四六人中、福田派四人を除く四二人に呼びかけ、三八人参集。
- 6・2 田中、大平両派会合。田中、大平両氏ともども両派から一六人ずつ出席し、結束強化。
- 6・6 「一七会」（中間派連合）、調整反対が大勢を占める。
- 6・9 田中、三木、大平、中曾根四派の反福田連合、事実上の旗揚げ。
- 6・16 木曜研究会（佐藤派）の橋本会長、首相との会談で田中支持を表明。
- 6・17 **佐藤首相、正式引退表明**。また、福田支持を示唆し、自ら福田テコ入れに動くも実効あがらず。大平氏、トップを切って出馬声明。続いて福田、三木、田中氏も二一日までに出馬声明。
- 6・18 佐藤派田中系決起集会。八二人参加。
- 6・19 佐藤派分裂。福田グループ二二人が無派閥二人を加え「周山クラブ」結成。佐藤首相は田中、福田両氏を呼び、一、二位連合協定を示唆。**中曾根氏、立候補見送り田中支持を決意**。中間五派への影響甚大。
- 6・20 福田派決起集会。一一一人参加。
- 6・21 田中氏激励レセプション。
- 6・27 椎名、水田派、田中支持表明。
- 6・29 田中派総決起集会。二一九人参加。参院に「田中角栄推進会」結成。四九人参加。船田派、田中支持表明。
- 7・1 中曾根立候補見送り田中支持をめぐる黒いうわさ、自民党総務会で問題化。
- 7・2 **田中、三木、大平三派の盟約確定**。
- 7・4 石井派、自由投票。

47年

月・日：5・1　5・10　5・20　6・1　6・10　6・20　7・1　7・10　7・20　7・31

金の動き（万円）

五〇〇　一〇〇〇　一五〇〇　二〇〇〇

- 5・9 **佐藤派田中系旗揚げ**。木村武雄氏の呼びかけで田中系議員八一人（衆院四〇、参院四一、佐藤派の三分の二）が東京・柳橋の料亭に集合。田中氏も陰で動員指令を出したといわれる。
- 5・17 田中、三木、大平、中曾根四派代表者会議。

2100万円

- 5・26 田中、三木、大平、中曾根四派連合。

新星企業を国際興業に売却

新潟県鳥屋野潟を関新観光開発に売却

- 7・5 総裁選。
  第一回投票結果
  田中角栄…一五六票
  福田赳夫…一五〇票
  大平正芳…一〇一票
  三木武夫……六九票
  決選投票結果
  田中角栄…二八二票
  福田赳夫…一九〇票

2500万円

なり、新星企業を丸ごと小佐野に買ってもらった。そのプレミアムの付け方しだいで（昔、角栄が日本電建という赤字会社を小佐野に丸ごと売り飛ばして政治資金を作ったときには、株式を額面の三倍以上に評価して十八億円で買ってもらっている）、角栄が総裁選でどれくらい金をばらまいたかの推測も変わってくるということです。新星企業の売却代金を土地代だけの二十億円としても、その前にすでに処分していた保有不動産の処分代金、それに柏崎原発用地の代金などを加えると十億近くになり、それに前述した政治資金団体で集めた金八億を合わせると、まず固いところ四十億くらいはあっただろうと考えられるのです。

つまり、先の佐藤昭の総裁選で使った金は巷間いわれたところの十分の一（三億から十億）以下という評価も誤りなら、「私はその流れを全部知っている」というコメントも誤りだということです。

ここに掲載したチャート図の棒グラフが示す金額が、佐藤昭が管理する政治資金団体を通過するお金であって、彼女は基本的にこれしか知らないわけです。これ以外に彼女を通過するウラ金もあったでしょうが、大きなウラ金の動き、先の室町産業に入った柏崎原発用地の四億円とか、小佐野に売り渡した新星企業の売却代金といったものは、彼女がタッチしない金の流れとしてあったから、彼女にはわからないわけです。

棒グラフの一本一本が、同じ日に動いたお金で、多くて四千万円台です。しかし、一週間単位で累計すると、億をこえる週がいくつもあることがわかります。この棒グラフと、上段の記述を見くらべると、棒グラフからはうかがえないお金が動いているはずだと推測される時期がいくつかあります。具体的には金の動きはあまりこのチャートにはのっていなくて、本文のほうにあるんですが、上と下が合わない時期がいろいろあるんです。

たとえば、四十六年十月の「政党政治研究会」という勉強会名目で田中派（の準備会）を旗揚げした時期です。それまで佐藤派の代貸しでしかなかった角栄が、多数の議員を集めて自前の本格派閥を一挙に立ち上げようとしたわけで、いってみれば、これは後に田中派内部で竹下が創政会を立ち上げたのとそっくりの行動でした。これは角栄の生涯最大の勝負どころで、事前に密議をこらし、入念なオルグ活動を展開した上で、満を持してやったわけですから、参加メンバーには、角栄のその後のビヘイビアから考えて、数百万の手金が必ず打たれているはずです。しかし、チャートを見るとそういう金の動きが政治資金団体の帳簿上からはうかがえません。じゃあ、ここは帳簿にのせないウラ金でファイナンスされたのだと考えて、この時期、田中の手に入った何か特別のウラ金があったとしたら何だろうと考え、そういえば、あれがあったなと思いついてここに書いておいたのが、「柏崎原発用地売却」なんです。あの土地がこの時期に東京電力に売却されたこと自体はわかっていたので、そのうち幾らかは必ず田中の懐に入ったはずだと考え、こう書いたわけです。

それが本当に、先の木村博保氏の告白にあったように、ボストンバッグと紙袋に現金四億円を詰めこんで田中邸に運び、角栄その人に手渡すなどという場面があり、それが三十六年後に運んだ当人によって暴露されてしまうことになるなどとは夢にも思いませんでした。しかし、これを読んで、やっぱりそうだったのかと納得がいきました。

――木村氏の告白はほんとにすごい告白ですよね。みんなあの原発用地の金は角栄のもとに流れたにちがいないとはいっていたが、確証がなかった。それがこれだけリアルな当事者の告白という形で出てくるとは驚きです。現金の運び屋をやった一人が国家老の本間幸一秘書だったというのも驚きでした。

最初はお歳暮作戦

立花　先のチャートに戻ると、角栄は、この総裁選で、実弾の波状攻撃をかけます。派閥旗揚げの次がお歳暮作戦で、これは例年やっていたことで、佐藤昭のところでかねてから準備しているものですから、これには彼女がかんでいます。チャートの棒グラフからもそれがはっきりうかがえます。

お歳暮作戦のあとは、「テト攻勢（二月）」、「三月攻勢」と実弾攻撃がつづきます。このあたりは、棒グラフに対応するところがないから、佐藤昭が関与しない別の資金調達をしたわけです。これは基本的に不動産取引から調達しています。二月の「テト攻勢」は、この新星企業裁判で明るみに出た「東邦企業を竹中工務店に売却」という取引から捻出したんでしょう。

——東邦企業というのは、わりと短い期間だけ存在したユーレイ企業ですね。

立花　あれは要するに、角栄が室町産業や新星企業の名義で持っていた三つの土地（伊豆下田、御殿場、千駄ヶ谷）を分離して東邦企業の名義にまとめ、それを会社ごと竹中工務店に売って金を作ったということなんです。売った価格はわかりませんが、土地の量と質からいって、数億円になったことはまちがいない。三月攻勢の主要な原資は東洋ゴーセー名義の埼玉の土地の売却と考えられます。これが少なくとも二億五千万円あったことは新星企業裁判で出てきています。前に述べたように三月攻勢で角栄は二百人の議員に対して一人平均二百万円の実弾を撃ち、中間派のボスには五千万円渡し、合計四億五千万円バラまいたといわれているので、東洋ゴーセーだけでは間に合わない。他にも何かで捻出したウラ金があったんでしょう。いずれにしても、それは佐藤昭を通らない金でした。

小佐野に新星企業を売る意味

——四十七年総裁選の最大の資金作りは、小佐野に新星企業を売ることですね。そこには、佐藤昭はかんでいたのかしら。

立花　かんでいなかったと思いますね。角栄と小佐野の関係は、いつも直接だし、基本的に不動産ないし株の売買という手法（山田泰司秘書の管轄）を使っていたから佐藤昭が入る余地はなかった。だから、佐藤昭は小佐野を過小評価しています。『私の田中角栄日記』にはこんなくだりがあります。

《政治献金にしても、『日本電建』と『国際興業』からいくばくかの献金はいただいていたが、世間は刎頸の友、小佐野氏から田中が無尽蔵に金を引き出しているかの如く思う。後の総裁選では百億円選挙とまで言われた。

しかし、小佐野氏だって実業家だ。そんな莫大な金を出していたら、自分の会社が潰れてしまう。常識的に考えれば、そんなバカげたことがあるわけない。

ただ、冗談としてだろうが御本人がそれを匂わすから困ってしまった。》

こういう認識ですから、角栄＝小佐野関係はぜんぜんわかってなかったんだと思います。

佐藤昭の知っているのは、「日本電建」と「国際興業」から正規に出費されて、田中系政治団体に献金として入ってくるお金で、それは彼女のいう通り「いくばくかの献金」という程度のものでしかなかったんです。もっと大きなビジネスに仮託された億単位の金の流れは佐藤昭の知らないところにあったわけです。

それがどれくらいになったか、百億は過大評価としても、新星企業の持っていた不動産物件の大きさから考えて、少なくとも四十億以上というレベルに達していただろうと先に述べましたが、『渡邉恒雄回顧録』の中で、渡邉が児玉誉士夫から直接聞いた話として、小佐野が田中角栄一人に注ぎこんだ政治資金が、トータルすると、四十億から六十億になると児玉に話したということが出てきます。この数字をどう評価するかですが、小佐野と児玉は、政財界の裏街道で何度も手を組んできた仲で、蛇《じゃ》の道はヘビで、お互いを知りつくしていたから、ウソをいってもすぐばれるし、今さらホラを吹きあう必要もない仲ですから、多分、この数字はほとんど真実に近いのではないかと思います。別のところで小佐野は五十億で政権が買えたといったとも伝えられていますから、百億はいいすぎとして、五十億前後というのはいい線いってると思います。

金大中拉致事件の秘密の示談金

――話を木村博保氏に戻すと、二〇〇一年にもう一つすごいウラ話をしていますね。

立花　金大中拉致事件の秘密の示談金として四億円のキャッシュが韓国側から田中の手に渡り、韓国からの密使とともに、その運び屋をつとめたのが再び木村博保氏だったという話ですね。

――あれもすごくリアルで、驚きでした。

立花　面白かったのは、このときは袋の中身をきちんと確認したわけではないけど、原発用地の代金四億円を運んだ経験から、金額がほぼ同じだなと推定するところです。

《翌朝七時過ぎ、李秉禧は私の部屋にやってきた。両手に大きな紙袋を重そうに提げている。キオスクなどで売っている、厚手の紙袋をビニールでコートしてあるものだ。ああ、あれが例の「お土産」だな、と思った。

「おはようございます。食事は済みましたか」（略）

紙袋の中身をそれとなく覗くと、新聞紙できちんと包まれた四角い塊が目に入った。大きな手提げ袋の口ぎりぎりまで「お土産」はつめられ、袋はふくらんでいた。実は、私は一年ほど前、柏崎原発の用地売却代金を運んだことがあった。そのときの金額がおよそ五億円。それとほぼ同じ大きさだった。一つの袋がおよそ二億円から二億五千万円か。どんなに少なく見積もっても、合わせて四億円は下るまい——。大変な金額だ。》（「私は見た田中角栄『四億円受け取り』の現場」／「文藝春秋」二〇〇一年二月号）

二人が目白の田中邸を訪問する場面では、角栄の毎日の陳情客をさばくシステムと山田泰司秘書の役割が要領よく紹介されています。

《私は、控えの間の隅に風呂屋の番台のように座っている山田泰司秘書に挨拶すると、李秉禧と次の間に入って順番を待った。

毎朝、膨大な来客をさばくために、目白では独特のシステムがとられていた。まず、来客は受付の山田秘書に来意を告げる。すると山田秘書はそれを小さな紙に書き取っていく。このリストのために、専用の紙を発注していた。来客の多い日は、この紙が何枚にもなる。やがて、田中角栄が自宅から下駄履きでやってきて、面会をする応接間に入る。山田秘書が届けた来客リストを見ながら、田中は独特のダミ声で「オーイ、○○君」と次々に呼ばわるのだ。特別なケースを除いて、一人一人の面会時間はごく短い。まるでベルトコンベアのように、田中角栄は毎日、何十人という陳情や頼みごとを処理していくのだった。》(同前)

このあたり、ロッキード裁判でもいろいろ議論になったところで、丸紅の桧山社長による五億円提供の申し入れと、角栄の「よっしゃ、よっしゃ」のやりとりも、このベルトコンベア式の流れの中で、ごく短時間ですまされてしまうんです。田中弁護団の無罪主張の論拠の一つが、「ロッキードの飛行機にしてくれれば、五億円のワイロ提供」といった大事な話が、たくさんの来客が廊下で待つ状態の応接室の中で、ほんの四、五分という短時間の中ですませられるはずがないというものでした。わずか五分間という時間を考えると、それも変といえば変だなと思わせるものがあったのですが、この金大中事件の四億円のエピソードを聞くと、それが全く不思議ではないことがよくわかります。このときなんか、わずか五分間で、話もすませれば、四億円の現金授受までやってしまうんですから。

この人は金を積まれれば国も売る

密使に立った李は、韓国の陸軍士官学校で金鍾泌首相と同期で、金鍾泌がＫＣＩＡ部長だった時代は、その片腕としてＫＣＩＡソウル支部長をつとめていた人物です。金鍾泌が首相になってからは、無任所大臣として対日政治工作にあたり「日本担当大臣」とも呼ばれ、日韓の国会議員からなる韓日評議員連盟の幹事長をしていた人ですから、角栄もかねて顔見知りです。

木村博保氏が李をつれて田中邸の応接室に入ると、「おおー、きみかー」とすぐに反応します。木村氏は両者が旧知の間柄であることを確認して、「あらためて紹介することもありませんね」というと、角栄は、「うんうん、わかってる、わかってる」と応じ、そのあとも、外交交渉的なやりとりは何もありません。暗黙の了解だけでことは一挙にすすんでしまいます。

《それまで沈黙していた李秉禧は、まず部屋の入口のところにある紙袋を指差して「お土産でございます。一つは奥様にどうぞ」と口を切った。田中総理は「うんうん」とうなずいた。

そして、李はおもむろにポケットに手を入れた。

「朴大統領の親書でございます」

封筒から現れたのは、真っ白な和紙に綴られた手紙だった。総理は両手で手紙を開き、「うん、うん、うん」とうなずきながら読み進めていった。内容はうかがえなかったが、日本語で書かれているようだった。読み終わるまでに一分もかからなかったのではないか。》（同前）

といいます。親書を読み終えると、角栄は「朴大統領はお元気ですか」といい、さらに、「色紙書こうか」といったので、木村氏は、色紙とは、「直感的に受領証の代わりなのだな」と思い、「この人は金を積まれれば国をも売ってしまうかもしれない」と、そら恐ろしく思ったといいます。李が、「色紙は結構でございます」というので、これで、密使とのやりとりはすべて終わってしまうのです。そして、それから二週間ほどして、金鍾泌首相が正式に日本を訪問して田中首相に公式謝罪をし、日本がその謝罪を受けいれるという形で、「政治決着」がはかられます。このやりとり、全部で五分かかったかどうかという短時間のうちに終わってしまったわけです。角栄はこの当時毎朝何十組かの客に会い、一組の客に数分しかかけなかったのですから、ロッキードの五億円であろうと、金大中事件の四億円であろうと、五分もかけずに話をすますのです。

そして、ここで、すごい話だと思うのは、この会見が行われた七三年十月末という時期が、ちょうど、四回にわけて行われたロッキードからの五億円の受取りの、二回目の受取り（一億五千万円）と三回目の受取り（一億二千五百万円）のちょうど中間の時期だったということです。当時角栄の周辺では、このような金の流れが日常化していたにちがいないということをうかがわせます。まさに、先に述べたような「天下を取ればカネは向こうから流れこんでくる」という状態になっていたわけです。

木村氏の手記は、さらに次のようにつづいています。

《李は長居は無用とばかり、「それではご機嫌よう」とさっと立ってしまった。田中と李の対面は時間にしてわずか五分くらいのものだったろう。

私は「オヤジ、何か言うかな」という好奇心もあって、しばしの間、残ってみることにした。すると、田中総理は椅子から立ち上がり、「お土産」の方をちらっと見やって、「大平にも、一つやらなきゃならんなあ」と呟いた。（略）ああ、そうか、「奥様」というのは政治上のパートナーを意味するのだ、と得心がいった。》（同前）

本当に大平の手に渡ったのかどうかはわかりませんが、多分渡ったのでしょう。

木村氏の手記で、もうひとつエッと驚くのは、この韓国の密使が日本にやってきて角栄と会う場面を日本の公安当局と外務省が（おそらくは公安情報を得て）つかんでいて、それを阻止しようとした場面があることです。木村氏と密使の李が、田中邸の応接間の待合室で待っていると、山田泰司秘書がやってきて、木村氏にそっといいます。

《山田秘書が飛ぶようにやってきた。「木村さん、ちょっと」と私を別室に連れ出す。

「あなた、今日、韓国の高官を連れてきましたか」

別室に入ったところで、山田秘書はこう切り出した。さらに山田秘書は続けて、

「実は公安と外務省から、いま、総理の元に連絡が入った。『そちらに韓国の高官が行っているはずだが、頭越し外交はくれぐれもしないでもらいたい』というご注意がありました」

私は公安の情報収集能力に舌を巻くと同時に、困ったことになった、と感じた。》（同前）

木村氏はとっさに、いや、日韓親善協会の幹事長を連れてきただけだとごまかして難を逃れるのですが、日本の公安もなかなかやるものです。そしてこれでわかることは、日本の公安や外務省が、角栄はいかにもこういうこと（密使を使っての頭越し外交）をやりそうな人間だと評価していたということです。

もうひとつ木村氏の手記で面白いのは、「大平にも一つやらなきゃならんなあ」のあとに、「オーイ、榎本君」と呼んで、ロッキードの五億円の受取り手でもあった榎本秘書を呼んでいることとです。それで、後にロッキード事件で榎本が現金受取り係として登場してくると、木村氏はなるほどと思うわけです。たしかにここは、ナルホドなんです。

金脈秘書の中枢・榎本という男

榎本は田中の秘書の中でも、政務秘書的役割を果たしているといわれていましたが、表舞台でのスポークスマン的役割（対マスコミ、政治的会合など）など目立つことをしていたのは早坂茂三秘書だし、政治資金団体の出納をしていたのは佐藤昭秘書だし、金脈ユーレイ会社の事務をしていたのは山田泰司秘書と遠藤昭司秘書だし、地元選挙区の面倒を見ていたのは本間幸一秘書だし、地元選挙区の公共事業を見ていたのは、山田泰司秘書だしということで、榎本はロッキード事件で登場してくるまで、その役まわりはいまひとつはっきりしていませんでした。政治の裏舞台では結構動いているという話があったし、田中系政治資金団体で、表に出られない隠れ田中派的政治家へカネを届けるなどのことをしているという話もある程度知られていました。いずれにしても、政治のウラ舞台の人であることが知られていたので、ロッキード事件や金大中事件で登場してくると、ああナルホドになるわけです。

ぼくの「ロッキード裁判傍聴記」で、榎本秘書がどういう存在であるかについてこう書いています。

《榎本はどういう秘書であったかというと、政務秘書であると同時に金脈秘書という枢要な立場にいたのである。他の金脈秘書がすべて政治の表舞台には決して登場してこない（あるいは登場できない）秘書であるのに対し、榎本だけは金脈秘書であると同時に総理大臣首席秘書官という公職にもあった人物なのである。ここに榎本の特異性がある。

榎本が単なる自民党本部職員から、田中の金脈と人脈の枢機にあずかる人物へと変貌をとげる第一歩が日本電建入りだった。田中金脈の歴史的形成は、田中が日本電建を掌握してから、一連のユウレイ企業を乱立させて、そのユウレイ企業群で電建を骨までしゃぶっていく過程においてであったことは、かつて詳述した（拙著『田中角栄研究全記録』）。その実務をになったのが、田中にとって小佐野とならぶフンケイの友である入内島金一（日本電建田中時代後期の社長）であり、この榎本であったのである。榎本はやがて田中金脈にずぶずぶと深入りし、オモテ面の政治資金の調達・分配に関与したのはもとより、ユウレイ会社にあるいは役員、あるいは株主として自ら参画していくというようなことをするまでになる。田中の金脈会社として最も有名なユウレイ企業の一つである室町産業では、榎本は役員でもあったし、株主でもあった。さらに、私の知る限りでいえば、榎本は軽井沢商事、パール産業、東洋ゴーセーなどの株主としても名をつらねている。純粋の政務秘書である早坂秘書がこうした会社に全く名をつらねないことをみても、榎本がただの政務秘書でないことがわかるだろう。》

ここに出てくる日本電建という会社が、田中金脈の歴史において、どれほど重要な意味を持っていたかは、『田中角栄研究全記録』の中で詳述したので、ここではあらためて詳しく述べませんが、要するに日本電建は、角栄の幹事長時代に一連の黒い霧事件として話題になるほとんどの事件の舞台となった会社です。一連の黒い霧事件は、角栄がいくつものユーレイ会社を作って、日本電建の資産をしゃぶり取っていく過程そのもので、ここで田中金脈の原型はすべてできあがっていくんです。その過程で最も大きな働きをしたのが榎本なんです。榎本は自民党本部の職員をしていたのに、角栄が日本電建の社長になるときにいっしょに日本電建に乗りこんでいき、いきなり総務部長になって、この会社の実権をにぎり、田中の意をくんでこの会社をいいように動かし、また食いものにしていくんです。この過程で作った相当の金を角栄は佐藤栄作にみつぎ、佐藤はその金で昭和三十九年の総裁選を池田勇人と争ったという経緯があるんです。先の引用に出てくる室町産業は、信濃川河川敷の買占めで出てくる会社だし、東洋ゴーセーという会社は、角栄が総裁の座をかちえた四十七年総裁選の多数派工作で、三月攻勢といわれた実弾攻撃の原資作りに利用されたユーレイ会社です。こういう会社の株主であったということは、榎本が一貫して田中金脈におけるウラ金作りにかんできたということを示すものです。

榎本秘書についてもう少し述べておくと、ロッキード事件は、結局、政治資金のウラを担当してきたこの人が、捜査段階でロッキード事件のことだけでなく角栄のウラ金の世界のことを全部しゃべってしまったために、どう否定しようもなく有罪にされてしまったという経緯があるんです。

榎本調書には、そういうウラ金の流れについて語った部分があって、これがなかなか面白いんです。

≪金は砂防会館や目白の私邸によんで田中先生が直接渡したり、佐藤昭さんが渡したりしていたが、私が届けにいくこともあった。田中先生の指示にもとづいて、先生から渡された現ナマを何百万円から最高三千万円ぐらいまで渡したことがある。田中派の代議士だけでなく、他派閥の代議士に人目につかぬよう極秘裏に届けるのが私の役目だったので、私は裏資金の担当者ともいわれていた。金は封筒に入れたが、底にひだのある大型の茶封筒だと二千万円くらい詰められた。領収証などあとに証拠に残る書類のやりとりは一切なかった。選挙が近づいてくると、代議士の先生のほうでも、

〝オヤジさんに頼んでくれよ〟と、私を通じて金をねだる人がいた。》

ここに出てくる底にひだがある大型茶封筒は二千万までのお金を入れるのによく使われ、それ以上、億単位の金になると、木村博保の告白にあったみたいに、ビニールがかかった大型の紙袋とか、ボストンバッグが使われたわけです。昭和三十九年の総裁選では、よく「ニッカ」「サントリー」という隠語が使われて、候補二人からカネをもらうのが「ニッカ」で、三人からもらうのが「サントリー」だと解説されていたんですが、同時に、あのときの相場が一票一千万円（だから四十七年総裁選の一票二千万円というのはほどよい推定になる）で、カネの受け渡しに、よくサントリーオールドやスーパーニッカの固い紙箱がありますね、あれが使われたからだといいます。あれに一万円札をぎっしり入れるとちょうど一千万になるんだそうです。

角栄の金を語りはじめたわけ

生前、その金権政治が世のごうごうたる非難の嵐をあびているときには、その実態を自ら知る関係者たちは固く口をつぐんでいましたが、角栄が死んで、これだけ時間がたつと、先の木村氏の告白もそうですが、その秘密を少しずつ語りはじめています。

そういうものを拾ってみると、面白いことには、角栄の金権政治なんて存在しなかったなどと、それを全否定する人は関係者の中に一人もいません。最大限の否定が、先の佐藤秘書の、自分の知らないところで何が起きていたかは知らないが、少なくとも自分は訴追されるようなことはしていないというパーシャルな否定です。

山田泰司秘書は、口を開くことがきわめて少なかった人ですが、この人も口を開いたときには、こんな表現で、角栄の金権政治があったことそれ自体は認めています。

《田中政治が金権政治だといろいろ批判もあるが、それは認めざるを得ないでしょうな。確かに罪悪とも思う。しかし田中先生には学閥も門閥もなかった。何もない人が裸一貫から総能力を傾注してのし上がり、総理になった。その間に人と対抗していくために、ある程度の金も必要だ。金がなければそう急には伸びられない。

（略）金権政治は過程としては現実にあったが、いつまでも続ける人ではなかっただろう。

金権政治と言われるものは、その時代としてやむを得ない一つのものであった、と考えざるを得ない。》（『宰相田中角栄の真実』）

山田泰司秘書がこんなこと（「金権政治は罪悪」）をいうというのは大変なことです。角栄が生きている間だったら、絶対にいわなかったでしょう。

山田秘書がここまで語ったのは、角栄が死んですでに半年以上たっていたということもありますが、それ以上に、角栄の死の三年以上も前に、真紀子と正面衝突して、目白の田中邸から追い出されてしまったことが大きいだろうと思います。山田秘書は、忠誠心を絵に描いたような人ですから、角栄が脳梗塞で倒れてからも（一九八五年）、目白に残って、ずっと資産管理の仕事（角栄の資産はユーレイ会社名義になっているものが多い）や、新潟三区のケアをやっていた人です。それが五年後の一九九〇年に真紀子によって追いだされてしまいます。

山田泰司秘書は、戦後すぐに田中土建に入り、経理畑を歩いてきたもともと田中の会社の経理マンだった人です。だから、税務署も舌をまくほどの驚くほど複雑な経理テクニックを使って（そのためにたくさんのユーレイ会社を使う）巧みな税金逃れができたんです。ぼくはこの人のことを、かつて次のように書いています。

《(山田泰司秘書の）ユーレイ企業との表立った関係は、三十六年から四十五年にかけて、新星企業の代表取締役をしていたほかは、関連企業数社の監査役をしていたことくらいだ。

しかし、実をいうと、この人が、新星企業のみならず、関連ユーレイ企業群の中心人物であることが、国会で明らかになった。一月二十三日（昭和五十年）の参院決算委で、関連企業への調査の仕方を問われて、磯辺国税庁次長はこう答えている。

「法人の帳簿書類等について、内容をお聞きする場合に、直接お聞きしているのは山田泰司さんでございます。この方が関連企業の会計責任者、ということになっておりますので、主として山田泰司氏というのが、法人関係については中心でございます。もちろんそのほかにも若干サブ的な、補助的な方はおられますけれども」

この関連ユーレイ企業群と田中氏の関係について磯辺国税庁次長は、ハッキリと次

のように会社名をあげて述べている。（参院決算委・昭和四十九年十一月十五日）
「一つは田中角栄氏と資本関係、あるいはわりあいになんといいますか、企業支配関係が強いというふうな――これは私たちの判断でございますけれども、思われる会社と、それ以外の会社に私ども分けております。それで、前者のほうにつきましては、いわゆる直接に現在再調査といいますか、見直しといいますか、そういった調査の対象となっておる法人でございますが、それを申し上げますと、五社ございまして、新星企業、室町産業、それからパール産業、浦浜開発、東京ニューハウス、以上五社でございます」》（「『田中角栄金脈の決着』に異議あり」／『田中角栄研究全記録』所収）
こういうユーレイ企業群について話を聞くときは、全部山田秘書に聞いたというのです。要するに、彼がすべてを統轄しており、他に役員とか従業員とか、株主とかいても、それは全部名義上でサブ的に手伝っていたにすぎないというのです。

田中系ユーレイ企業群

それは、我々が田中系ユーレイ企業群について調べたときにわかっていたことです。我々はかつて全ユーレイ企業の全株主（八十六名。うち会社名義二件）と全経営者を調べあげ、その一人一人が角栄とどう関係しているか調べあげたことがあるんです（その詳細は『田中角栄研究全記録』におさめられている）。

形式上はその人々がユーレイ企業群のオーナーであり、経営者なのです。田中自身は、東京ニューハウスと新星企業の株主であることを除いては、形式上無関係という体裁がとられています。

しかし、それらの人々はすべてが株主としても経営者としても単なる名義人で、実質上何もやっておらず、これらのユーレイ企業群の本体は実質田中角栄その人で、その経営は山田泰司秘書が一人でやっていることが明らかになっていきます。我々は田中系ユーレイ企業群に土地を売った人々を逐一取材していきました。すると、

「田中先生に買っていただいた」

「〃田中の代理です〃といって、田中氏直筆の手紙を持って秘書がやってきた」

「契約のときになって突然ユーレイ企業の名前が出てきたので〃これはなんですか〃とたずねたら、秘書の方が〃これは田中の会社です〃と答えた」

といった答え方で、角栄とユーレイ企業が実は一体のものであることをあからさまに答えてくれたわけです。

しかし、実をいえば、こんなことは調べなくても容易にわかることなのです。それは山田氏の職分を考えることによってです。山田秘書は毎朝早くから目白の田中邸に出勤して、私邸事務所の仕事を統轄しています。たとえば、毎朝の陳情受付けにさいしては、角栄の側近にはべっていて、角栄が一件あたり三分くらいで、ああしろ、こうしろとテキパキと指示を下していくのを受けて、その指示を実務的に処理していくのが、山田秘

書の仕事なのです。

小佐野氏や入内島氏などのフンケイの友は、それぞれ独自に主体性をもって行動しながら、角栄と密接な関係を持っていますが、山田秘書の立場はそれとは根本的にちがいます。山田秘書は角栄の意志の実務処理代行者にすぎないのです。

先の株主役員一覧を見るとわかるんですが、もう本当に複雑怪奇としかいいようがないことを、実に丹念に、書類上の形式を完全に整えた上でやっているんです。全部ユーレイ会社なんですが、書類を完全に整えていますから、それがユーレイ会社なんてちょっとやそっとでは見抜けないようになっています。その上、ユーレイ会社同士の間で取引関係を持たせたり、合併させたり、分割したりと、リアルな会社と同じようなことをさせて、ユーレイ会社一社でやる脱法（脱税）行為ならバレてしまうことも、ユーレイ企業群という形でやればバレないという高度なテクニックを使うわけです。しかし、ユーレイ企業群といっても、その本当の実態は、山田秘書一人といってもいいんです。他の人もいることはいますが、先に書いたように、それは名義人、お手伝いにすぎないんです。

真紀子は忠誠心すら悪意に変える

それほど重要な山田秘書のクビを、真紀子は簡単に切ってしまったわけです。

山田秘書をなぜ追い出したのかというと、さっぱりわけがわかりません。最近の秘書疑惑でも、真紀子がどんなにわけがわからない秘書の首の切り方をするかいろいろ報道されていますが、山田秘書の場合もよくわかりません。

しかし、この追放によってそれまでマスコミにはいっさい登場したことがなかった山田秘書がはじめて週刊誌に登場して、それまで全く表に出ることがなかった田中家の内紛をはじめて表に出してしまいます。真紀子に対する憤懣をぶちまけ、

《私が田中先生とお別れしたのは、真紀子さんの身勝手さに、もう我慢ができなくなったからです。》（「週刊朝日」一九九〇年五月十八日号）

などと語ったりしました。やめることになった最初のきっかけは、新潟三区からの角栄の引退を真紀子が勝手に決めて発表してしまったことでした。そのニュースを山田秘書は新潟三区の有力者の結婚式に向かうタクシーの中ではじめて聞くんです。

《山田氏は、

「一瞬、自分の耳を疑いました。顔から血の気がひいていくのがわかりました。こんな大事が私の耳に入らないはずがない。真紀子さんは私にだけ情報をシャットアウトしたのでしょう。あまりにひどい仕打ちです」

と憤る。》（同前）

それにつづいて起きたのが、胸像事件です。角栄の母校である中央工学校（角栄は青年時代、ここで土木建築の勉強をした。戦後角栄は同校の復興に尽力し、一時は校長をした

こともある）が創立八十周年記念に功労者の胸像を作って記念館にならべることにし、その中に角栄を入れたわけです。それを後から知った真紀子が激怒して、その許可を与えた山田秘書（中央工学校の理事をしていた）に対し、

「父は自分の胸像や銅像が作られるのが大きらいだった。そんなものを作らせるわけにはいかない。すぐここにもってきて壊しなさい」

と命じたわけです。山田秘書が、角栄の胸像、銅像なんて、選挙区にいったらごろごろある（これは事実）といって反論しても、真紀子は全く耳を貸さず、すぐ壊せの一点張りの命令だったわけです。

この衝突がエスカレートして山田秘書はやめることになるんです。

《山田氏は、こう振り返る。

「私は先生の秘書であっても、田中家の執事ではないと、その場で激しく口論し、『もう秘書を辞めます！』といって先生にお別れできないまま事務所を去りました。あらためてお別れをいいに目白へいくと、真紀子さんと会って先生の前で怒鳴りあいをしなくてはならない。それだけはさけたいから、いまだに田中先生に挨拶もできないままなんです」》（同前）

この山田秘書の心情、先の早坂秘書の心境「お姫さまと取っ組み合いのケンカをするわけにいかないから、鉛の熱湯を呑むしかない」とよく似てるじゃないですか。田中の秘書たちはみんな田中への愛情を山ほど残しつつ、真紀子への反感、怒りからやめてい

ったんです。

山田秘書がやめたあとどうなったかというと、

《私がいなくなったので、今も目白に残る古くからの秘書は、運転手役の一人だけ。》

(「週刊文春」一九九〇年八月十六・二十三日号)

さらに三ヶ月ほどして、その一人もやめてしまいます。

《最後まで残っていたのが、小林氏だったのだが……。

第1議員会館で小林氏と顔なじみだった人物が語る。

「小林くんが辞めたと聞いたときは信じられなかった。あの事務所は第1秘書だけでも3人が変わっているが、車の運転手から入った彼は辛抱をかさね、ついには会館を仕切るまでになっていたんだからね」

また、別の秘書も語る。

「あの真紀子さんも、〝小林クン、小林クン〟とそれは頼りにしていた。目白からのホットラインは彼を名指しだったし、彼のほうも真紀子さんのプライベートな用事にまで、車を運転してつきあっていたんだ」

そこまで信頼されていた秘書がなぜ辞めたのか。その理由を知りたかったが、小林氏には取材に応じてもらえなかった。

かわって、田中角栄の元秘書氏が語る。

「われわれ秘書は、真紀子にとっては単なる使用人にすぎないんだ。だからオヤジが倒れるや一方的にクビを切られた。目白のお姫さんには、〝オヤジのためなら命を張ってでも〟というわれわれの気持ちがわからないんだよ。》（「週刊宝石」一九九〇年六月二十一日号）

今日の秘書疑惑は、こういうことの延長線上にあるんです。

要するに、ひたすら忠誠心をもってつかえる人に対してすら、真紀子は何もむくいないどころか、その反対にひどい仕打ちを加えるので、みんないやになってしまうわけです。

実は、胸像をめぐる真紀子と山田秘書の最後の衝突のかなり前に、もっと激しい、より本質的な衝突があったんです。それは、前にもちょっとふれた山田秘書が出張で目白の田中邸を留守にしたときをみはからって、真紀子が山田秘書の金庫をあけて、中に入っていた帳簿や書類を全部引き出したことです。そして、今後それらの帳簿、書類類を自分の管理下に置くと宣言しただけでなく、その帳簿類を点検して、「不審な点がある」といい、お前は使いこみをしていたのではないかとでもいわんばかりの難くせをつけたことが、山田秘書に、真紀子とはとてもいっしょにやれないと思わせるようになった、最大の原因といわれます。そのあたり、「週刊現代」（一九九〇年七月十四日号）の「山田泰司氏激白！　『真紀子さんの非常識にはあきれはてた』」では、

《まあ、ぼくが脳梗塞で倒れたとしても家族が財産保全のためにいろいろなことをやるでしょう。真紀子さんが田中先生の金脈・資金パイプを一手に握っておきたいと考

えたとしても、私はそれを悪いことだとは思わない。》

と無難な表現をしていますが、実際には、相当腹にすえかねるところがあったようです。これ以後、真紀子は山田秘書にことごとに難くせをつけるようになり、しかも、さらにその難くせのつけ方がどんどんひどくなり、ついには胸像事件という全くわけのわからない難くせになり、ついにやめたということだと思われます。そして、山田秘書は結局こういうことだといっています。

《ぼくらだって田中家、田中先生のためと思ってはいるけど、向こうからすれば、ぼくがいたんでは不都合だ、しかし選挙があるから切れない。引退でその選挙がなくなった。そこで、辞めろとはあからさまにはいえない。だから物事一つ一つに文句をつける。こちらが反発する。早坂（茂三・元秘書）、佐藤（昭子・元秘書）もみんな事情はそれぞれちがうけど、辞めざるを得ない理由はおなじだったんでしょう。》（同前）

ここに出てくるように、角栄が脳梗塞で倒れると、まず早坂茂三秘書、佐藤昭秘書のクビがその年のうちに切られ、資産管理などの必要上残されていた山田秘書らもやがて追い出されたというわけです。

早坂秘書が語り始めた

この早坂秘書なんですが、かつては、自分はお金の問題には一切首を突っ込まなかった。それは角栄がそうさせなかったからだといっていたんですが、最近になって、実は自分も角栄の指令を受けて、現金の運搬人をやらされたことがあるという告白をするようになっています。これがリアルで、実に面白い。たとえば、小沢一郎たち田中学校の一期生がどっと当選してくる四十四年衆院選、あれは、角栄が幹事長として総選挙の采配を振った最初の選挙なんですが、そのときそういうことをやらされているんです。

早坂秘書は、角栄に自民党本部の幹事長室にこいと呼ばれます。

《幹事長室は人でごった返していたが、かんじんな相手の姿が見えない。「オヤジはどこですか」と聞いたら、隣の「副総裁室にいる」という。扉に手をかけたが、鍵がかかって開かない。二、三回、ノックして、「早坂です」と大声を出した。「オー」と言って、扉を開けたのは角栄自身である。彼は私を部屋に入れると、また、鍵をかけた。

そこで私が見たのは、丸いテーブルの上に山と積まれた分厚い白封筒である。中身が何であるかは、書くまでもない。角栄先生は、ベテランの女子職員と一緒に、白い奴を三つ、五つ、十と、大きな茶封筒に入れ、緘のハンコを押し、セロテープで目張りをして、人名を書き込み、自分でもメモしていた。精悍な面構えに汗がしたたっている。私は初めての光景に息をのんだ。

仕事が一段落すると、幹事長はオシボリで顔をゴシゴシやり、私を自分の前にすわらせて言った。

「これは公認候補者に届ける選挙資金だ。ほかの連中も飛ばすが、お前にもやってもらう。選挙区は、知ってのとおり、全国で一三〇ある。トンボ帰りや二、三泊の繰り返しだ。今夜すぐ行ってもらう。これが航空券だ。カネはなくしたではすまない。注意しろ」

一気にしゃべった角栄は、でかい鞄を持ってきて、私の横にドンと置いた。届け先を説明したあと、リストを入れた封筒も寄こした。》(『駕籠に乗る人・担ぐ人』)

このあと、角栄は早坂に、金を人に渡すにあたっての注意とか、渡すときにいうべき口上とかをワーッと教え込むんですが、これが実に細かい気配りそのもので、それを読むと、角栄は金権政治家といっても、札ビラを切っていばりくさっているタイプの金権政治家ではなくて、カネにはずっと苦労してきて、カネがないつらさを十分に知っている(真紀子の欠陥はおそらく相当部分それを知らないことからきています)政治家だったということがわかります。角栄が最初にいったのはこういうことでした。

《「お前がこれから会う相手は、大半が善人だ。こういう連中が、一番つらい、切ない気持ちになるのは、他人から金を借りるときだ。それから、金を受け取る、もらうときだ」

そう言ってから、彼の目がキラリ、光った。

「だから、この金は、心して渡せ。ほら、くれてやる。ポン。なんていう気持ちが、お前に露かけらほどもあれば、相手もすぐわかる。それでは百万円の金を渡しても、一銭の値打ちもない。届けるお前が土下座しろ」

角栄は続けて言った。

「まあ、そのくらいの気持ちでやれということだ。わかったな」》（同前）

その上で、「カネは必ず候補者本人に渡せ」「誰もいないところで渡せ」「選挙事務長、秘書には間違っても渡すな」「やむをえず細君に渡すときには、夫婦仲を確かめてから渡せ」といった実用的な注意をたくさん与えます。その注意を忠実に守るために、早坂は、列車のトイレの中に候補者と二人で入って、ほとんど身動きもできないような状態で渡したとか、笑い話のような経験をたくさんするわけです。そういう経験を通して、早坂が学んだ角栄の政治術の極意は次のようなことだったといいます。

《田中角栄は私に話したことがある。

「頂上を極めるためには、敵を減らす。自分に好意を持ってくれる広大な中間地帯を作りあげる。これがどうしても必要だ」》（同前）

政治的勝負に勝つためには、味方をたくさん作ることより、敵を少なくするほうが大事だというのです。そのために、角栄は選挙のときは、自派に属さない、場合によっては敵となる政治家にも、金を渡しつづけたのです。

真紀子に決定的に欠けているのは、こういう心づかい、こういう政治感覚です。真紀子が秘書など人にお金をやるときには、どうしても、角栄と正反対に使用人に「くれてやる」感覚になってしまうわけです。自分の周囲に、「自分に好意を持ってくれる広大な中間層」を作りあげようなどとは夢にも思わず、敵を減らそうとつとめるどころか、敵をどんどんふやして喜んでいるみたいなところがあります。

早坂秘書に話を戻すと、彼は自分の金配りまで認めたこともあって、田中が金権政治家であったことをはっきり認めています。

《政治は数、数は力と割り切った超リアリストの角栄は、政治資金の調達が権力のカギであることを誰よりも知っていた。

戦後日本政治にマネークラシー・システムを確立したのは田中である。そして、なりふり構わず自分でカネを集め、そっくり散じてきた。その終着駅がロッキード事件である。》（『宰相の器』）

角栄の金権政治の行きつく先がロッキード事件であったことをはっきり認めるようになっているわけです。

——早坂秘書といえば、昔はロッキード事件のこととなると、憤然として、あんなものデッチ上げだなんてぶちまくっていたのにね。

立花　立場上、それ以外いいようがなかったからじゃないですか。だけど、身近で角栄を知っていた人は、昔からあれがでっち上げだなんてつゆ思っていなかった。みんなさもありなんと思っていたというのがほんとのところです。先の木村博保氏なんてその典型でしょう。柏崎原発の四億円も金大中の四億円も自分で運んでいるから、ロッキードの五億円なんて全く不思議でもなんでもないと思っている。

IX

なぜか絶えない角栄擁護論

——でも相変わらず、ロッキード裁判の弁護人が書いた「田中角栄無罪論」をとなえる本が出たり、角栄擁護論の流れは絶えないですね。

立花　木村喜助弁護士の書いた『田中角栄の真実』(弘文堂)ね。やたら派手に広告ばかり打ちまくってこれで角栄の無罪は明らかになったみたいなことをいっているから、何か新事実でも出てきたのかと思ったら、何もない。一から十まで、これまでの裁判でコッパミジンに粉砕された主張をならべただけです。

先にいったように、この裁判は結局、榎本秘書が全部白状してしまったために、きれいに全部証明されてしまったんです。この木村弁護士という人は、その榎本被告人の主任弁護人であったために、あの裁判で恥をかきつづけたんです。いまでも、あの人がポカンと口をあけて、榎本が予期せぬ主張をはじめるところをボーゼンと見ている場面が目にうかんでくるくらいです。あの人は田中弁護団の中でも面目丸つぶれの弁護士の筆頭で、きっと「あいつがしっかりしていなかったからあの裁判は負けたんだ」くらいのことを田中弁護団の中でもいわれていたんじゃないですか。それで、自己弁護のためにもあんな本を書いたんだと思いますね。

榎本は逮捕されるとすぐに、五億円の受取りから、五億円の使途、事後の証拠隠滅まですべてしゃべってしまうんです。そして、それを角栄にも弁護団にも、ずっと隠していたんです。

——いつまで隠していたんですか？

立花　ずーっとですよ。

——保釈されて出てからも？

立花　出てからはもちろん、裁判がはじまっても、まだ隠していたんです。

——いつまで？

立花　八〇年の十二月に、榎本の被告人質問がはじまって、その中で検察からバラされるまでずーっと隠していたんです。裁判がはじまったのは七七年一月ですから、ほとんど四年間隠していたわけです。

——じゃあ、榎本がすぐゲロっていたということを、田中側はずーっと知らなかったわけですか？

立花　知らなかった。だから、法廷でそれがバラされたとき、みんなロアングリです。弁護団全員、痴呆状態におちいったみたいでした。誰一人、声も出せずポカンとしていた。田中は顔を真っ赤にして怒りでブチ切れそうになっていた。

あの裁判はあそこで事実上ケリがついたようなものです。榎本は、角栄にも、弁護士にも、自分は逮捕された後もずーっと自供しないで、五億円受取りの事実などないと主張して頑張っていたのに、検察官に、逮捕四日目の七月三十日に、「田中、五億円受領認める」の大見出しの新聞を見せられて騙され、それなら角栄に合わせなければと思って、つい自分も受領を認めてしまったと説明し、みんなその説明を真に受けて、その上に弁護方針を立ててしまったわけです。それが全部ひっくり返ってしまって、それまでの弁護側の主張なんか全部意味がないことになってしまったわけです。みんなロアングリなんです。

ぼくの「ロッキード裁判傍聴記」にはこうあります。

《思いがけないドラマが展開したのは、その後である。いったんは着席した土屋検事が、もう一度、「一点だけ確認したいことがあるので」と立ち上がった。そして、自供のきっかけが三〇日に見た新聞の見出しであることに間違いないか。それまでの間、取調べ検事に否認をつづけていたことは間違いないか、と確認した。榎本はもちろん間違いない、と答える。さらに土屋検事は、二七日に逮捕されて、翌二八日にすでに五億円受領を自供したということはないか、とたずねた。榎本は、とんでもない、そんなことはない、と答える。土屋検事はもう一度、それに間違いないですね、と念を押す。榎本は、間違いない、と答える。

ここまで念を押しておいて、土屋検事は、実は二八日付ですでに榎本が五億円受領を供述している調書が存在しているが、それはまだ未開示だったので、即刻これを開示し、次回はその調書について質問する、と述べたのである。（略）四日間も否認で頑張ったのに、新聞の見出しを三〇日に見せられて、という榎本の説明は、二八日付自供調書の存在によって一瞬にして根底からくつがえされてしまったのである。（略）

私はこの最後のドンデン返しを心ゆくまで楽しんだが、楽しめなかったのは田中側である。弁護団は茫然として息を呑み、一瞬痴呆化したかのごとくポカンとしていた。田中は、それまでは榎本の全面否認を、いかにもその通りその通りといわんばかりに、少しそり返り気味の姿勢で例の扇子をゆったりと使いながら、口元に笑みまで浮かべて、実に満足気にうなずきながら検事席から傍聴席まで見渡すようにしていたのだが、この最後の場面にいたって、一瞬のうちに顔面を朱に染めて、怒りと当惑をあらわにした。》

あわてた弁護団は次の公判で、榎本に自供は二十八日の思いちがいだったと訂正させるなどつじつま合わせをはかりますが、つじつまを合わせようとすればするほどつじつまが合わなくなり、このあと弁護団の主張は支離滅裂になっていきます。

その他もろもろ、木村弁護士の本ははじめから終わりまでナンセンスのかたまりです。

榎本三恵子の「ハチの一刺し証言」

——榎本はそのあともアリバイを主張したりして闘いつづけていますよね。

立花　ええ、闘いつづけています。

裁判がはじまると、自分の自供は全部ウソだったと主張し、さらには、八一年に入ると、五億円授受の日時にはアリバイがあると主張してアリバイ立証を試みるんですが、それも全部検察にひっくり返され、最後に榎本三恵子前夫人のいわゆる「ハチの一刺し証言」によって、田中側完敗で終わったというのが、あの裁判の大筋の流れです。

長くなるから、ぼくの「傍聴記」から、エッセンスだけを抜いておくとこうです。

《問題の五億円については、榎本は調書でこう述べていた。一九七三年の六月ごろ、丸紅の伊藤から参院選にぜひ勝ってほしいので、五億円差し上げたいというありがたい話があった。田中先生がこの参院選にかける意気込みには悲壮なものがあり、「今度の選挙は命がけだ。金を使ってもあげるだけあげないとだめだ」といっていた。五億円は、いったん党を通過したあと、田中先生と総務局長の小沢辰男先生が相談して、すべて選挙資金として使われたと思う。》

《今回明らかにされた新事実できわめて興味深かったことは、事件発覚後、榎本と佐藤昭が〝証拠隠滅〟をはかったことである。榎本調書ではじめて明かされた五億円の使途は、七四年参院選の費用として、候補者たちに配ってしまったということである。榎本供述にある田中のことばを借りれば、「あのころは金の忙しい時期だったな。あんなものはみんな何かに使っちまったよ。参院選に使った分は、小沢君にでも聞いてみなければわからんな」ということだそうで、「一〇〇億円はかかった」選挙史上最高の金権選挙といわれたあの参院選に注ぎ込まれたという。

田中の無茶苦茶な金の使いっぷりは、つとに定評のあるところだが、あれが手当たり次第に後先も考えずに、ただただバラまいていただけなのかというと、決してそうではなかった。ちゃんと記録がつけられていたのである。榎本調書によると、佐藤昭が「集計表」を作っていて、どの代議士にいつ幾ら渡したかが記録されていたのである。事件発覚後「あんなものはないほうがいいな」「そうね」と榎本と佐藤が話し合って、その集計表を、越山会の会計証票などともろともに、田中邸にトラックで運びこんで焼却炉で燃してしまったというのである。ちなみに、田中邸には、処分すべき秘密書類が多いので、一度に一トン単位で書類を燃やせる巨大な焼却炉があるのだそうである。これを証拠隠滅といわずして何といおう。田中逮捕後、田中邸と田中事務所に検事が乗り込んで家宅捜索をし、それぞれトラックで運び出すほどの書類を押収したが、そのときすでに主要な書類は灰になっていたわけである。》

榎本調書の事件発覚後の話ですごいのは、角栄が丸紅に五億円を返そうかと考えたり、国会の証人喚問で全否定してがんばる丸紅の伊藤に電話をかけてはげますところです。

このくだりなんか、二人の有罪告白と同じです。

《榎本に対する検察側の被告人質問。主として、事件発覚後の状況について。調書で述べたところによると、事件発覚後、伊藤に、「五億円はなかったことにしてくれ」と頼んだ。伊藤は、「絶対大丈夫です。ご迷惑をかけるようなことはしない」と答えたが、伊藤が、どういう方法で五億円をなかったことにするのかをきいていなかったので、本当に大丈夫だろうかと不安だった。そこで、いっそのこと丸紅に五億円を返してはと思って、田中に相談すると、「そういうことができるのなら、金を作ってもいい。先方が何というか、いっぺんきいてみろ」といわれた。伊藤に連絡をとったが、いい返事がなく、田中に、「そうはいかないようですよ」というと、田中は、「そうか」といってあきらめた。その後、「桧山に電話できないか。あれも苦労しているから、ことばの一つくらいかけてやらないと」というので、田中のところの電話は盗聴されている恐れがあるというと、田中は、「それもそうだが、一言ぐらいいってやらないと」といった。伊藤を通じて桧山に連絡を取ろうとしたがうまくいかなかった。第一次喚問の直前のころ、伊藤と電話で話していると、かたわらの田中先生が電話をとって、「いやー、元気でやってくれ。私ができることは何でもするから」といったことがある。国会喚問は田中と二人でテレビで見た。田中は「ひどいもんだなあ。まるで人民裁判みたいだ」と感想をもらしていた。

第一次喚問と第二次喚問の間に、芝の料亭松山で、弁護士をまじえて伊藤と会ったことがある。そこで、「この前は立派な態度だった。今度も時間をかせぎながら堂々とやってくれ」とはげまし、再度、「五億円の件はくれぐれもなかったことに」と頼むと、伊藤が、「田中先生にはご迷惑をかけない。ご安心ください」といった。帰ってから田中のところに報告に参上すると、「おう会えたか、どうだった」と喜び、やりとりを話すと、「そうか、そうか」と何回も首を上下にふっていた、という。》(同前)

このくだり、丸紅の伊藤側からも認められているので、これだけだって、田中側の有罪の立派な証拠なんです。ところが木村弁護人の本ではこういう不利な証拠には全く言及せず、立派なアリバイがあるのだから五億円受取りの事実はないみたいな主張をしています。

しかし、実際の裁判で、どのようなアリバイ立証がなされたかというと、事実上証明ゼロなんです。

崩せなかった笠原メモの信用性

——証明ゼロ？　どういうことなんですか。

立花　アリバイとはどういうことかというと、検察側主張のお金の授受があったとされる時刻に、榎本は別の場所にいたという主張です。その主張の根拠として出されたのが、榎本の公用車の運転記録でした。その記録をもとに、榎本はその日、その時刻、自分はどこにいてこれこれの人と会っていた（あるいは何かをしていた）という主張をして、その会っていたとされる人を証人として出すか、榎本がその頃そういうことをしていたことを証明する何らかの証拠を出そうとしたわけです。運転記録そのものはブッとして存在していますが、その記録と榎本の実際の所在を結びつけるためには、どうしても、榎本自身の証言とそれを裏付ける証人ないし証拠物が必要になるわけです。で、その証明がなされたかというと、なされなかったんです。第一に、お金の授受にあたって榎本が使用したのは首相官邸の公用車ではなくて、目白の田中邸の笠原運転手が運転する田中邸の車なんです。授受に使用したのが笠原車であることは、榎本が逮捕後すぐに供述していることですから、そもそも公用車の運転記録がアリバイの証拠にならないことは明らかなんです。公用車の運転記録は、その時刻ごろ、公用車がどこにいたかを示すだけで、榎本がどこにいたかを示すものではありません。

笠原運転手は、取調べの途中で不審死（自殺とされる）をとげたので、正規の調書は残していません。しかし、現金授受の場所と時間を図面に描いて、そこに周辺事情などを自筆で加えた上でサインまでした「供述メモ」を残していました。アリバイ立証のためには、まず、この笠原メモの信用性をくずす必要がありますが、田中側はそれに成功しませんでした。むしろ、検察側の取調べで授受を供述してしまった笠原運転手に対して田中側が非常にきびしく当たり、その結果窮地に追いやられた笠原が死を選んだのではないかと思わせるようなニュアンスの状況立証を弁護側がしてしまうことになりました。本当は弁護側は、検察側の取調べがきつかったので笠原が自殺に追いやられたと立証しようとしたのに、何人かの弁護側証人が検察側の反対尋問にあって、実際の状況はその反対であった(田中側の責めがきびしかったために自殺に追い込まれた)と思わせるような証言をしてしまうことになってしまったのです。

次に榎本が公用車運転日報の記録通りの時間、場所にいたことの証拠だとして弁護士が提出した証人、証拠が、検察側の反証を受けて、ことごとくくずされてしまい、アリバイの証拠とならなくなってしまったということがあります。

それより何より大きいのは、次の事実です。弁護側が証拠の最大の柱としたのは、「自分はそのとき別のどこかで何かちがうことをしていた」という榎本自身の供述です。そのような主張は、検察側の反対尋問を経たときにはじめて、証拠価値を持ちます。検察側は、榎本のアリバイ主張がなされた後すぐに、榎本の反対尋問を要求しましたが、弁護側はそれを拒否しました。検察側が反証を用意しているようだから、そちらを先にやってもらいたい、その後でなら反対尋問を受けてもいいということでした。検察側の攻めをまず見せてもらわないことには、検察の反対尋問ですぐにメロメロになる(逮捕直後の自供をバラされるなど、これまでに何度もそうなっていた)ことがわかっている榎本に反対尋問を受けさせるわけにはいかないと考えたわけです。そして、検察側のアリバイ反証がはじまったのですが、それがはじまると、たちまち、弁護側立証は総くずれという事態になっていきました。

　さらにその上、検察が爆弾的反証（アリバイに対してではなく、弁護側の無罪主張全体に対する）として出してきたのが、榎本三恵子証人だったわけです。事件当時、榎本夫人だった（その後離婚した）三恵子は、事件発覚当時、毎朝榎本を車にのせて、目白の田中邸まで送っていたのですが、事件発覚後、急に毎朝丸紅の伊藤から電話がかかってくるようになったので、車の中で、「お金受け取ったの」ときくと、榎本がうなずいた上、「どうしよう」と相談をもちかけてきたので、「男が腹をくってやった仕事にどうしようはないでしょう。答えはひとつ、何もなかったことなんですよ」とたしなめたというのが爆弾証言の内容でした。これは法律上、榎本が事件直後に第三者に対してなした自供と認められます。さらに三恵子証人は、秘書官当時のメモ、日程表などを庭で焼却するなどして証拠隠滅をはかったことなども告白したわけです。

　このような証言を明快なことばで淡々かつ堂々とつづける三恵子証人に対して、榎本は顔をあげてその表情を見やることもできず、ただただ顔を赤くして下を向いているだけでした。その態度を見ただけで、どちらが真実を話しているかは百パーセント明らかでした。三恵子のこの証言を聞いて、記者団は、これできまりだと思って、みんなダーッと飛び出していきました。事実これできまってしまったんです。弁護側は、三恵子証人に対する反対尋問を放棄（証言内容、証言態度ともあまりにハッキリしていたので、反対尋問をやってもヤブヘビになるだけだと判断したらしい）した上、榎本に対するアリバイ問題での検察側反対尋問を拒否するという態度に出ました。これは法律上の効果としては、前者は三恵子証言をそのまま証拠として受けいれる意志を表明し、後者はアリバイ立証を放棄したことを意味します（反対尋問を拒否すれば当然そうなります）。アリバイ立証がゼロとはこういう意味です。

榎本アリバイについてさらにいえば、法廷で弁護側がそれを証明できなかっただけでなく、法廷外で、榎本がテレビに出演して、アリバイを全否定してしまい、五億円受取りを認めてしまうというとんでもないできごとも起きました。

一九八三年二月八日（論告求刑の約一ヶ月後、最終弁論の約三ヶ月前）、榎本はテレビ朝日の「モーニングショー」のインタビュー取材に応じ、これまでの法廷供述をほとんど全部ひっくり返す発言を行いました。すなわち、丸紅の伊藤から数度にわたって段ボール箱入りの現金計五億円を受領し、それを田中邸にたしかに運んだと述べたのです（これ以外のときにも現金入りの段ボール箱を運んだことがあるという発言もありました）。ただし、受領した場所は伊藤の自宅マンションで、時期もピーナツ、ピーシーズ領収書の時期とはちがう（はっきりしない）から、多分、丸紅が立替え払いしていたのだろうといいます。いずれにしろ、使った車は笠原車で、公用車ではないから、いわゆる榎本アリバイは全くなりたたないということになってしまったわけです。

それなのに、木村弁護人のこの本では、アリバイ立証は立派になされたのに、新聞がそれを書かなかったから世の誤解を招いたなどとして、

《「アリバイは凄いですね。特に三回目は間違いなく無罪でしょうね」と言うので、

「何でそれを書かないんだ」と聞くと、「いやデスクが通らないんです」との答えが返ってきた。》（『宰相田中角栄の真実』）

なんてことをとくとくとして書いたりしています。少しでも真実のロッキード裁判を知る者には全く噴飯ものの内容の本としかいいようがありません。事実は、榎本アリバイなど、誰も立証されたとは全く思っていない（榎本本人すらそう思っていない）ということです。

あの本を正面から批判した本がないのをいいことに、大々的な広告を打ちつづけていますが、正面きった批判がないのは、内容があまりにバカバカしすぎるからです。

——最高裁が榎本敏夫に対する上告審判決で、嘱託尋問調書の証拠能力を否定して、証拠排除したことをもって、田中無罪論の根拠とする人もいますね。

立花　あれは無罪論の証明には全くならないことです。むしろ有罪論の証明といってもいい。角栄のほうは死亡した時点をもって、裁判は公訴棄却となってしまったので、もう永遠に有罪判決も無罪判決も出ないんですが、嘱託尋問調書の問題に関する限り、田中裁判も榎本裁判も争点は同じですから、榎本判決をもって、最終判決と考えていいんです。あの判決のポイントは、「嘱託尋問調書（コーチャン、クラッター証言）を証拠排除しても、この事件の犯罪事実認定に何の影響も与えない、従って、有罪という事実はくつがえらない」というところにあるんです。つまり「田中の有罪はくつがえらない」ということなんです。なぜかといえば、嘱託尋問調書に出てくる事実は、あの受託収賄事件（榎本は同じ事件を外為法違反罪で裁かれたが、争われた事実関係は田中の受託収賄と同じだから、以下、田中の受託収賄事件として説明）の背景事実でしかありません。贈賄の主体は丸紅。収賄の主体は田中角栄。贈賄の計画も、田中への請託も、賄賂の受け渡しも、全部主体は丸紅です。ロッキードは、丸紅からこの商談を成功させるために首相に賄賂をつかませるようにといわれ、お前のところの飛行機を売るための賄賂なんだから、カネはお前のほうで作って、正規の販売マージンとは別にこちらによこせといわれて、金を渡したという関係です。ロッキードが贈賄計画を主体的にたて、田中側に話をつけ、金も用意して、実行行為だけはお前のほうでやってくれと丸紅に頼んだ（もしそうなら、ロッキードが主犯、丸紅は従犯になる）ということじゃないんです。つまり、コーチャン、クラッターの証言に盛りこまれているのは、直接の犯罪事実ではなく、その背景事情、周辺事情だけですから（しかもその背景事情は別の証拠によっても十分証明されている）その証言調書の証拠能力が消えても、犯罪事実の証明がなくなるということには全くならないんです。

ロッキード事件はアメリカの謀略？

――ロッキード事件でさかんに流されるのが、アメリカの謀略説ですが。

立花　この木村弁護人の本もそうだし、真紀子もよくとなえる説ですが、アメリカ謀略論をとなえる人々がみんな依拠しているのが、田原総一朗の「アメリカの虎の尾を踏んだ田中角栄」（「中央公論」一九七六年七月号）という論文です。

これまた内容的には噴飯ものなんですが、多少もっともらしいところがあるため、田中信者はみんなあれを信じてしまっている。要するに、角栄が中東、アフリカ、オーストラリア、ロシアなどを飛び回って、独自の資源外交を展開し、自前のエネルギー源を入手しようとしたのが、日本のエネルギー市場をにぎるアメリカ石油メジャーの怒りを買い、メジャーの手先であるキッシンジャーが謀略を仕組んだとかいう話になってくるわけです。

あれが謀略だとする話の根拠としてすぐ出てくるのが、ロッキード事件を最初に暴いたチャーチ委員会の資料が、実は郵便物の誤配で届いたという話です。そんなバカな話はありっこないから、これは謀略にちがいないという説です。だけど、むしろ謀略だとしたら、そんなおかしな手を使うはずがないじゃありませんか。謀略機関が資料を相手につかませる手はいくらでもあります。だいたい、もし本当にチャーチ委員会にそんなものが誤配で届けられたとしたら、誤配とすぐ気づいてそもそも中も見ないで返送するだろうし、たまたま開封したとしても同じでしょう。中を見てから誤配と気づいたのに、これ幸いとガメて、資料として利用してしまうなんてことがアメリカ上院の調査委員会で起こるわけがないでしょう。

そもそもあの謀略説がよって立つ郵便物の誤配事件というのは、存在しなかったんです。それがなぜこうも安易に信じられてしまったのかというと、あのロッキード事件の衝撃的な第一報にそう書かれていたからです。あれは、はじめに向こうの新聞がそう書いたんです。しかし、大事件の修羅場はそういうことがしばしば起こるんですが、ちゃんとウラを取った記事ではなかったわけです。それで、数日後に、あれは誤りであったときちんと訂正が出ています。日本の新聞でも小さくですがその訂正を数日後にフォローして出しています。ただしっかりフォローしなかった新聞があったり、フォローが小さい記事だったので見逃した人が多かったのか、日本では今でも郵便物誤配説をとなえる人が多くて困ってしまいます。

しかしこの謀略話は、ずっと後になって、チャーチ委員会に直接取材して書かれた、徳本栄一郎／ティム・シャロック「『角栄の犯罪』25年目の新事実」（「文藝春秋」二〇〇一年八月号）で、全くの事実無根であることが、疑問の余地なく示されています。

≪――なぜロッキード社の秘密資料がチャーチ委員会に送りつけられたのか。いったい誰が仕掛けたのか。

「……いったい何の話だ。我々の資料は真相を究明するためにロッキード社から正規の手順で入手したものだ。田中を追い落とす陰謀などなかったと断言できる」

――しかし、今でも日本では、田中が独自の資源外交を展開することでアメリカを怒らせ、その結果、スキャンダルを流されて葬られたとする説が有力です。政府から「田中を狙え」といった要請はなかったのか？

「冗談ではない。上院の委員会は時の政権とは別物の独立した存在だ。私たちに『田中を葬れ』などと命令した人物はひとりもいない。まったくあり得ないことだ」》

角栄が資源外交に力を入れたのは事実です。しかし、それほど大した成果をあげたわけではありません。そもそもあの程度の成果のほどもわからぬ資源外交（岸なんか前からずいぶんやってます）で、メジャーが、この男、将来危険だから、今のうちに総理大臣の座からひきずりおろしてしまえと、謀略をたくらんで、ロッキード事件のような事件を起こしますか。そして、起こしたいと思ったとして起こせますか。だいたいどうやるんですか。ロッキード社をたきつけて、田中に金をにぎらせるところからやるわけですか。

冷静に考えていったら、あの謀略説が全くのナンセンスであることは、多少ともハイレベルの国際政治、国内政治の知識を持っている人ならすぐにわかることです。そもそも、日本人はロッキード事件は、田中角栄の事件だと思っているけど、全くそうではありません。田中角栄なんて、そのほんの一部です。事件全体のスケールはもっともっと大きいんです。あの事件は世界十数国にまたがる、とてつもない広がりをもった前代未聞の航空機商戦の汚職疑惑なんです。国はイタリア、フランス、ドイツ、オランダ、スペイン、スウェーデン、インドネシア、フィリピン、トルコ、イラン、メキシコ、コロンビア、ナイジェリア、サウジアラビアなどにまたがり、ひっかかった人間の中にはイタリアのアンドレオッチ元首相、オランダのユリアナ女王の夫君、ベルンハルト殿下、ドイツのシュトラウス元国防相、スウェーデンの空軍司令官といった人まで含まれています。角栄の資源外交をつぶすために、それだけスケールの大きな事件を謀略として起こすなど不可能ということはあの事件をグローバルにとらえる目を持っている人には疑問の余地なくわかることです。その関連でキッシンジャーを持ち出すのもまちがいです。あのとき、キッシンジャーは、日本への資料提供に抵抗する側にまわっているんです。それはその当時それをちゃんと証拠だてる文書を入手して、「週刊文春」(一九七六年五月二十日号)が〈極秘親書発見！「高官名公表を控えられたし」キッシンジャー国務長官よりレビ司法長官あて〉として報道していることです。

ガセネタのもとはどこにあったか

ではあの事件は何だったのかというと、数年かけてだんだんわかってくるんですが、要するにあの当時、ロッキード以外にも、ノースロップ、グラマン、ダグラス、ボーイングといった、大手の航空機会社がみんないろんな国の権力者に金をつかませて売込みをはかる(軍用機、商用機ともに)、汚れた商戦を世界中で展開していたんです。お互いに、その商戦の手の内をある程度知りあっていましたからその刺し合いが起きたわけです。最初に世界中で暴露されたのがノースロップとロッキードの疑惑でしたが、それが、グラマン、ダグラス、ボーイングと次々に飛火して燃え広がっていきます。

日本でも、実はあの時代、アングラ情報が乱れ飛んでいて、ダグラスは三井物産、ボーイングは日商岩井が代理店になっていたわけですが、どの会社が、どの政治家にどれだけカネをつかませたといった怪文書が乱れ飛んでいたんです。そして、事実、あのロッキード事件のときに、角栄のところには別の会社からもカネの話がきていたし、別の政治家に別の金が流れたりしていたんです。そのあたりのことは、ぼくの「ついに姿を現した国際航空機疑惑」(『巨悪vs言論』所収)という論文にも書いてあります。それを読めば、その後の歴史的経緯からしてもそちらが本筋で、資源外交つぶし謀略説はただのガセネタというのがよくわかります。

あのガセネタのネタもとがどこにあったかというと、角栄の通産省出身の秘書官だった小長啓一氏から出ているんです。角栄の資源外交というのは、実際のところ彼が中心になってやったもので、それが角栄がつぶれるとともにしぼんでしまったので、口惜しかったのでしょう。どこかであああいう妄想をしゃべりまくったら、それが田原総一朗の耳に入って、田原がそれを針小棒大に書きまくったらそれを信じる人がたくさん出てきたということです。彼があの田原論文のネタ元であったことはすぐにわかるんです。あの論文は、「丸紅のK」という人物が出てきてもっぱら謀略説を語りまくるという仕立てになっていますが、そのKが小長秘書官なんです(この論文には小長秘書官が実名でも登場してそれなりにまともなことをしゃべりまくっているが、妄想的な謀略論の部分はKの発言になっている)。そのことは「新潟日報」の連載「発掘　田中角栄」の中で本人が書いています（この部分は単行本には収録されていない）。

《ロ事件では田原総一朗さんが中央公論に「田中さんは（資源外交により米国の石油メジャーという）虎の尾を踏んだんじゃないか」との例の大論文を書きましたね。あのゲラができたときに見せてもらったが、これはちょっと書きすぎじゃないかと。「手を入れないといかんかな」と思い、念のために田中さんに見てもらった。田中さんは「大筋いいじゃないか」という評価でした。》

小長秘書官がしゃべりまくった妄想をまとめたのが、あの論文だったから、ゲラがまわってきて、手を入れようとしたんでしょう。そうでもなければ、トリ屋雑誌ならともかく、「中央公論」のような一流雑誌のゲラが第三者に事前にまわって手を入れさせるなどということはありえません。そして、小長氏はいちおう通産官僚として国際政治の実態をある程度知る立場にいたから、田原氏がまとめたままの謀略説はちょっと書きすぎだということがすぐにわかって手を入れようとしたんだと思います。しかし、角栄がそれをとめて、そのままにさせたというところが面白いところです。角栄はその後、あの論文をはじめて読んだようなふりをして、自分からこんなことが裏であったらしいとふれまわっているんです。自分でも謀略だと思い込みたかったのかもしれません。あるいは、そのようにいうことで自分の信者たちに、信ずるよすがとなるものを与えることができると思ったのかもしれません。

それにしても、あの謀略説が噴飯ものだということがすぐにわかるのは、ロッキード以前の金脈問題の暴露からアメリカの謀略だったといいたいがために、文春の「田中角栄研究」の原資料も英語で書かれていたなどとしていることです。まったくフザケるなといいたいですよね。

X

佐藤昭は連絡役

もう少し佐藤昭の話をしておくと、佐藤昭に対する角栄の信頼の大きさは、角栄が彼女をしばしば密使として使ったということでもわかります。たとえば、昭和五十三年、福田内閣の最末期、次の総裁選に向けて、出馬をためらっている大平にハッパをかけるため、角栄は大平に直接会おうとしました。しかし、二人が人目をさけて会える場所がなかなかありません。カムフラージュに使われたのが佐藤昭でした。『私の田中角栄日記』に次のようにあります。

《大平さんが立候補を逡巡しているころ、私は田中に言われて小さな白い花を持ち、信濃町にある池田勇人邸に行ったことがある。満枝夫人にご挨拶し、池田さんのご位牌にお参りさせていただいたあと、満枝夫人にそっと言った。

「後ほど田中が伺わせていただきます」

田中と大平さんの会談の場として、池田邸を使わせていただいたのも、佐藤昭でした。

あるいは、角栄に命じられて、公明党の連絡役になったのだ。》

《その後、「お前やってくれよ」と田中から言われて、私と矢野絢也書記長と長いつきあいが続いた。選挙の時など、「ここお願い。あと一歩だからお願いよ」とか、そういう協力はしょっちゅうやっていた。》（同前）

佐藤昭、矢野絢也公明党書記長の間の連絡ラインがいちばん働いたのが、昭和六十年の第二次二階堂擁立のときでした。いまとなっては、二階堂擁立なんて聞いても何のことかわからないかもしれませんが、実はこれが、その後の日本政治の展開にものすごく大きな意味を持っているんです。これがなければ、後に平成動乱と呼ばれるようになった、一九九〇年代初頭に起きた、自民党分裂から細川連立内閣、村山連立内閣にいたる一連の大政治変動は生まれなかったかもしれないのです。

どういうことかというと、平成動乱で起きたいちばん本質的なことは、自民党単独政権の時代が終わって、連立内閣の時代に入ったということです。これから先も、連立の組み合わせは変わっても（自民党あるいはそれ以外の党の）単独政権の時代に戻ることはおそらくないと思われます。

この連立政権の最初のタネがまかれたのが、昭和五十九年から六十年（一九八四〜一九八五）にかけて起きた、二度にわたる二階堂擁立劇なんです。

二階堂擁立とは何であったのかというと、中曽根再選がかかる五十九年総裁選で、二階堂をかついで、中曽根政権を倒してしまおうとした政治的策謀のことです。中曽根内閣を支えていたのは、田中派というか、田中角栄その人です。中曽根内閣を評して、直角内閣、田中曽根内閣という表現がありましたが、もっと口が悪い人は、「第三次田中内閣の首相ポストに中曽根が座った」とまでいってました。なにしろ、中曽根派から大臣は二人しか出さず、田中派からは官房長官の後藤田以下七名も入り、おまけに幹事長が田中派の大番頭、二階堂で、法務大臣が角栄に対するシンパシーを隠さなかった秦野章なのですから、中曽根内閣というより、第三次田中内閣に近いという実態がたしかにあったのです。ロッキード事件判決を目前にして、角栄が有罪判決に対応するために作ったロッキード布陣内閣（角栄に対する辞職勧告決議が出ることも予想されていた）といわれていました。

中曽根の政治姿勢（ロッキード問題、タカ派路線、消費税問題など）に対しては与野党から多くの批判が出ていたのに、総裁選を前に、角栄は早々と中曽根再選支持を打ち出していました。角栄がなぜ中曽根を支持していたかというと、中曽根なら何でもいうことを聞かせることができる（聞かなければ、中曽根支持を取り下げてすぐにつぶせる）ということがあったからです。

しかし、田中派の内部からは、中曽根政権を支持しつづけようとする角栄に対して、強い不満の声があがっていました。「駕籠に乗る人、担ぐ人」の担ぐ人ばかりやらされるのはもうたまらないということです。いつまでも角栄のロッキード裁判逃れ、復権願望につきあわされてはたまらないというわけです。早くそういう問題と無縁の自前の総裁候補を持ちたいという心情が強くなり、竹下擁立の動きが急速に出てくることになるわけです。

また一方、田中の完全コントロール下にある中曽根内閣に対して、安倍派、鈴木派、河本派の反主流派から強い反発の声があがっていました。彼らはどのような組み合わせの連合軍を作っても、田中派・中曽根派連合からなる主流派に対抗できない（田中派が多すぎる）という弱味がありました。そこで、二階堂を外から担いでしまうことで、田中派を分裂させられれば、反主流派にも勝ち目が出てくるのではないかと考えた策士がいたわけです。そのプランに二階堂が乗り、反主流派が乗っただけでなく、公明、民社両党も乗ろうとしたのが二階堂擁立です。公明、民社が乗れば、たとえ自民党総裁選で負けても、衆参両院の首班指名選挙で勝つことができる可能性が出てくるわけです。そして、反主流派と公明、民社の支持で新政権ができれば、それは当然、自民党が分裂し、分裂した一方の側と野党が組んで作る連合政権になるわけです。

二階堂擁立はこのときは失敗します。しかし、四年後の九三年に小沢一郎が、自民党を割って新党（新生党）を作り、野党と組んで政権を取る平成動乱となります。その基本構図は、このとき二階堂擁立をはかったグループ（特に公明、民社）が考えた戦略と基本的に同じなのです。

二階堂擁立は角栄がつぶした

第一次二階堂擁立がなぜ失敗したかというと、二階堂擁立グループの主たる目的が反角政権作りにあることを見抜いた角栄がそれをつぶしにかかったからです。

しかし、角栄に最も近い立場にいたはずの二階堂がなぜ二階堂擁立グループの思惑(反角政権樹立)に乗ったのかというと、二階堂だけは別の思惑を持っていたからです。二階堂は、田中派のトップ幹部として、田中派から総裁候補を出さず、よその派閥のボスを担ぐという角栄の影響力維持を最優先にする戦略(自分ではキングになろうとせず、キングメーカーでありつづけることで影響力を維持する)をいつまでもつづけることはできないと見抜いていました。こんなことをつづけていたら、遠からず、若手、中堅の不満が爆発し、派閥がもたないところに追いこまれそうだという空気を察知していたのです(竹下派結成の動きが具体的にはじまっていることは知らなかったが、そういうことがいつ起きても不思議ではないと思っていた)。

すでに、三角大福中と呼ばれたオールド・ジェネレーションの時代は終わり、田中派、中曽根派を除いては、とっくに指導者が代がわりし、三木派は河本派に、大平派は鈴木派に、福田派は安倍派に変わっていましたし、鈴木派は間もなく宮沢派にもう一回代がわりすることになっていました。中曽根首相が引退すれば、中曽根派も当然代がわりすることになるでしょう（渡辺美智雄派に）。そうなるといくら田中派だけ、角栄が「オレはまだやる。竹下なんかに派閥をゆずり渡すものか」と頑張っても、そうはいかない時代（安竹宮ニューリーダーの時代）がもう目の前まできているというのが二階堂の基本認識でした。

それならここで自分を担いでくれる勢力があり、自分に総理大臣になれるチャンスがあるなら、それに乗っかってしまったほうがよいと二階堂は考えたのです。なぜなら、竹下が造反して田中派が一挙に竹下派に代がわりしてしまったら（事実そうなった）、田中の政治力も田中派も終わりになってしまうが、自分がつなぎ役として間に入って、田中派の独自総裁候補になれば、派閥の若手の不満を解消できるし、田中の政治力もそのまま維持できる（二階堂は角栄の絶対の忠臣だから）と考えたわけです。

そして実は、二階堂が心中で秘かに期していた最大の狙いは、自分が総理大臣になることで、田中を刑事被告人という身分から救い出すことでした。いかに理不尽な命令であろうとも、総理大臣が法務大臣に指揮命令権を発動してその通りにやらせれば（たとえば特別恩赦令など。極端な話、法務大臣がそれに抵抗したら罷免して、自分が法務大臣を兼任して自ら指揮権を発動することもできる）、法的に角栄を救済することも不可能ではないはずです。もちろん、そんなことをしたら、世のごうごうたる非難をあびて、二階堂は政治生命を失うことになりますが、なにがなんでもその命令が執行されるまで死んだつもりで総理大臣の椅子にしがみついていれば、角栄救済が不可能ではないと二階堂は思っていたのです。そして、二階堂はそれくらい過激なことをやるつもりがありました。もちろん、二階堂を担ごうとしていた人々は、中曽根をつぶして反角政権を作ることが目的だったわけですから、二階堂がそういうことを夢見ているとは夢にも思っていなかったし、二階堂がそんなことをはじめたら、たちまち二階堂政権つぶしにまわるでしょうが、それでも角栄救済のチャンスはあると、二階堂は本気でそれを夢見ていたのです。

早坂秘書は、二階堂とこんな会話を交わしたことを記憶しています。

《「ボクは田中さんが好きなんだ。彼のためなら命も惜しくはない。いつでも死ねる。殺されてもいい」

抑えていた二階堂の口調が激してきた。

「早坂さん、ボクは裁判の軛《くびき》から田中さんを解放してあげたいんだ。中曽根くんは田中さんの力で総理になれた。だけど、彼が本気でやってくれますか」

「くれないでしょう」

「ぼくはね、もしも総理になったら、どんなことをしても、田中さんを自由な身にしてあげたい。在任期間が三ヵ月か、半年でもいいんだ。田中さんの裁判を終わらせてやりたい。八ツ裂きにされたってかまわない。ボクも本望だ」》(『駕籠に乗る人・担ぐ人』)

これは第二次二階堂擁立のときの会話ですが、第一次擁立のときもほぼ同じことをい

昭和62年７月、総裁選出馬を決意し、支持者に囲まれて乾杯する二階堂進（左から２人目）

っています。

しかし角栄はあくまで中曽根再選を支持し、二階堂擁立（第一次）の動きをつぶしてしまいます。二階堂の気持ちはわかるが、二階堂の背後にいるのは、三木、福田、鈴木など海千山千の旧世代の指導者達だ。二階堂は彼らにいいように利用されて終わり、中曽根政権つぶしが終わったら、ポイ捨てにされる。それより自分は中曽根をうまく使いこなしていけるし、そのほうが安全と角栄は思ったわけです。しかし、第一次二階堂擁立がつぶれて間もなく、角栄は、佐藤昭に矢野絢也と連絡を取らせるんです。今度は自分のヘゲモニーのもとで、二階堂擁立のカードと、野党との連合政権作りのカードを握っておこうと策しはじめるわけです。その経緯が矢野絢也の回顧録『二重権力・闇の流れ』に詳しく記録されているのですが、それを読んでいくと、角栄のしたたかさに驚かされます。角栄は中曽根が再選された直後から、ポスト中曽根のことを考えて、伏線を張りはじめているわけです。

角栄の一般的なイメージは、強気一辺倒で押しまくるタイプの政治家というところでしょうが、現実の角栄は決してそうではありません。押してよく引いてもよい硬軟両様の戦術の使い手でした。Aの戦略がうまくいかない場合は、代わりにBの戦略やCの戦略にいつでも転ずることができるように、あらかじめ手を打っておくというしたたかさを持った戦略家でもありました（真紀子にはこういう側面がまるでありません）。そのために、表面的には敵対者とされている陣営に対しても、裏で秘かなよしみを通じておき、必要とあればいつでも裏のチャンネルを生かすということができる人でした。

佐藤昭秘書と公明党の矢野書記長との連絡線にしても、回顧録にあるように、裏ではずっと前から存在していた連絡線なのです。そして、非公式の選挙協力などは前からやっていたのです。角栄はそういう隠れチャンネルを多方面にたくさん持っていて、それが先に述べたような、角栄の比類ない政治取引能力の源泉になっていたのです。

角栄と総評幹部の裏取引

そういう裏のチャンネルの話は、生前表に出てくることはほとんどありませんでしたが、亡くなってこれだけ経つと、早坂茂三秘書が書くものの中などで、思いがけないエピソードとしていろいろ紹介されています。たとえば、角栄の幹事長時代に、総評幹部と裏取引をしていた話です。

≪国会が終わる一ヵ月くらい前になると、院内幹事長室に電話がきた。

「総評の岩井です。角サンがいたら、会いたいんだけど……。すぐ行きます」

ラッパの異名をとった総評議長・太田薫を助け、大世帯を一手に切り盛りした事務局長・岩井章である。（略）

「角サン、この法案は困るんだ。廃案にしてほしい。これは継続審議にしてくれ。太田のオッサンの顔を立ててくれよ。頼むからさ。あとは全部ＯＫ、自由にやっておくんなさい」

衆議院二階の自民党幹事長室で、岩井と田中が国会に提出された内閣法案の交通整理をやった。上機嫌の田中が赤、青の色鉛筆で法案一覧表に○、×、△の印をつけ、合間を見て大蔵省や労働省などの役人に電話をかけまくった。小一時間して談合が終わると、

「ありがとう。角サン。じゃあね」

「ご苦労さん。うまく頼むよ」

その後、岩井が行った先はわからない。しかし、暗礁に乗り上げていた社会党相手の交渉が、その後、スラスラかたづいたことだけは確かである。》(『権力の司祭たち』)

要するに、国会の会期が終わりに近づくと、残りの会期で、どの法案を通し、どの法案をつぶすか、自民党幹事長と総評事務局長の間で談合をやっていたということです。社会党というのは、実質的に総評の政治部みたいなものでしたから、自民党と社会党が談合をやっていたということです。表ではいつも対立の構図をとっている自民党と社会党が、裏では談合していたわけで、これが、いわゆる日本の五五年体制の実体だったわけです。こういう体制がずっとつづいていたからこそ、一九九四年の村山内閣のように、自社両党が大連合を組んでの政権が生まれることができたし、それが意外にうまく機能してしまうなど、それまでの一般常識に反することが現実化しえたわけです。

そして実は、その底には、もう一つのウラが隠されていたということを、早坂秘書は

『政治家は「悪党」に限る』の中で次のようにあばいています。

《何やら重い大きな紙袋を私の前に置いて、

「野党のあのおっさんのところへ届けてこい」

と、角栄に命じられたことが何度かあった。私は一度、言ったことがある。

「オヤジさん、野党をこれ以上悪くするのはやめてください。腐敗させるのはいい加減にしてほしい」

そうしたら田中はキョトンとした顔になって、

「お前、何を怒っているんだ。夜中に電話が五回もかかってきて、角さんゼニがないんだ、頼むから助けてくれ、もうにっちもさっちもいかないんだと相手が言うんだ。(略)頼まれたんだから仕方ない。早く持っていってやれ」(略)

私が振り向くとオヤジがこう言った。

「お前、怒るな。それはね、お国を動かすための必要経費なんだ」

国対政治とは、まさにこれであった。》

五五年体制の底には、このような「必要経費」が動く国対政治の世界、あるいは先の総評事務局長と自民党幹事長の談合のような談合政治の世界があったわけです。

田中角栄とは何であったかというと、そういう談合政治の世界の最強の古強者だったということです。そして、そういう談合世界こそ日本そのものなのだから、角栄はあれほど日本人に愛されたのだというのが、早坂秘書の分析です。

《談合が悪いと盛んにマスコミは言う。しかし、私に言わせれば談合社会とはまさに日本そのものだ。悪名高き、とこれも言われた国対政治にしても、その温床となった一九五五年体制にしても、本当に悪いだけの代物だったのか。(略)

談合社会というのは、良くも悪くも、味噌もクソも全部、一緒にして言えば、ジス・イズ・ジャパンなんだ。私は今でもそう思っている。そして、そのジス・イズ・ジャパンを一身に具現し、凝縮した男が田中角栄だった。だから彼の周りには人が集まって来た。人とカネとポスト、それもあったが、オヤジの底抜けに明るい、憎めない、やんちゃな人柄、それが日本人にはたまらない。》(同前)

角栄が長じていたこれらの要素が、真紀子には欠けているんです。まず原日本人社会的談合体質が真紀子にはありません。真紀子は基本的に、西欧合理主義的体質の人です。「明るい、憎めない、やんちゃな人物」のほうは、真紀子にも、テレビを通すかぎりは、感じさせるものがあります。しかし、リアルな人物ということになると、そういう親しみを感じさせる人柄ではなく、むしろ、人を畏怖させる恐い、おっかない人という印象を与える人です。

もう一つ真紀子に欠けているのは、先に述べた、政治的したたかさです。表面を観察しただけではわからない、隠された裏チャンネルの豊富さ、第一戦略の陰で準備しておく第二戦略、第一戦術がつぶされたらすぐに繰り出す第二戦術といったような、二重底、三重底の作戦の用意もなければ、そういうことを考えてくれる参謀もいないんです。真紀子はほとんど、直情径行主義と反射神経だけでやっているんじゃないですか。

――そういうところありますね。見ている限りは面白い役者として楽しめますが、自分たちのリーダーとして、いざというとき頼りになる人かといったら、なりそうもない人ですね。

「おやじが荒れている。涙もろくなった」

立花 話を五十九年十一月末段階での、佐藤昭と矢野絢也公明党書記長のやりとりに戻します。佐藤昭が角栄の秘密の連絡役として、こんなことをいったと、矢野書記長の回顧録『二重権力・闇の流れ』には記されています。

《佐藤女史「目白のおやじさんは二階堂さんのこと、一年早すぎたと悔しがっている。二階堂さんも早まったものです。おやじさんは二年も中曽根で行くつもりはない」》

今回は二階堂を引きおろしたが、いずれ、そう遠くない時期に、中曽根のクビをすげかえるつもりだというわけです。

つづいて十二月はじめの会話。

《佐藤女史「(中曽根の)角離れねえ(心配そうな顔)。だがおやじが健在なかぎり、それはできません。金丸さんも、中曽根さんの思うようには、やらさないと言ってますね。ですけど二階堂劇が刺激になって、うちの若い人のあいだに、なにか、面白くないなって感じがあるみたいな空気です。やはり、何時までも他派閥の応援では面白くないみたいですね。目白が可愛がってきた人だから滅多なことにはならんと思いますが。（略）なんとなく、おやじが心配です」》（同前）

角栄は、中曽根が角離れをはかりだしたら、いつでも、二階堂に代えるぞという姿勢をこのあたりから見せはじめます。この頃さかんに、「田中派の総裁候補は、一に二階堂、二に後藤田、三に竹下」というようになります。このセリフ、中曽根を牽制すると同時に竹下を牽制する含みを持っていました。このセリフに刺激を受けてか（竹下は二階堂、後藤田の後にまわされて、当分、天下はとれない）、十二月下旬から、田中派の水面下で竹下擁立の動きがはじまります。

その頃、矢野と二階堂は電話で直接こんな会話を交わしています。

《二階堂「その後、角栄とは何も確執はない。私に、次はお前だとハッキリ言っている。（略）」

矢野「角栄氏が次は二階堂と言うのは、どうやらホントかもしれん。が、時期は何時だ。（略）」

二階堂「まだ詰まっていない。私がどうこう言えることではない。だが、急速に角栄と中曽根は冷却している。保岡（興治）が中曽根にロッキード裁判に証人でお願いに行ったら、中曽根は『証人に出ると、角栄氏に不利なことも言わざるを得ない』

と答えたらしい。角栄はカンカンに怒っている。（略）」》（同前）

この後半のセリフが当時の角栄の心理をあらわにしていて面白いところです。この時期、ロッキード裁判の控訴審がはじまっています。控訴審で、いくらかでも争う余地があるとすれば、あとは、総理大臣の職務権限論くらいでした。角栄はそのために有利な証言をかき集めようとしていたわけです。保岡は弁護士出身田中派代議士で、田中弁護団の一員でもありました。

一九八二年に鈴木善幸首相が突然辞職した後をうけて、中曽根首相が登場したわけですが、鈴木首相の本当の辞任の理由は、いまでもいまひとつハッキリしません。しかし、実はこのとき第一審のロッキード裁判が終盤にさしかかっていて、やはり首相の職務権限論が残る最大の争点と見てとった角栄が、その証人として、宮沢官房長官を法廷に出して、（角栄に有利な）証言をさせてくれと鈴木首相に強硬に頼みこみ、鈴木首相がそれにいや気がさしたのが大きな理由ともいわれています。今度は、中曽根首相にまで同じことを頼もうとして断られたということです。

翌一九八五年一月になると、佐藤昭と矢野書記長は電話でなく直接会って、こんな会話を交わしています。

《一月二十三日、佐藤昭女史と会う。

佐藤女史（沈痛な表情で）「最近状況が変わってきました。以前は矢野さんたちに自重をお願いしましたが、ここ二、三日、おやじは『中曽根は駄目だ。潰してしまうか』とよく言うんです。中曽根さんは、金丸と組み、世代交代で自分の力を保持する。(略)中曽根首相と金丸幹事長が手を組んで、こちらの手の届かないところでいろいろやっています。

おやじは淋しそうです。来年になるともうどうしようもない。早く手を打たなければという感じがします。それでおやじは腹を決めたように思います。(略)こちらは、踏まれても叩かれても、死ぬまでやるしかないんです。おやじの名誉回復ができなければ、死に切れません」》(同前)

「腹を決めた」というのは、野党をまきこんで政変を起こし、中曽根をつぶして二階堂政権を作ってしまうということです。このときすでに、田中派内では創政会結成へ向けての組織活動が秘かに進行していました。金丸を通じて、そのにおいをかぎとった中曽根が田中離れを開始し、それに反発した角栄が中曽根つぶし(第二次二階堂擁立)に走りだそうとしていたということなんです。どちらがどちらをつぶすのが先かみたいな権謀術数の世界がはじまったわけです。しかし機先を制したのは、金丸・竹下グループのほうでした。一月二十九日、創政会旗揚げのニュースが明るみに出て、政界は大揺れに揺れ始めます。

《同日夕刻、佐藤女史より電話。

佐藤女史(プリプリして)「勉強会だっていうから『ああ、いいよ』だったんです。あの人たち、大したことはできないと思うんですが、だけどこんなことってあるんでしょうか。あんなにおやじが可愛がっていた人たちが……。ひどすぎます……。おやじが可哀相すぎる。早坂さんと話し合いました。おやじは何も言わないで、ただ黙って……（声がくぐもる）、黙ってひとりでオールド・パーを呑んでます……」》

練りはじめていた中曽根つぶしの策が具体化しないうちに、田中派の中が、内部分裂でめちゃくちゃになっていったわけです。二月になって、

《佐藤昭女史より電話。元気ない。

佐藤女史「若い人、余り人が寄りつかなくなりましたね。（略）おやじも大分ご機嫌斜めです。（略）派は無茶苦茶です。おやじは最近呑み過ぎ。言っても聞きません。ここまできたら、中曽根さんも金丸さんも恨む」

と笑う。凄みがある。

二階堂氏より電話。

二階堂（深刻な声で）「おやじが荒れている。涙もろくなった。可哀相でな。金丸幹事長と差し違えで副総裁を辞めたらどうかとも考えている」

矢野「あんたの気持ちは分かるが、金丸幹事長は辞めないな。一人芝居に終わる」

二階堂「いても立ってもおれない気持ちだ」》（同前）

中曽根つぶしの策をどう実行に移すかが問題になってきます。そして、田中側からの提案で、角栄と矢野書記長が直接会って相談しようということになります。

《夜、佐藤昭女史より電話。

佐藤女史「（略）大事な詰めです。来月では遅いように思います。極秘で二十八日におやじが会いたいと言ってます」
矢野「包囲網はできましたか。方針は変わってませんね」
佐藤女史「全く変わっていません。（略）この裏切りには、おやじの腹は、一人になっても、死ぬまで戦うつもりです。たとえ死んでもそうでしょう。それしか道はありません」》（同前）
こうして、中曽根つぶしの具体策を最終的に練るために、角栄と矢野が直接会って話をしようとしていた二月二十八日の一日前に、角栄は脳梗塞で倒れてしまうのです。

「真紀子さんは気が高ぶっている」

《二月二十八日、佐藤昭女史より電話。「昨夜倒れた。兎に角入院した。ご存じの事情だから、私は行っていません。ですから詳しくは分からないが、たいしたことはないと願っています。今夜矢野さんと角栄が会うことになっていましたが、そんな事情で駄目になりました。大事な時に、肝心のおやじが病気で。あとは、どうか、ご迷惑にならないように対応してください。お世話になって。おやじも苦労しっぱなしでした。一番辛いときに倒れて。可哀相で、可哀相で」と歔欷《きょき》する。》（同前）

このあと、ずーっと佐藤昭から矢野への連絡は途絶え、四月になってから、こんな電話があります。

《真紀子さんは気が高ぶっている。無理もないと思います。真紀子さん以外は病室に入れない。》（同前）

この一連の記録を読んでいくと、角栄が倒れる日の寸前まで、佐藤昭は角栄の右腕となって、角栄の政治的術策の最前線の担い手として熱心に動いていたということがわかります。それに対して、真紀子はそういう政治の現場のことは何一つ知りません。真紀子は政治の現場においていかに身を処すべきか、父からいささかでもトレーニングを受けたかというと、何も受けていません。父親は、日本の政治世界において、誰よりもすぐれた政治戦略者であると同時に、誰よりもすぐれた現場指揮官でもあったわけですが、娘のほうはそういうトレーニングを何一つ受けないうちに、父を失ってしまい、政治の現場に身一つで放り出されてしまったわけです。

もし、真紀子に、父親の股肱の臣として長く働いてきた、秘書軍団や側近政治家たちの心をつかむだけの才覚があり、今度は父に代わって自分のために働いてくれるよう頭をさげて頼むだけの謙虚さがあれば、真紀子は父の持っていたとてつもない政治力のかなりの部分を受け継ぐことができたでしょうが、生まれながらに謙虚さが全くない真紀子は、秘書軍団のクビを片はしから切って切って切りまくり、あるいは使用人扱いして離反され、側近政治家たちに対しても、同じような扱い（田中家の所有物ないし使用人扱い）をしたため、父親の政治的遺産をほとんどすべて失うことになってしまったということだろうと思います。

——こういう話を読んでみると、佐藤昭と真紀子はまるでレベルのちがう政治世界にいたということがわかりますね。それにしても、角栄はなんともいえないタイミングで倒れたもんですね。もしあのとき倒れていなかったら？

立花　どうなっていたんだろうね。おそらくその後の歴史はだいぶ変わったものになっていたと思いますよ。現実には、中曽根政権が四年十一ヶ月もつづいて、佐藤政権以来の長期政権になり、その間に起きた日本の社会の変化にはかなり大きなものがあったわけだけど、角栄が倒れなかったら、そう遠くない時期に、中曽根政権がつぶれて二階堂政権ができていたかもしれない。それが角栄の影響下におかれる連合政権になったか、あるいは逆に、その動きの中で、与野党を巻き込む壮絶な政治抗争が起きて、反角連合政権ができていたというシナリオだって考えられる。いろんな可能性があったと思います。

もうひとつ角栄があのとき倒れなかったらと考えると面白いのは、ロッキード控訴審の裁判の行方です。

——何かあの時期、動きがあったんですか。

立花　控訴審の段階から、若手の新左翼系の弁護士たちが入ってきて、これまでの五億円受領全面否認という戦術では勝ち目がないから、五億円受領は認めて、しかし、金の趣旨がちがう（トライスターの売り込みではなくＰ３Ｃの売り込みだった）という方向に戦術転換しようとしたのです。そのために、若手弁護団の代表が田中邸にきて角栄を説得しはじめていたんです。

《戦略を転換すべきだと主張し、ついに田中に直接会って説得するということで話がまとまった。そして八五年二月二四日、石田省三郎が目白の田中邸を訪ねた。

しかし、その日田中は石田の話が聞ける状態ではなかった。（略）竹下登、小沢一郎ら子飼いの側近たちの「創政会」旗揚げという裏切りにあった田中は、酒で気を晴らすしかなかったのだ。夜も眠れずに飲み、朝になればまた飲んでいたという。

石田の前でも酒をあおり続ける田中を見て、石田は説得を諦め、後日出直すことにした。ところが三日後の二月二七日、田中はトイレに行こうとして倒れ、東京逓信病院に入院した。脳梗塞だった。

弁護団は、地団駄を踏んで残念がった。》（田原総一朗「今あらためて問う――秘書・榎本敏夫の告白」『諸君！』二〇〇一年七月号）

――戦術を転換したら、田中側に勝ち目が出ましたかね。

立花　主張に無理があるから、勝ち目は全くなかったと思いますが、それなりに大騒ぎになって、「有罪ほとんど確定の被告人」から、「無罪の可能性もまだ消えない被告人」になって、政治的にはまだまだ延命して、角栄中心の政争がさらに何年かつづいたでしょうね。

——真紀子と佐藤昭のたどった運命もだいぶちがったものになっていたでしょうね。

立花　佐藤昭は角栄とずっと一緒に歩みつづけただろうけど、真紀子は、自分が政界に出ようなんて夢にも思わなかっただろうね。

——それにしても、あの時代二人が住んでいた世界は、まるでちがったものだったんですね。

立花　プロの世界とアマの世界のちがいといえるね。佐藤昭は、角栄が真紀子を偏愛していることは知っていたけど、政治的存在としては真紀子を歯牙にもかけていなかったでしょう。角栄の愛情を争う相手としても、向こうは親子の愛だし、こっちは男女の愛だから、対等の競争相手とは思ってなかったでしょうね。

ところが、角栄が病いに倒れたとたん、佐藤昭は角栄に一歩も近づくことができなくなり、すべてを失ってしまった。

そしてそのとたん、佐藤昭と真紀子の力関係は逆転して、真紀子は紙切れ一枚で、いともやすやすと佐藤昭をクビにすることができるようになった。そしてすぐそれを実行に移して、恨みを果たした。自分の父親がやったこととはいえ、佐藤昭のおかげで（そしてまた辻和子のおかげで）、自分の母親（はな夫人）がずっとないがしろにされてきたわけだから、その積年の恨みは相当激しいものになっていたんでしょう。あの田中事務所の閉鎖通告には、その恨みがこめられていたんだろうと思います。

——早坂秘書にも恨みがあった？

立花　多分ね。早坂は、角栄が元気だった時代は、ものすごくいばりくさっていて、「傲岸不遜が三つ揃いを着て歩いている」（「週刊新潮」）とまで評された男だったし、真紀子は真紀子で、誰にも頭をさげるつもりが全くない「じゃじゃ馬娘」だったから、角栄が元気だった時代から結構衝突していたと思いますよ。そして、角栄が元気だったころは、早坂の意見に従わなければならない場面がたびたびあって、早坂にも恨みを積もらせていたのだろうと思います。そうでないと、あのクビの切り方はあまりに激しすぎます。もっとも、もうひとつ説があって、実は角栄が逓信病院に入院している間に、早坂が真紀子がいないときを見はからって、佐藤昭をひそかに角栄に会わせてやったことがあり、それが真紀子にバレて、真紀子が激怒したともいわれています。

真紀子にとっての許しがたい存在

——真紀子にとって、佐藤昭というのはとにかく許しがたい存在だったんでしょうね。金脈退陣のときから許しがたいのに、それからさらに十年以上も角栄の右腕となっていた。その間ずーっと、できることなら抹殺したいと思っていたけど、本当に抹殺できるチャンスがやってきた。

立花　うん。そうなんだろうね。ところでこの二人、ずーっと別の世界に住んでいて、お互いに会ったことも話したこともなかったんだろうなと思っていたら、そうじゃなかったんだね。実はこの二人、直接対決した場面があるんです。

——えっ、ほんとですか。いつ？

立花　昭和六十二年十月、佐藤昭から田中家に電話がかかってくるんだよ。

——六十二年十月といったら、中曽根内閣の最末期。竹下内閣ができる少し前ですね。

立花　ポスト中曽根をめぐって、竹下、安倍、宮沢の三人の後継候補が名乗りをあげ、話し合いで調整するか、それとも選挙で決着をつけるか、話し合いが何度も行われている最中のことです（最終的には、「中曽根調整」が行われて竹下が後継に決まる）。深夜、田中邸に怪電話がかかってくる。真紀子の『時の過ぎゆくままに』には次のようにあります。

《一回目は、六十二年十月十日夜十一時、電話のベルが鳴った。私が受話器を取ると、相手はしばらく黙っていた。そして、「もしもし」とも言わず、突然こう言った。

「田中角栄が築いた城を壊すつもりか」

三十歳代の女性のはっきりした通る声で、落ち着いた話し方である。

相手は言いよどむこともなく、相当の覚悟で断固たる口調で話した。城とは派閥のことだろうか。私は鳥肌がたった。

今まで一度も聞いたことのないその声の主を三十歳代と思ったのは、息つぎがしっかりしていて、言葉も一気に言い終えたからである。

「お名前をおっしゃってください」

ところが言うと、相手はしばらく沈黙して、「真紀子さん、あなたねぇ」と言い出したので、私はあわてて電話を切った。》

――それが佐藤昭だったんですか。

立花　いや、これはちがうんです。佐藤昭はすでに五十九歳になってますから、三十代の女性とまちがえるはずはない。佐藤昭はこのときの電話の主ではなくて、さらに、数日たってからもう一度かかってくる二度目の怪電話のほうなんです。

一回目は誰だかわかりません。ちょうど、田中派を最終的につぶすか何らかの形で残すかという議論が進行していたときだったから、「田中角栄が築いた城」とは、田中派のことなんだろうと真紀子は解釈しますが、相手は名前も名乗らず、そのまま切れてしまいます。

それから数日後、やはり深夜に電話が再び鳴ります。

《第二回目は十月十四日、やはり夜十一時を過ぎた頃、電話のベルが鳴った。こちらが、「もしもし」と言うと、すこしの沈黙の後、ややあってから相手は話し始めた。

この時もやはり女性であったが、前回の人よりもずっと年をとっている声で、六十歳代のように思えた。しかし、驚いたことに、今回は聞き覚えのある声であった。

（略）

「真紀子さん？　真紀子さんね」》（同前）

怪電話の正体は誰か？

――なるほど、こちらは六十歳代なんだ。すると、前の怪電話の三十歳代というのは誰なんだろう。田中事務所の別の女性秘書？

立花　わかりません。そうかもしれません。あるいは、佐藤昭の娘だったかもしれない。娘はこのときちょうど三十歳のはずです。この書き方は、真紀子のほうでそう疑っているのだといいたかったのかもしれないと思わせます。田中事務所の他の女性秘書はもう少し年をとっていて、真紀子も声を知っている。

――この、「田中角栄が築いた城を壊すつもりか」というセリフは、何か異様な感じがしますね。田中事務所を閉鎖したときにこういったのならわかりますが、もうそれから二年もたっています。

立花　この口調だと、原稿があって、それを読み上げているような感じだし、実際そうだったのかもしれない。その場合は、まるで関係のない人を読み上げ役に使ったのかもしれない。しかし、そうなると、次の「真紀子さん？　あなたねぇ」がわからない。彼女を知っている人の感じです。するとやっぱり他の女性秘書なのか？

一回目はよくわからなかったけど、二回目はすぐにわかります。

《相手は言外に電話に出た主が私であることを、確認しているという自信のほどを示した。

「どなたですか？」

と問うと、相手は無視するような強さで、

「あなたねぇ、自分のやっていることがわかっているの？」

と、ねっちりとした、詰問口調で言った。

この声には聞き覚えがあった。私は声の主を思い出そうとして、闇の中から響いてくる声に全神経を集中した。すると、ある女性の顔が受話器の向こうの闇にはっきり浮かんできて、愕然とした。相手と私は面識はあるが、挨拶程度の会話しか交わしたことがない。たぶん、私が声を聞いたくらいでは気づかないだろうとタカをくって電話をかけてきたらしい。

ところがあいにく、私はときどき父親譲りの鋭いカンが働くことがある。人のしゃべり方や特徴、表情、身ぶりなどをとらえるのが得意なほうである。私は全神経を耳に集中した。そして、相手を特定し得た瞬間、私は絶句し、膝がガクガクした。相手は異様なしつこさで、私をつかまえたからには、言いたいことはすべて言ってやろうという執念が感じられた。》（同前）

――ははあ、これは佐藤昭ですね。

立花　でしょう。佐藤昭以外に、真紀子が、相手を特定し得た瞬間、「絶句し、膝がガクガク」してしまう人間がいるとは思えない。

——これによると、二人は面識があって、声でお互いを認識する仲だったんですね。

立花　あいさつ程度の会話は前に交わしたことがあるわけです。へーと思って、今度は、佐藤昭の『私の田中角栄日記』を読み返してみたら、こんなくだりがありました。時は昭和三十七年九月、大蔵大臣だった角栄がIMFの年次総会に出席するための壮行会が、目白の田中邸で開かれたときのことです。

《田中は先に目白へ行くように私に言った。「俺は神楽坂へ行って、坊主の顔だけちょこっと見て行くから」

神楽坂というのは、二人の男の子をもうけた辻和子さんのことで、田中はこういう話も隠さずにする。田中からそう言われた私は目白に行き、田中の母親、フメさんと一緒に二階の部屋にいた。庭では華やかな宴会が開かれている。

「おばあちゃん、下へ行きましょうよ」

私が言うと、

「いやいや、晴れがましい席に、こんな田舎のおばあちゃんが出て行ったんではみっともないから、ここにいますよ」

「暗いから電気をつけましょうか」

「電気をつければ、私たちの姿が表から見えてしまう。真っ暗のままで結構ですよ」》

角栄は目白邸に、平気で佐藤昭を出入りさせ家族にも会わせていたわけですよ。そして家族には「事務所の秘書だよ」と紹介していたのでしょう。だから真紀子が書くように、あいさつ程度の会話は交わしていたわけです。

——真紀子が小さいときから会っていたんですね。

立花　はじめに会ったのがいつかはわかりませんが、角栄はこの調子だから、相当前から会わせていたんでしょうね。

——だからこそ、「越山会の女王」で、それが実はオヤジの愛人と知ったときのショックは大きかったわけだ。

立花　面白いのは、このやりとりに現れた二人の関係ですよ。真紀子は、相手を認識したとたん、膝がガクガクするばかりで、すぐには反撃できないんですね。まるで、ヘビに見すえられたカエルみたいになってしまっている。最近のＴＶで見る、どんな攻撃を受けても、すぐにビシビシ反撃する真紀子からは想像もできないことです。佐藤昭の存在が、真紀子の心の中で、どれほど大きなトラウマになっていたかが、これでわかるような気がします。

——しかし、佐藤昭は電話で真紀子に何をいったんですかね。

立花　そこはわかりません。「あなたねぇ、自分のやっていることがわかっているの？」のあと、何をいったか書いてないからわかりませんが、真紀子のやった何かに対して、文句をつけたんでしょうね。第一回目の電話と重ねあわせて考えると、「田中角栄が築いた城を壊す」ような何かを真紀子がやったんでしょうね。「城」とは何なのか。「城とは派閥のことだろうか？」と彼女は書いていますが、具体的にはわかりません。

表には出なかったことだけど、多分前の田中事務所閉鎖のような何かを真紀子がやったんでしょうね。具体的にそれが何なのかわかりませんが、真紀子に可能な何があったのかという角度から考えてみると、考えられるのは、佐藤昭のところでまだ田中角栄名義のまま利用していた秘密の銀行口座があったのを見つけて、それを差し止めたとか、あるいはこの時期真紀子はまだ山田泰司秘書をかかえこんでいますから、そのノウハウを利用して何かをやったのかもしれない。あるいは、佐藤昭が新しく開いた事務所のスポンサーをつきとめて、角栄の名前でそれをしめあげたとか、いろんなことが考えられます。

角栄が長年かかって作りあげた、角栄の政治経済活動を側面から支援するシステムは非常に多面的かつ複雑なものになっていましたから、それを全部つぶそうと思っても、逐一つぶすのはなかなか大変なんです。たとえば、地元を支える中核企業の越後交通にしても、たくさんの子会社、関連会社をかかえこんだ小規模のコンツェルンのようなものになっていましたから、九〇年に、田中家(真紀子)側と越後交通経営陣(片岡甚松社長)が正面衝突して、互いに他をつぶそうとしたときなんか大変だったんです。片岡社長が同時にいろんな子会社の社長になっていましたから、真紀子がそれをひとつひとつつぶしていかないと、片岡社長の勢力が残る。そこで真紀子は丹念にそれをつぶしていくわけです。最近の「文藝春秋」(二〇〇二年七月号)にのった白椿保子「真紀子さん、あなたを許さない」を読むとわかるんですが、最後に越後交通とトヨタが合弁で作った

「トヨタビスタ越後」の社長の座が片岡氏のポストとして残るんです。しかしそれは、純粋の越後交通の子会社でないから簡単にはつぶせない。すると真紀子は、「トヨタビスタ越後」で最後まで、片岡氏を支持していた代表取締役、白椿氏を、使途不明金があるだの、共産党だのあることないことならべたて（後に名誉毀損で白椿氏勝訴）、さらに中央の有力政治家の力を借りてトヨタに圧力をかけるといったことまでして、会社から追い出すわけです。やがてこうした心労もあって白椿氏が肺ガンで亡くなると、社員には葬式に出るなと命令して出さないなど、そこまでやるかというほど、執念深く追いまわすわけです。そういう人ですから、きっとこのときも、何があったのか、どちらも事情を明らかにしていないので、よくわかりませんが、何か相当のことがあったんでしょう。

考えられるもう一つ別の理由は、この怪電話があった十月十日から十四日にかけて何があったかを考えてみると、なんとなく推測がつきます。

この時期は、八七年総裁選を目前にして、安倍、竹下、宮沢のニューリーダーたちが激しいつばぜりあいを演じているときでした。総裁選の告示はすでに十月八日になされ、三人とも届け出はしたものの、話し合いでいくか、選挙で決めるか、それとも、中曽根に調整してもらうかが決まらず、裏舞台のかけ引きが激しくなされていたときです。派閥の人数からいくと最有力の竹下は、前述の皇民党による「ほめ殺し問題」（中曽根はこの問題解決を竹下指名の条件にしていたと伝えられています）をかかえていましたが、竹下が十月六日に目白田中邸にワビを入れにおもむいた（門前払いにされて帰った）ことで、いちおう問題は解決したということになっていました。しかし、あとで事情を知った真紀子が、この問題をむし返して、田中側はワビを受け入れていないと、通告（皇民党側に、あるいは中曽根側に、あるいは田中派幹部に）したのかもしれません。

いずれにしろ、この時期、竹下が政権獲得を目前にする一方、真紀子が、

「父の寝首をかいた竹下は絶対に許せない。総理にさせるものですか。かならず阻止してみせます」

と宣言して、何か熱心に画策していたことはわかっているのです（大下英治『父と娘角栄・真紀子の三十年戦争』）。そして、この頃から、自民党総裁を決定する十月三十一日の自民党大会に角栄が姿を現して、竹下が総裁に選ばれようとしたら、反竹下の大演説をぶってそれを阻止することになっているというウワサが永田町をかけめぐっていたのです。

実際に起きたことは、怪電話の翌十月十五日に、中曽根・竹下の秘密会談が開かれ、そこで何が話し合われたのかは今もって不明ですが、中曽根が何かの条件を出し、竹下がその条件を満たしたらしく、十月十九日の中曽根裁定によって、次期総裁を竹下にするという指名がくだされるわけです。そして、十月三十一日の党大会（予告された田中の出席はなかった）で、竹下が総裁に選出されるわけです。

怪電話事件の前後で本当のところ何が起きていたのかよくわかりませんが、いずれに

しろこの真紀子の竹下阻止のための最後の策謀が行われ、それに佐藤昭（かなり前から竹下側についていた）の側がストップをかけようとしたということでしょう。二人の女性の対決は電話ごしにつづきます。

《「この電話は録音できます。警察へも連絡します」

と言っても、相手は動揺も見せず、平然として電話を切る様子がない。

相手の女性は録音電話の多岐にわたる機能など、現代のメカについてはあまり認識していない年代の女性であるらしいこともわかった。》（『時の過ぎゆくままに』）

このあたり、年をとった佐藤昭をバカにした表現になっているわけです。

《ちょうどお風呂から上がったばかりで私のそばでウロウロしていた長男は、尋常でない私の応答ぶりに固唾をのみ、早く録音ボタンを押せと指で合図をした。

「この電話は録音できます。警察にも連絡します」

と繰り返すと、相手は無言となり、それでも絶対に電話を切ろうとはしない。長い無言に抗しきれなくなった私のほうが、根負けして電話を切った。

「またか！」

と言う主人と、

「いったい誰なの？」

と言う長男。私は怒りでふるえた。受話器を置いてから、なぜ私は「あなたは○○さんですね」と勇気を出して言ってみなかったのか、自分でも不思議だった。》（同

前）

この最後の感想が面白いですよね。なぜこのとき真紀子は「あなたは佐藤昭さんですね」といえなかったのか。

一言でいえば、この段階では、真紀子は佐藤昭にまだ位負けしていたということでしょう。真紀子四十三歳、佐藤昭五十九歳です。数々の修羅場を角栄のような男と何度もくぐってきた六十近い女と、角栄の娘とはいえ、ついこの間までサラリーマン家庭の主婦でしかなかった四十女の貫禄のちがいとでもいったらいいですかね。そのくやしさのようなものがこの文章にはにじみ出ています。

XI

真紀子の政治家としての未来

——これから真紀子はどうなるんでしょう。彼女の政治家としての未来をどう読みますか。

立花　はじめにいったように、ぼくはこの田中真紀子という政治家を批判的に見ているけど、全否定じゃないんです。否定的だけど、同時に面白い可能性を秘めていると思っています。このままいったら、「ちょっとどうか」としか評しようのない政治家で終わるでしょうが、大化けする可能性があると思っているんです。まあ、大化けするためには、一皮どころか、二皮くらいむけないとダメだと思いますが、ポテンシャルとしては、大化けの可能性を十分に持っていると思います。

——大化けしたら、総理の座もということですか。

立花　昔から日本の政界でよくいわれることですが、総理の座ばかりは狙って取れるものではない。やはり天の時、地の利、人の和を得ないとダメだという至言にもあるように、天の時、すなわち運のめぐり合わせによるチャンスが到来しないとダメだと思いますが、いずれ、可能性が出てくる日が来ることもありうるだろうと思います。しかし、彼女の場合、いざ「天の時」がめぐりきたったときに、彼女を守《も》りたててくれる「人の和」が得られるかどうかが、いちばんの問題でしょうね。

――政治家としては、どこを評価しますか。

立花　一つは持って生まれた天性の資質ですね。やはり人をひきつける抜群の能力がある。いつどんなところで即席のストリート演説をぶっても、集まった聴衆をパッとひきつけ、笑わせ、当面する政治課題をポンと持ち出して、ポイントをパッとつかみ、聴衆を何となくわかった気分にさせ、思わず拍手までさせてしまう。あれはなかなかのものです。ああいうつかみは練習すればできるというたぐいのことではなくて、持って生まれた才能というしかない。国会でやる質問でも、答弁でも、うまいですよ。攻撃するときはドキッ、グサッとくるうまい攻撃をする。逃げてごまかすときは、ごまかすときで、ときに失敗するけれど、ポイント外して笑わせたりしてうまくはぐらかしてしまう。ああいうのを見ていると、政治家にいちばん大切なのは、しゃべり能力なんだというのがよくわかりますね。オヤジもよく聞いてみると、中身があんまりないことをならべたてるだけなんだけど、演説をはじめると、実にたくみに聴衆の心をつかんでいた。

――そういう表面的な能力じゃなくて、もう少し本質的な政治家としての資質はどうなんですか。

立花　それもなかなかのものがあると思っています。彼女は日本の古いタイプの政治家とは、いろんな面で対極にいます。いってみれば、角栄型政治家とは、やることが正反対なんです。しかも、それを目的意識的にやっている。

たとえば、選挙のやり方ですが、古い地元の支援者がどんどん離れていったといいましたが、それは、彼女がオヤジの越山会方式を、「反面教師」としてはっきり否定しているからなんです。

《私がやっている方式は父がつくり上げた越山会方式の対極で、それが私なりの政治改革なんです。

今でも「越山会方式を習いたい」という方が私の事務所を訪ねてこられることもあります。婦人部、青年部をつくって、組織を固めてわーっと選挙をやるという方式ですけれど、私はそれはもう旧式だと思う。》(「首相の責務　政治家の任務」/「プレジデント」一九九八年十月号)

具体的には、地元のあれこれの陳情を聞いて面倒を見てやるのが政治だというような角栄タイプの考え方は、「ドブ板選挙」と斬って捨て、政治家はもっと大局的にものごとを考えるべきだと、しごく当たり前(だけどこれまでの自民党では異端)のことをいっています。そういう考え方に対して、地元の支持者の中には、「われわれが選挙区は守るから、小さなことに心配しないで大きなことをやってください」といってくれる人々もいる一方、こんなことをいう人もいるといいます。

《他府県にくらべて新潟県の旧三区は、かなり道路網は整備されているのに、まだ自分の家の前の道路だけでもよくして欲しいという要望もある。先日もそうでしたが、県道があるのに、「迂回をしたら十五分かかるから、田んぼの真ん中を道路にして家から街まで直結した道を付けろ」という人がいました。「東京なんか迂回だらけだ。あなた少しは全国の道路事情をよく見てからいってくださいよ」といいたくなりました。》（「天下国家と政治家と」／「Ｖｏｉｃｅ」一九九六年六月号）

こういう地元の陳情にばかり気をつかっていると、ドブ板政治家になって、政治家本来の仕事がほとんどできなくなります。しかし、いまの政治家はほとんどがそういうドブ板政治家というのが現状で、それが日本の政治をダメにしていると真紀子はいいます。日本ではそういうダメ政治家でも総理大臣になれるといって、やり玉にあげるのが、小渕元総理です。

《**田中**　私は小さい頃から小渕さんを知っています。（略）小渕さんは福田さんと中曽根さんと同じ選挙区ですから当選するのがとても大変なんです、ずっと。それで父に物心両面の応援を求めてきたのですが、あまりそれがやかましくて、あるとき父がこう言ったのを覚えています。「彼みたいにいつまでも選挙が厳しいんだったら、本来の議員の仕事は出来やしない」と。

小渕先生という人は、ついこの間の小選挙区制になるまでの数十年間、どこにでもマメに顔を出し、誰にでも電話をかけて唯ひたすら当選することだけを目的としてきた人だと思います。総理になったいまでもそのクセが抜けていない。

ところが、そのコマメさが逆に国民の皆さんからすると親しみやすさというメリットになっているのではないでしょうか。一国の宰相としての経綸を彼に求めること自体が所詮無理だと私は思っているんです。》(佐高信、田中真紀子「自自公政局を斬る」／「世界」一九九九年九月号)

角栄の娘としての強み

——オヤジの思い出から、こういう具体的エピソードを持ってきて攻撃できるところが、角栄の娘の強みですね。

立花　真紀子の攻撃はさらにきびしくなります。

《**田中**　内閣というのは本来、国家に対するビジョンがあって、こういう国をつくりたい、いまの世界の状勢、国内の状況を分析して、こうしなきゃいけないのでこの法案を通したい、ほかの政党のなかで同じ意見の政党はここだから組みます、というならわかりやすい。いまは違うじゃないですか。数だけですね。

佐高　それで田中さんは小渕首相を〝パックン内閣〟と名づけた。

田中　そう思われませんか。数の力だけで官僚が丸投げしてくる法案をパックンパックン何でも呑み込んでしまう。（略）

国会議員はまず行政に対するチェック機能を働かさなければいけない。それなのに、いまや〝くろねこ小渕の宅急便〟じゃないけれども、石鹼だろうと爆弾だろうと役人がどんどん運んで、来たら国会で判こをポンポン押しちゃう。》（同前）

真紀子がそういう爆弾みたいな法律とみなしたのが、九九年の盗聴法です。彼女は正面からこの法律を批判して、国会での採決にも加わらなかったわけです。そしたら、国対の副委員長に呼びだされて、採決に加わらないのは、党議拘束違反だと責められたときの真紀子の反論はなかなかのものです。

《**田中**　二六六人もいる衆議院の自民党議員が全員で右向け右と言われて右を向くなんておかしい。それは一種のファッショみたいなもので、そういう息苦しいことばかりやってると自民党は選挙で負けますよ。箱弁当みたいな議員を作らないでほしいと言ったのです。

「とにかくいろいろ投書もきているし、党のなかで問題になっている。メディアにも載っているし」というので、「では、小指が必要でしたらどうぞ」と机の上に小指を載せたんです。指つめさせる気だろうと思ったものですから……（笑）。》（同前）

彼女はこういう骨のある強さを持っています。面白いのは、ここでも真紀子は、角栄型政治のアンチテーゼを演じていることです。「一致結束箱弁当」というのが、何かというと田中派のスローガンでした。「オヤジが白だと言えば、黒でも白というのが派閥だ」（八二年総裁選で中曽根をかつぐにあたって、派内にあった異論をおさえこむために、金丸がいった言葉）というのが伝統的な派閥の論理で、田中派はその論理が文字通りまかり通る集団だったのですが、真紀子はそういう集団をファッショ的というわけです。田中派はファッショ的といえばファッショ的で、そのファッショの親玉が角栄だったわけです。そしてこういうファッショ的特質は田中派のみならず自民党全体に受け継がれている（だから真紀子のような党議拘束違反者が出ると、それをつるしあげる）わけですが、真紀子はそれを正面切って批判しているわけです。

真紀子は、いまの政治のあり方に、いろんな疑問を投げかけて、積極的にそれを変える（制度的に、あるいはマインドのあり方の問題として）ことをいろいろ提案していますが、それが結構聞かせます。

ひとつは、党議拘束のきつさの問題です。自民党にかぎらず、日本の政党では一般に党議拘束がきつくて、議員が自分の信念にもとづいて自由な投票行動をとれる機会がほとんどありません。真紀子はむしろ、国会では、議員各人が自分の信念にもとづいて自由な投票をするのを基本原則とするべきで、党議で縛るのは、特別の場合だけに限るべきだと主張しています。具体的には、憲法問題など、党の基本理念、綱領にかかわるものとか、予算案などにかぎるべきで、あとは自由にしたほうがいい（首相指名だって自由にしていい）と主張しています。日本ではこういう主張は異端的主張に聞こえるかもしれませんが、アメリカの議会政治は、ほぼ真紀子の主張のようになっています。日本のように、議員の投票行動を党議拘束でがんじがらめというのは、グローバル・スタンダードからいうと、本当にファッショ的といっていいんです。

その他彼女は、いまの政治制度を変えるためのいろんな提案をしていますが、なるほどと思うものが少なくありません。

たとえば、いまの議員定数は多すぎるから、いまの半分くらいで十分だとして、衆議院三百、参議院二百の合わせて五百人で十分ではないかといっていますが、ぼくもそう思いますね。議員も年をとると、斬新でクリエイティブな発想ができなくなり、老害がはじまるのだから、国会議員は全員勤続二十五年を限度に引退させてしまう定年制にしろというのもいいですね。日本の国会はほんとにロートルが多すぎます。それに、選挙制度を議員自身に決めさせるからいつまでたってもいい制度ができないのだから、選挙制度は、現職の議員ではない第三者が決めるようにすべきだという提案もいいと思います。

角栄型政治の一つの特徴は、族議員中心の政治にありましたが、真紀子は、これも弊害が多すぎるとして、族議員が生まれないようにするための大胆な制度改変を提案しています。それは族議員が生まれるいちばんのもとは、議会の常任委員会制度にあるのだから、議員を特定の委員会に所属させず、どの議員の所属委員会もローテーションでまわしてしまえというのです。これまた角栄型政治に対するアンチテーゼといってよいでしょう。

中央政府と地方政府の役割分担でも、もっともっと地方政府に仕事をまかせ（特に教育と福祉は地方政府中心にしてしまう）、中央政府は国防問題、エネルギー政策、食糧問題、環境問題など、地方政府では合理的解決が望みがたい全国民的課題中心にすべきだという意見も、なるほどと思います。

真紀子は新しいタイプの政治家だ

――けっこういいことをいろいろいっているんですね。

立花　そうなんですよ。古いタイプの自民党政治家とは、発想がまるでちがうんです。オヤジがやっていた、派閥中心の党運営なんか、全否定する立場です。

九三年の外人記者クラブにおける講演ではこんなことをいっています。

《今の派閥というのはお金とポスト、どうやって出世するか、そのことだけですから意味がない。》（田中真紀子「魚にとっての水、私にとっての政治」／『新潮45』一九九三年十月号）

派閥についてはこういう弊害も指摘しています。

《各省庁別委員会のポストの割り振りは、世間にはあまり知られていませんが、まさしく〝派閥〟によって席が決められています。このことが政と官の癒着を生んでいます。》（前出「首相の責務　政治家の任務」）

族議員を中心とする政と官の癒着も、結局のところ、派閥が生んだものだというのです。

角栄が得意とした金を配って派閥を維持する金権政治なんかももちろん否定しています。

一言でいえば、真紀子は自民党の古い部分を全部否定し、党を近代化して、西欧型の政党政治に近づけていこうという立場です。腐敗をなくすのはもちろん、責任の所在を明確にする、政策の決定過程を透明にする、常に説明責任〝アカウンタビリティ〟を確保していくなど、一言でいうなら保守リベラルの立場といったらいいかもしれません。彼女は前に、自分は自民党よりは、むしろ、政党としては、「さきがけ」に近い立場だといったことがあるんですが、それも同じ意味（リベラルの立場）に解していいと思います。

彼女がそういう考えを持つようになった第一の要因は、彼女が一九六〇年から六三年（昭和三十五〜三十八年）までアメリカのハイスクールに留学して、ケネディ大統領時代のリベラルなアメリカを身をもって体験したことが大きいと思います。またアメリカから戻るとすぐに早稲田大学に進学し、一九六四〜六八年（昭和三十九〜四十三年）まで早稲田大学（第一商学部）ですごし、久米宏や長塚京三、村野武範などが属していた「こだま」という演劇サークルに入って、演劇活動を共にしていたという影響もあるでしょう。その時期はベビーブーム世代で大学がふくれあがり、あちこちで学園紛争がはじまった全共闘の時代です。学生の間にベトナム反戦運動が広がり、リベラルというより、もっと左翼的な学生運動で学園がおおわれていた時代です。彼女自身そういう左翼学生運動に加わったわけでは全くありませんが、必然的にそういう時代の空気を吸って仲間とたき火をかこんで労働歌を歌うくらいのことはしていますから、そういう時代の空気の影響はなにがしか受けているにちがいありません。彼女が自民党のオールドジェネレーションのゴリゴリの保守主義とはちがう雰囲気を持ち、ちがう政治思考をするのはそのせいなんです。

――さきがけに近いということになると、民主党にも近いということになりますか。

立花　民主党のどの部分かにもよりますが、距離感からいえば、近い部分があります。しかし、政界再編ということになったときにくっつくかどうかといえば、可能性はあまりないでしょう。彼女は基本的には、民主党をバカにしているところがありますからね。鳩山由紀夫なんて、選挙演説で何度もオチョクられています。それに真紀子は常にパワーに近いところに身をおいて、仕事をしたいと思うタイプの人ですから、いまの民主党のように、内部にいくつも分裂の芽をかかえていて、パワーから遠ざかるばかりという状況だと、あまり接近したいとは思わないでしょう。

――菅直人と近いという話もありますが。

立花　組むかどうかは別として、あるとき近づいたという事実はあります。真紀子からではなく、菅からですが。菅は、橋本内閣の厚生大臣になり、例の厚生省のエイズ問題隠しを暴いて、一躍有名になるわけですが、菅にあれを可能にしたのは、真紀子のアドバイスだったということがあります。真紀子は厚生委員会に属していましたから、四回くらいエイズ問題を国会の質問で取り上げて、厚生省を相当やっつけているんです。それででしょうが、菅は厚生大臣になって間もなく、真紀子のところを訪ねているんです。「Ｖｏｉｃｅ」誌のインタビューで、真紀子はそのときのことを、こう語っています。

《大臣になられて二、三日目にここに挨拶に来られて、「ぼくはエイズ問題をやろうと思っているが、田中さんはどう思いますか」とおっしゃったので、私は「当然、やるべきだと思います」とお答えしました。大臣秘書官が私の部屋まで同行されていたので、「ちょっと秘書官、すみませんが出ていてください」と申しあげて二人で話をしました。

官僚というのは、新しい大臣が着任すると、その人物を瀬踏みします。ああやっと大臣になった、これで勲章を貰えるわいなんて思っている大臣かどうかも、すぐに見抜いてしまうわけですよ。

だから、はじめに自分が役所を仕切ることができるか否か。レクチャーで完全に潰されてしまう人のほうが多い。「大臣のお考えは、就任直後におっしゃったほうがいいですよ。厚生省は、まず書類を出すか出さないかですよ」と申しあげたら、「いえば出すだろうか」と心配そうでした。「だから、大臣に気合があるかどうかなんですよ、腰砕けになったら終ってしまう」と、申しあげました。

ですから、大臣はいまは当然のことをなさっていると私は思います。》

足りないのは官僚を使う視野と認識

――そうすると、菅があの業績をあげることができたのは真紀子のアドバイスのおかげ？

立花　それだけとはいいきれません。真紀子のアドバイスだけで、「そうか大事なのは最初の気合か」と思って、頭から高飛車に出ていたら、真紀子の科学技術庁での衝突や、外務省での衝突と同じことで終わっていたでしょう。そうならなかったのは、菅のほうが真紀子より一枚上手だったからです。菅が巧みだったのは、官僚に任務（アサイメント）を与えて仕事をさせるという形をとって、隠れた資料を見つけさせたことです。官僚というのは、本能的に、任務が与えられると、その任務を遂行しようとするわけです。

角栄もそうだったけど、菅も官僚に仕事をさせることで自分の業績をあげることができたわけです。官僚に仕事をさせようとせず、衝突して高飛車におさえつけようとする真紀子方式ではダメなんです。

真紀子も日本の官僚組織が優秀であることは認めているんです。「Ｖｏｉｃｅ」誌のインタビューでは、こんなことをいってます。

《ご指摘のとおり弊害や問題もあるわけですが、総じて役所がしっかりしているから、今日の日本の安定もあるわけで、そのことは認めざるをえません。日本の官僚は知的には優秀であり、シンクタンクとしての役所の機能は他国のそれと比較しても、じつに優れていると思います。ただ、細分化しすぎているために視野が狭い。

だから、こうした官僚を事務方として使いこなせるだけの視野と見識を備えた政治家が求められているわけです。

（略）役人よりむしろ政治家のやり方に問題があると思う面が多々ありますね。》

大切なのは、彼女のいう通り、官僚の上に来たときに、官僚を使いこなせるだけの視野と見識を政治家が持っているかどうかなんです。この言葉が彼女の現実にそのままふりかかってきます。

彼女が大臣に任ぜられたとき、科技庁でも外務省でも、官僚を使いこなせなかったという事実があります。それは、彼女にそれだけの視野と見識がなかったということでしょう。彼女はそれを素直に認めるべきです。

真紀子が、外人記者クラブの講演によばれたとき、ときの細川首相を批判して、「彼は準備不足のまま首相になってしまった」といい、だから細川は、定見がなく、イニシアティヴも持てず、ちゃんとしたデシジョン・メイキングもできない首相に終わり、いずれ首相の座を投げ出さざるをえないだろうと予言したことで有名なんですが、ぼくにいわせれば、彼女もまた準備不足のまま、科技庁長官になり、外務大臣になりしてしまったために、大臣としては、細川首相なみのあるいはそれ以下の実績しかあげられないで終わってしまったということだろうと思います。

彼女がいま一皮むけるために必要なのは、何よりも自分の準備不足を素直に認めて、次の大仕事に任じられたときに、また同じ失敗を繰り返さないための、視野と見識を養うことだと思います。役人とケンカして得意がるだけで終わらずに、役人を使いこなして立派な実績を残せるだけの人間になることだと思います。オヤジのように、「鬼気せまるような勉強をしていた」と人に感心されるくらいの勉強をしてみろといいたいですね。

視野と見識だけの問題なら、彼女はベーシックな知的能力が欠けた人ではありませんから、クリアするのは、そうむずかしくないと思います。むずかしいのは、もう一つの役人を使いこなす能力のほうだと思います。それは、役人のハートをつかむ能力です。昔、オヤジが郵政大臣になったときも、大蔵大臣になったときも、準備不足でした。視野も見識も十分にあったとはいえません。しかし、オヤジは、役人たちのハートをつかむことで、役人たちを存分に使いこなしたのです。

真紀子に決定的に欠けているのは、視野と見識よりも、そっちのほうだと思います。

何がいけなかったのか。早坂茂三氏は、真紀子と外務省が派手な衝突を繰り返していたところ、こんなコメントを「週刊朝日」に発表しました。

《真紀子外相は、自分に対する注意は嫌がらせ、直言は恫喝、批判は攻撃と受け止めてしまう。角さんは官僚を「わきは甘く、懐は深く」で包み込んだが、娘はその正反対で、このままでは外相のもとに肝心の情報が集まらず、「裸の女王様」になる。政権の目玉がいまや政権最大のアキレス腱となっている。》（「真紀子vs.外務省」／『週刊朝日』二〇〇一年五月二十五日号）

チームプレーのできない人

ぼくも、これが彼女の最大のマイナス要因だと思います。要するに、彼女はどこかで、根本的に性格がゆがんだ人間になってしまったんです。そのため、チームプレーができない人になってしまっている。一匹狼として生きていくというならそれでもやっていけます。しかし、一匹狼でいるほうが有利な芸術家の世界などとちがって、政治ははじめから終わりまですべてがチームプレーの世界です。チームプレーができない政治家は、結局、生産的なことは何もできないで終わります。

これまでの政治生活で、真紀子が抜群にうまかったのは、人を攻撃する、バカにする、揶揄する、オチョクるなどの個人プレーの非生産的行為だけだったでしょう。彼女がチームをひきいて何事かをなしとげ、チーム全体とともにほめたたえられたなどという話は全くありませんでしたよね。

それじゃダメなんです。政治家を引退して、毒舌を売りものにする政治評論家になるというならそれでもいいんですよ。だけど政治家として実質のある仕事をしたいと思ったら、まず性格を改造して、自分をチームプレーのできる人間に変えないとダメでしょうね。

チームプレーで何より大切なのは、リーダーの人間的求心力です。リーダーに求心力があれば、チームは燃えます。燃えることで、各人が最大限の力を発揮し、チーム全体の力は、バラバラの個人でいたときよりはるかに大きなものになります。そのとき得られるのがシナジー効果（チームを組むことで得られるプラスアルファ効果）です。

シナジー効果を上げるために大事なのは、チームでメンバー個人個人の持つ欠点、失敗をカバーしあえる体制を作ることです。どんなチームも完全な個人の集まりとして編成できるわけはありません。どんなチームも、欠陥多き人間の集まりとなり、いろんな失敗が必ず次々に起こるのに決まっているのです。それをチームとしてカバーしていかないかぎり、逆シナジー効果（足のひっぱりあい効果）が起きて、チーム全体で発揮できるパワーは、個々人のパワーの総和よりはるかに小さなものになってしまいます。

チームにシナジー効果が生まれるか、逆シナジー効果が生まれるかに決定的といっていいほどきくのは、トップに立つ人間の求心力です。そのために大事なのが、リーダーが率先して働くことと、この人間についていけば安心だという安心感と信頼感をチーム全体に与える人柄です。角栄はこの点において、圧倒的にすぐれたリーダーでした。

角栄が郵政省でも大蔵省でも、官僚たちのハートをつかんだあの一言、「みんな思う存分仕事をしてくれ。失敗を恐れるな。失敗は全部オレが責任を取る」。あの一言の中に、各人の能力を最大限に引き出すとともに、チーム全体で発揮するパワーを最大限に高めるためにリーダーがいうべきことのすべてが入っているといっても過言ではありません。

それに対して、真紀子がやったことが何であったかというと、リーダーがチームメンバーの個々人を攻撃して、その欠点をあげつらい、バカにしたりオチョクったりし、失敗があったらささいな失敗も許そうとせず、部下の失敗をカバーするどころか、失敗でないものまで失敗だとして非難の矢を浴びせることでした。あれでは、チーム全体の士気が最低限に落ち、逆シナジー効果で、チームのアウトプットが最低になって当たり前です。その結果として、真紀子は、自分も一緒に沈没ということになってしまったのだと思います。

これでは全くダメです。このままでは、真紀子は人の上に立つ仕事（チームをひきいる仕事）が全くできない人ということになり、政治家としての未来はゼロといってもいいでしょう（選挙のときに、「人寄せパンダ」として呼ばれる程度の未来は残るでしょうが）。

彼女が日本政治の真の改革者になるには？

——なんで彼女はそれほど性格がゆがんでしまったのかしら。

立花　いろんなことがからんでいると思いますよ。あの強烈な個性を持ったオヤジの娘として、自分のアイデンティティを確立しようと思ったら、子供のときから、強烈な反抗心を持ちつづけなければならなかっただろうし、思春期に、オヤジが家庭に持ちこんだ家族関係のゆがみの問題に直面したとき、その反抗心はさらに大きなものになったでしょう。その一方でオヤジの傘の下で育ち、周囲の人から必要以上に甘やかされ、チヤホヤされるということもあったでしょう。それやこれやで性格がゆがんで当然の環境で育ってしまったんじゃないですか。その上、大きくなってからは、オヤジに対する世評という形で、頂点とドン底をつづけて味わわされ、この世界をすっかりシニカルに見るようになっただろうし、それに次いでは、オヤジに圧倒的な世の指弾の嵐が浴びせかけられる状況の中で、家族の一員としてオヤジを守りたいという気持ちの反射的効果から、家族の外は敵ばかりと思うようになったんじゃないですか。例の有名な「人間には家族か敵か使用人の三種類しかいない」というセリフ、あれは、あの当時の彼女の正直な実感から生まれたものだと思いますよ。つまり、彼女はそういう状況の中で心理的防衛機構を過剰に発達させてしまったのだと思いますね。だから、周囲にあるものすべてを敵と見なして、まず攻撃を浴びせるという攻撃性が異常に強い性格ができてしまった。その結果、早坂秘書のコメントにあったように、攻撃されてもいないのに攻撃されたと思って、過剰な報復攻撃をするということを繰り返して、本当は味方につけなければならない人まで、みんな敵にまわしてしまったのではないですか。

——そういう意味では、彼女も可哀想な人ですね。だけど、これからどうすればいいのかしら。

立花　一言でいえば、まず必要なのが、自分のそういう異常な部分に気がつくことです。ファザコンから、決定的に脱出することです。要するに、オヤジを、冷静客観的に評価できるようになることです。これまでみたいに、オヤジが常に圧倒的に正しかったと思い、悪いのはすべてオヤジを攻撃した世の中の側、オヤジをつぶした政敵の側と思わず、オヤジも欠陥が山ほどあった人物であることを率直に認めることです。そしてそのような角栄の欠陥部分が負わせた重荷を、自分も、日本全体もいま負わされているのだということを認めることです。それを認めたときに、彼女は、二皮目がむけて、日本の政治の真の変革者になれるかもしれません。

〈付記〉

雑誌掲載時には、最後のところに、次のようなくだりがあった。

《もう一つ解せないのが、目白の田中邸と信濃川河川敷など、最も客観的に価値ある金脈資産だけは、それを支配する新たなユーレイ会社を作り、真紀子と亨上の直紀、息子の雄一郎がその株主となって、あまり税金を払わずに（後に七十八億円もの申告漏れを指摘された）遺産として継承してしまったことです。

目白の屋敷については、かつて早坂秘書が、こんな屋敷を持っていたら、政治家としてマイナスイメージになるから売ってしまえと助言してるんです。しかし、角栄はこういってそれを拒否しました。

「ここはオレの城だ。四十年かけて、心血を注いで築いたんだ。四の五の言われることはない。オレは子どものとき、牛馬の糞小便と一緒の家の中で暮らしてきた。（略）濡れ手に粟で手に入れたんじゃないんだ。気が利いたふうなことを言うな。（略）オレが死んで孫の代になれば、この土地は全部、国のものになる。日本は法制上、そうなっている」（早坂茂三著『捨てる神に拾う神』祥伝社）

たしかに、日本の相続税は相当高いから、三代にわたって相続すれば、その相当部分がなくなるはずなんです。ところが真紀子がやろうとしたことは、ユーレイ会社をいくつも作って、複雑怪奇な経理操作をやって、ほとんど税金らしい税金を払わずにそれを自分のものにするということでした。オヤジは「これは濡れ手に粟じゃない」と主張できても、真紀子がやろうとしたことは濡れ手に粟そのものですよ。

もし、真紀子が本当にオヤジの金脈を恥じていたなら、金脈秘書の首を切るだけでなく、一切の金脈ユーレイ会社を清算し、目白の田中邸などの金脈資産も、本当に三代で資産が消えるくらいの相続税を払ってから自分のものにすべきだったでしょうね。

秘書疑惑といい、かつて、オヤジに、「公人なら身辺をキチンとしてください」と助言したことを思い出してほしいもんです。》

以上、内容的には残しておいていい部分だと思ったが、ここでは外してある。外した理由は、エンディングの流れが悪くなるからである。私は本気で、彼女があと二皮むけて、いい政治家になって生まれ変わることを期待しているので、そういう流れで終わりにしたかったのである。ただ、彼女がオヤジを含んでの過去の清算によって、二皮目をむくためには、ここに書いたような部分も「公人としてキチンと」することが必要なことはいうまでもない。

単行本　『「田中真紀子」研究』　二〇〇二年八月　文藝春秋刊
＊文庫化にあたり改題しました。

文春文庫

政《せい》治《じ》と情《じょう》念《ねん》
権力《けんりょく》・カネ・女《おんな》

定価はカバーに
表示してあります

2005年8月10日　第1刷
著　者　立《たち》花《ばな》　隆《たかし》
発行者　庄野音比古
発行所　株式会社 文藝春秋
東京都千代田区紀尾井町 3-23　〒102-8008
TEL　03・3265・1211
文藝春秋ホームページ　http://www.bunshun.co.jp
文春ウェブ文庫　http://www.bunshunplaza.com
落丁、乱丁本は、お手数ですが小社製作部宛お送り下さい。送料小社負担でお取替致します。

印刷・凸版印刷　製本・加藤製本
Printed in Japan
ISBN4-16-733018-0

文春文庫

政治ノンフィクション

（　）内は解説者。品切の節はご容赦下さい。

田原総一朗
巨大な落日
大蔵官僚、敗走の八百五十日

バブルの崩壊後に用意された金融ビッグバン。護送船団の主力に君臨してきた大蔵省が、この過程で国を沈めかねない危機を招来する。超エリート集団はどこで過ったのか？（岸井成格）

た-6-14

田勢康弘
総理の座

国政の最高責任者であり、有事には三軍の長たる内閣総理大臣の地位はいかにあるべきか。宮沢、細川、羽田、村山、橋龍、小渕に焦点をあて、気鋭のジャーナリストが激しく問いかける。

た-46-1

田﨑史郎
竹下派　死闘の七十日

五五年体制の終焉、無党派層の拡大……すべては自民党竹下派の分裂から始まった。日本型権力闘争の情と理を迫真のタッチで描き切る政治ドキュメントの白眉、二〇〇〇年増補改訂版。

た-48-1

野中広務
私は闘う

一九九四年六月に自民党が政権に復帰して以来、常に時の首相を背後で支えた一人の男がいた。その男が初めて綴った終戦直後からの権力闘争の「半自伝」。（後藤謙次）

の-6-1

保阪正康
瀬島龍三　参謀の昭和史

太平洋戦争中は大本営作戦参謀、戦後は総合商社のビジネス参謀、中曾根行革では総理の政治参謀。激動の昭和時代を常に背後からリードしてきた実力者の六十数年の軌跡を検証する。

ほ-4-3

保阪正康
後藤田正晴
異色官僚政治家の軌跡

「カミソリ」と畏怖されながら、自衛隊海外派遣に反対。行財政改革の旗手として自民・非自民双方から敬意を集めた。変貌したのは彼か、政治か。気骨ある政治家の軌跡を描く。（塩田潮）

ほ-4-4

ドキュメントと手記

（　）内は解説者。品切の節はご容赦下さい。

（　）内は解説者。品切の節はご容赦下さい。

奥野修司
ねじれた絆《きずな》
赤ちゃん取り違え事件の十七年
小学校入学直前の血液検査で、出生時に取り違えられたことが発覚。娘を交換しなければならなくなった二つの家族の絆、十七年の物語。文庫版書きおろし新章「若夏《うりずん》」を追加。（柳田邦男）
お-28-1

河上亮一
普通の子どもたちの崩壊
現役公立中学教師一年間の記録
〝ワル〟と〝普通〟の違いがはっきりしなくなり、学校でいつ誰が何をするかわからないという不安が広がっている。ベストセラー『学校崩壊』の著者が公開した担任日記。（関川夏央）
か-26-1

桐島洋子
淋しいアメリカ人
性の自由をむさぼりながら愛の不毛にいらだち、崩れゆく家庭からさまよい出て新しい人間のきずなを求める男と女。夫婦交換パーティや未婚の母の家など、アメリカ生活の体験ルポ。
き-2-1

北島行徳
無敵のハンディキャップ
障害者が「プロレスラー」になった日
女子大生を巡る殴り合いから障害者プロレスは誕生した。情けなくてだらしなくて自分勝手、されど愛すべき障害者群像を活写した第二十回講談社ノンフィクション賞受賞作。（香山リカ）
き-20-1

黒沼克史
援助交際
世紀末の日本に前代未聞の女子中高生たちが出現した。ポケベル、携帯電話、伝言ダイヤルを駆使した「援助交際」で欲望を解放する彼女たちの心の闇に踏み込んだ異色ルポ。（河合隼雄）
く-18-1

黒沼克史
少年にわが子を殺された親たち
最愛のわが子が未成年の加害者によって命を奪われたら……。少年法の厚い壁に阻まれ、理不尽に耐えることを強いられた六つの家族の苦悩を描く傑作ノンフィクション。（後藤正治）
く-18-2

ノンフィクション

（　）内は解説者。品切の節はご容赦下さい。

くらじたかし
マルサン-ブルマァクの仕事
鐏三郎《いしづきさぶろう》おもちゃ道《みち》

日本初のプラモデルを作り、怪獣ソフビで子どもを熱狂させたマルサン、そしてその志を継いだブルマァク。時代を駆け抜けた二つのメーカーを一営業マンの目を通して綴る。（北原照久）

く-20-1

久保博司
詐欺師のすべて
あなたの財産、狙われてます

専門知識を駆使し、法の抜け穴をかいくぐる！　世間を騒がせた林真須美の保険金詐欺など、あの手この手で土地や金品をだまし取る、現代の詐欺師たちの暗躍を描く。（伊野上裕伸）

く-22-1

小林照幸
完本　毒蛇

一九九九年に大宅賞を史上最年少受賞した著者のデビュー作。奄美・沖縄そして台湾で、蛇毒の血清治療に尽力した医師の半生を追う。感動の医学史発掘ノンフィクション。（澤地久枝）

こ-23-1

後藤正治
リターンマッチ

この子たちに勝つことの喜びを味わわせてあげたい。定時制高校にボクシング部をつくった教師と子どもたちとの交流を描き大宅壮一ノンフィクション賞受賞。（柳田邦男）

こ-27-1

佐木隆三
伊藤博文と安重根

明治四十二年、枢密院議長の公爵伊藤博文はハルビン駅頭で射殺された。加害者は韓国の安重根。伊藤博文と安重根の出会いまでを克明に追い、事件の真相を追及した力作。（川西政明）

さ-4-13

斎藤貴男
機会不平等

ブリリアントな参謀本部かロボット的末端労働力か。九〇年代以降、財界、官界、教育界が進める階層の固定化。「機会平等」を失いつつある現状を暴露する衝撃のレポート。（森永卓郎）

さ-31-2

文春文庫

ノンフィクション

（　）内は解説者。品切の節はご容赦下さい。

澤地久枝
烙印のおんな
足利銀行二億円詐取事件の女子行員、嬰児殺しの若い母親、冤罪の父を支え続けた加藤キクヨさんなど六つの事件の女性を追い、様々な人生模様をえぐり出した迫真のルポルタージュ。
さ-7-18

澤地久枝
昭和・遠い日　近いひと
忘れられない人たちがいる――。治安維持法下の愛と死、二人の妻と共に生きた廣津和郎、アッツ島玉砕者からの手紙など、有名無名の九人の男と女が紡いだ必死の生から昭和の闇を解く。
さ-7-21

齋藤孝
スラムダンクな友情論《ゆうじょうろん》
『スラムダンク』『稲中卓球部』から坂口安吾『青春論』、小林秀雄『私の人生観』まで、少年時代に読むべき名著を例に、教育界の寵児・齋藤孝が十代の読者へ贈る、まっすぐで熱い友情論。
さ-38-1

杉山隆男
メディアの興亡（上下）
新聞社から活字が消える!?　コンピュータを導入し、新聞製作の技術革新をめぐって大新聞社同士が繰り広げた〝もう一つの紙面競争〟を描く、第十七回大宅賞受賞作品。　（柳田邦男）
す-11-1

曽野綾子
神さま、それをお望みですか
或る民間援助組織の二十五年間
六人の女性と男性一人でスタートした「海外邦人宣教者活動援助後援会」の四半世紀にわたる活動の歩みを、会の運営維持管理の奮闘ぶりや海外における現場報告の二方面から詳細に綴る。
そ-1-23

谷崎光
てなもんやOL転職記
「私、作家になります！」。アポなし、コネなし、コワイモノなし！　商社OLから、いきなりモノ書きへの階段をかけ上がっていったナニワ娘の「超ド根性」エッセイ集。　（泉麻人）
た-44-2

文春文庫

ノンフィクション

（　）内は解説者。品切の節はご容赦下さい。

田宮俊作
田宮模型の仕事
子どもの頃、誰もが手にしたことのあるプラモデル。そのプラモデルはどのように誕生し、成長していったのか。「世界のタミヤ」と呼ばれるようになった田宮模型の社長が語るその歩み。
た-45-1

中国新聞文化部編
妻の王国
家庭内〝校則〟に縛られる夫たち
家事育児は当然、飼猫の糞の始末から小遣い、休日も妻に仕切られ、「座ってオシッコして！」と強要される情けない夫たち。姑、小姑を巻き込んでの大論争を呼んだ新聞連載に投書百本掲載。
ち-5-1

中国新聞文化部編
男が語る離婚
破局のあとさき
オレはもうキレた！　別の人生があってもいいじゃないか。会社にも妻子にも疎まれ、〝屋根の下の難民〟と化した悲しい夫たちを徹底取材。究極の選択をした男の本音と、その顚末を描く。
ち-5-2

信田さよ子
アダルト・チルドレンという物語
「生き辛さ」から「らくに生きる」へ。第一線のカウンセラーである著者が、豊富な実例をまじえて贈る、家族関係への新しい提言。現代人の心に潜む問題への処方とヒント。（寺田和代）
の-8-1

野村進
アジア　新しい物語
農夫、不動産屋、神父、柔道指導者……。様々な生業を持ち、各国で奮闘する「アジア定住」の日本人たちの九篇のドラマ。ここには新しい生き方のヒントが詰まっている。（川上弘美）
の-9-1

久田恵
ニッポン貧困最前線
ケースワーカーと呼ばれる人々
ニッポンの貧困は、いまどうなっているのか？　貧困層と直接向き合って福祉事務所で働く、ケースワーカーたちの悩み、怒り、喜びを通して、生活保護の実態に肉薄する。（関川夏央）
ひ-6-3

（　）内は解説者。品切の節はご容赦下さい。

藤島大
知と熱
日本ラグビーの変革者・大西鐵之祐

緻密な理論、滾《たぎ》る情熱、そしてそれらを包む深い愛情。日本の、そして早稲田のラグビーを幾度も危地から救った名将・大西鐵之祐。その七十九年の生涯を達意の文章で描く。（中竹竜二）

ふ-21-1

向田和子
向田邦子の遺言

どこで命を終るのも運です——死の予感と家族への愛。茶封筒の中から偶然発見した原稿用紙の走り書きは、姉邦子の遺言だった。没後二十年、その詳細を、実妹が初めて明らかにする。

む-9-3

森まゆみ
大正美人伝
林きむ子の生涯

鹿鳴館時代に生を享け「大正三美人」と称された林きむ子。十代で花柳界を飛び出し、富豪代議士夫人に。タレントであり、舞踏家であり、六児の母であったきむ子の波乱万丈。（中野翠）

も-15-2

山川静夫
私のＮＨＫ物語
アナウンサー38年

「ひるのプレゼント」「紅白歌合戦」「ウルトラアイ」などの司会をつとめた名アナウンサーが綴った半生記。歌舞伎好きの青年が時に挫折を味わいつつ成長していく。（黒柳徹子）

や-13-5

横尾忠則
波乱へ!!
横尾忠則自伝

イラストレーター、グラフィックデザイナー、画家として、常に時代の感性をリードしてきた著者が、その半生と創作の秘密の全てを語る。横尾忠則的六〇年～八〇年代満載。（荒俣宏）

よ-2-5

吉行あぐり
梅　桃《ゆすらうめ》が実るとき

岡山の名士の家でのびのびと育った娘が十五で結婚、苦難を乗り越え、美容師の草分けとして活躍する。作家・吉行エイスケの妻であり、淳之介・和子・理恵三兄妹の母でもある女性の半生。

よ-17-1

（　）内は解説者。品切の節はご容赦下さい。

柳田邦男
犠牲（サクリファイス）　わが息子・脳死の11日
「脳が死んでも体で話しかけてくる」。自ら命を絶った二十五歳の息子の脳死から腎提供に至るまでの、最後の十一日間を克明に綴った、父と子の魂の救済の物語。（細谷亮太）

や-1-15

柳田邦男
『犠牲《サクリファイス》』への手紙
『犠牲（サクリファイス）　わが息子・脳死の11日』をなぜ書いたか——内面の葛藤と読者からの反響を通して、書くことによる癒しと再生を率直に語る。（辺見じゅん）

や-1-16

山崎朋子
サンダカン八番娼館
近代日本の底辺に生きた海外売春婦〝からゆきさん〟をたずね、その胸底深く秘めた異国での体験と心の複雑なひだとを聞き出す。〝底辺女性史〟の試みに体当りした大宅賞受賞作品。

や-4-1

矢貫隆
自殺——生き残りの証言
自殺を図ったのに生き残ってしまった未遂者たち——彼らの心に巣喰った闇とは？　自殺未遂者たちの肉声を軸に「人はなぜ自殺を図るのか？」を考察した異色ルポ。（香山リカ）

や-28-1

柳美里
自殺
自らの未遂体験と、多くの自殺具体例を見据えて掲げられた逆説的〝自殺のすすめ〟をあなたはどう読むか？　十三歳の息子を亡くした原一男の解説が胸に迫る。文庫化に合わせ大幅加筆。

ゆ-4-2

吉岡忍
M／世界の、憂鬱な先端
ベルリンの壁崩壊・天皇崩御と時を同じくして、幼女四人を誘拐惨殺した宮崎勤。二十世紀末になって明らかとなった、壊れ始めた人類の心の闇の萌芽がそこにあった。（大澤真幸）

よ-13-3